Lehr- und Studienbriefe Kriminalistik / Kriminologie

Herausgegeben von
Horst Clages, Leitender Kriminaldirektor a.D.,
Wolfgang Gatzke, Direktor LKA NRW a.D.

**Band 22
Häusliche Gewalt**

von
Wolfgang Gatzke
und
Detlef Averdiek-Gröner

VDP | VERLAG DEUTSCHE POLIZEILITERATUR GMBH
Buchvertrieb

Bibliographische Information der Deutschen Nationalbibliothek

Die Deutsche Nationalbibliothek verzeichnet diese Publikation in der Deutschen Nationalbibliographie; detaillierte bibliographische Daten sind im Internet über http://dnb.d-nb.de abrufbar.

1. Auflage 2016
© VERLAG DEUTSCHE POLIZEILITERATUR GMBH Buchvertrieb; Hilden/Rhld., 2016
Alle Rechte vorbehalten
Satz: VDP GMBH Buchvertrieb, Hilden
Druck und Bindung: Druckerei Hubert & Co, Göttingen
Printed in Germany
ISBN 978-3-8011-0784-0

Vorwort

Gewalt im sozialen Nahraum, Gewalt in Paarbeziehungen, „häusliche Gewalt" – das Phänomen ist nicht neu. Aber diese Form von Gewalt galt lange Jahre als Privatangelegenheit, die auch dort geregelt werden sollte, wo sie sich ereignete. Erst mit dem Internationalen Jahr der Frau 1975 begann ein langsamer Prozess des Umdenkens. Gewalt im „privaten" Umfeld wurde öffentliches Thema und zunehmend als gesellschaftlich relevantes Handlungsfeld wahrgenommen. Sie wurde Gegenstand gesellschaftspolitischer Initiativen, wissenschaftlicher Untersuchungen und gesetzgeberischer Aktivitäten.

Auch in der Aufgabenwahrnehmung von Polizei und Justiz vollzog sich ein Paradigmenwechsel. Wurden Gewalttätigkeiten im häuslichen Umfeld lange unter den Stichworten „Ruhestörung" oder „Familienstreitigkeit" abgehandelt und das Opfer von Gewalt auf einen erforderlichen Strafantrag und den Privatklageweg hingewiesen, gilt seit Inkrafttreten des Gewaltschutzgesetzes zum 01.01.2002 und in dem Kontext neu geschaffener Rechtsgrundlagen zu „Wohnungsverweisung" und „Rückkehrverbot" in den Polizeigesetzen die Handlungsmaxime „Wer schlägt, der geht". Zudem wird in allen Fällen von Amts wegen ein Strafverfahren eingeleitet.

Für die Aufgabenwahrnehmung der Polizei in der konkreten Gefahrenabwehr, der Bewertung einer möglicherweise weitergehenden Gefährdungslage, einer sachgerechten Beweissicherung und in der Gewährleistung einer wirksamen Strafverfolgung erwachsen daraus hohe Anforderungen.

Daher sind einerseits Kenntnisse über Art und Ausmaß von häuslicher Gewalt, typische Entwicklungsverläufe, spezifische Verhaltensmuster der beteiligten Personen sowie besondere Risikofaktoren erforderlich, um sachgerecht handeln zu können. Andererseits müssen eingesetzte Polizeikräfte über eine hinreichende Sicherheit in der Anwendung ihres gesetzlichen Handlungsrepertoires verfügen und dabei die Besonderheiten der spezifischen Lebens- und rechtlichen Situation der von häuslicher Gewalt Betroffenen berücksichtigen.

Dieser Lehr- und Studienbrief richtet sich in erster Linie an Studierende der Polzeifachhochschulen der Länder und des Bundes, an Beamtinnen und Beamte des Wach- und Wechseldienstes sowie an die kriminalpolizeiliche Sachbearbeitung. Er vermittelt komprimiert das erforderliche Grundlagenwissen für das polizeiliche Handeln in Fällen häuslicher Gewalt und gibt Hinweise auf vertiefende Literatur.

Die Ausführungen hinsichtlich der Rechtsvorschriften nach Polizeirecht zu Wohnungsverweisung und Rückkehrverbot orientieren sich dabei wegen deren besonderer Detaillierung ganz überwiegend an den Befugnisnormen und Regelungen des Polizeigesetzes des Landes Nordrhein-Westfahlen (PolG NRW). Sie nehmen auf korrespondierende gesetzliche Bestimmungen anderer Bundesländer mit Abweichungen Bezug.

Wolfgang Gatzke *Detlef Averdiek-Gröner*

Inhaltsverzeichnis

Vorwort		3
1	**Gesellschaftliche Wahrnehmung, gesellschaftspolitische Initiativen und staatliches Handeln**	**9**
1.1	Allgemeines	9
1.2	Internationale Entwicklung	9
1.2.1	Vereinte Nationen	9
1.2.2	Europäische Union	10
1.3	Nationale Ebene	11
1.3.1	Staat und Gesellschaft	11
1.3.2	Polizei und Justiz	13
2	**Charakteristika der Gewaltbeziehung**	**15**
3	**Definition häuslicher Gewalt**	**16**
3.1	Bundesebene	16
3.2	Begriffsbestimmungen der Länder	17
3.3	Deliktische Zuordnung	19
4	**Ausmaß und Entwicklung häuslicher Gewalt**	**20**
4.1	Gewaltprävalenz- und Viktimisierungsstudien	20
4.1.1	Gewalt gegen Frauen – eine EU-weite Erhebung	21
4.1.2	Lebenssituation, Sicherheit und Gesundheit von Frauen in Deutschland – Eine repräsentative Untersuchung zur Gewalt gegen Frauen in Deutschland	22
4.1.3	Gewalterfahrungen in Paarbeziehungen in Niedersachsen	22
4.2	Polizeiliche Kriminalstatistik	24
4.2.1	Aussagekraft	24
4.2.2	Opfer	24
4.2.3	Tatverdächtige	26
4.2.4	Landesspezifische Erhebungen	27
4.3	Schweregrade, Muster und Risikofaktoren	29
4.3.1	Schweregrade	29
4.3.2	Muster schwerwiegender Gewalt	30
4.3.3	Alter, Bildung und soziale Situation	31
4.3.4	Trennung und Scheidung	31
4.3.5	Menschen mit Migrationshintergrund	33
4.3.6	Menschen mit Behinderungen	33
4.4	Kinder als Betroffene	39
4.5	Hochrisikofälle	36
4.6	Justizielle Bearbeitung häuslicher Gewalt	37
5	**Polizeiliches Handeln in der Einsatzlage**	**39**
5.1	Leitsätze	39
5.2	Ziele	40
5.3	Erster Angriff	40

5.3.1	Begriff, Ziele und Rechtsgrundlagen	40
5.3.2	Sicherungsangriff	41
5.3.2.1	Eingang der Ereignismeldung	41
5.3.2.2	Eintreffen am Ereignisort	42
5.3.2.3	Abwehr von Gefahren	42
5.3.2.4	Schutz und Sicherung des Tatortes	43
5.3.2.5	Verdacht eines Kapitaldeliktes	43
5.3.2.6	Sonstige Delikte der häuslichen Gewalt	44
5.3.3	Auswertungsangriff	44
5.3.3.1	Objektiver Tatbefund	44
5.3.3.2	Subjektiver Tatbefund	45
5.3.4	Dokumentation	46
5.3.5	Einsatztaktische Grundsätze und Eigensicherung	47
5.3.6	Rechtsgrundlagen der Eingriffsmaßnahmen	49
5.3.6.1	Doppelfunktionalität von Maßnahmen	49
5.3.6.2	Betreten der Wohnung	49
5.3.6.3	Durchsuchen der Wohnung	50
5.3.6.4	Durchsuchen von Personen und Sachen	51
5.3.6.5	Sicherstellen und Beschlagnahme von Gegenständen	51
5.3.6.6	Körperliche Untersuchung und Blutprobe	51
5.3.6.7	Freiheitsentziehende Maßnahmen	52
5.3.6.8	Unmittelbarer Zwang	53
5.3.7	Befragung, Anhörung und Vernehmung	54
5.3.7.1	Gefahrenabwehr und Strafverfolgung	54
5.3.7.2	Vernehmung von Zeugen	54
5.3.7.3	Beschuldigtenvernehmung	56
5.3.7.4	Wesentliche Vernehmungsinhalte	56
5.4	Gefährderansprache	57
5.5	Gefahrenprognose	58
5.6	Wohnungsverweisung und Rückkehrverbot	60
5.6.1	Ziele	60
5.6.2	Rechtsgrundlagen der Länder	61
5.6.3	Grundrechtseingriffe	65
5.6.4	Tatbestandliche Voraussetzungen	66
5.6.4.1	Häusliche Gewalt	66
5.6.4.2	Gegenwärtige Gefahr für Leib, Leben oder Freiheit einer Person	67
5.6.5	Rechtsfolgen	68
5.6.5.1	Wohnungsverweisung	68
5.6.5.2	Rückkehrverbot	69
5.6.5.3	Adressat	70
5.6.6	Ergänzende Regelungen	70
5.6.6.1	Mitnahme dringend benötigter Gegenstände	70
5.6.6.2	Feststellung des Aufenthalts der betroffenen Person	70
5.6.6.3	Beratung und Aufklärung der gefährdeten Person	71
5.6.6.4	Mitteilungen des Gerichts und der Polizei	71

5.6.6.5	Überprüfung des Rückkehrverbotes	72
5.6.6.6	Aushändigung von Unterlagen	72
5.6.7	Weitere Handlungspflichten	72
5.6.7.1	Unterbringung der gefährdeten Person	72
5.6.7.2	Kinder als Opfer und Zeugen	73
5.6.7.3	Obdachlosigkeit oder Betreuung der betroffenen Person	73
5.6.8	Verwaltungsverfahrensrechtliche Aspekte	73
5.6.8.1	Wohnungsverweisung und Rückkehrverbot als Verwaltungsakte	73
5.6.8.2	Verwaltungsakt mit Dauerwirkung	73
5.6.8.3	Bestimmtheit des Verwaltungsaktes	74
5.6.8.4	Schriftlichkeit des Verwaltungsaktes	74
5.6.8.5	Wirksamkeit des Verwaltungsaktes	75
5.6.8.6	Anhörung der betroffenen Person	75
5.6.8.7	Zustellung der schriftlichen Verfügung	76
5.6.8.8	Zwangsgeldverfahren	76
5.6.9	Übersicht	77
6	**Polizeiliche Sachbearbeitung**	**78**
6.1	Öffentliches Interesse an der Strafverfolgung	78
6.2	Spezialisierte Sachbearbeitung	79
6.3	Strafprozessuale Maßnahmen	79
6.4	Opferbetreuung	81
6.5	Gefahrensituation und Gefährderansprache	81
6.6	Maßnahmen in Hochrisikofällen	82
6.7	Perspektiven	84
7	**Exkurs: Gewalt in der Pflege**	**86**
7.1	Gewaltgefährdung	86
7.2	Gewaltprävention	87

Anhang
Klausur mit Lösungsbemerkungen und Fallvarianten, auch zur zwangsweisen Durchsetzung von Maßnahmen 89

Anlagen

1 Gewalt in Partnerschaftsbeziehungen – Opfer-Tatverdächtigen-Beziehung: Partnerschaft und Tatverdächtigen-Opfer-Beziehung: Partnerschaft, Baden-Württemberg, PKS 2013 100

2 Zahlenreihe „Häusliche Gewalt" in Nordrhein-Westfalen 102

3 Übersicht der Befugnisnormen in den Polizeigesetzen der Länder zu Wohnungsverweisung und Rückkehrverbot 103

4	Dokumentation des Einsatzes „Häusliche Gewalt"	115
5	Schriftliche Bestätigung der Wohnungsverweisung mit Rückkehrverbot	118
6	Merkblatt der Landesärztekammer Baden-Württemberg zur ärztlichen Schweigepflicht in Fällen häuslicher Gewalt	122
7	Formblatt zur Entbindung von der ärztlichen Schweigepflicht	128

Zu den Autoren	129
Literaturverzeichnis	131
Stichwortverzeichnis	139

1 Gesellschaftliche Wahrnehmung, gesellschaftspolitische Initiativen und staatliches Handeln

1.1 Allgemeines

Die Bundesrepublik Deutschland ist ein aufgeklärtes, demokratisch verfasstes Gemeinwesen. Die unveräußerlichen Menschenrechte sind als Grundlage des gesellschaftlichen Zusammenlebens unmittelbar geltendes Recht.[1] Es gelten die Freiheitsrechte, daneben das Recht auf Gleichheit vor dem Gesetz und die Gleichberechtigung von Mann und Frau.[2]

Doch es gibt auch Ungleichheiten. Beziehungsgewalt und häusliche Gewalt ist – nicht nur in Europa oder weltweit – überwiegend Gewalt gegen Frauen. Sie ist es auch in Deutschland.

In der Präambel des im Mai 2011 verabschiedeten „Übereinkommen des Europarats zur Verhütung und Bekämpfung von Gewalt gegen Frauen und häuslicher Gewalt"[3] (die sog. Istanbul-Konvention) wird dazu ausgeführt, dass „Gewalt gegen Frauen der Ausdruck historisch gewachsener ungleicher Machtverhältnisse zwischen Frauen und Männern ist, die zur Beherrschung und Diskriminierung der Frau durch den Mann und zur Verhinderung der vollständigen Gleichstellung der Frau geführt haben." Geschlechtsspezifische Gewalt hat danach strukturellen Charakter.

Nicht in allen Ländern sind die ökonomischen und kulturellen Lebensbedingungen, die tradierten gesellschaftlichen Normen und Werte und die daraus resultierenden Benachteiligungen für Frauen gleich. So gibt es neben häuslicher Gewalt, sexueller Belästigung und Vergewaltigung in manchen Ländern und Gesellschaften auch Zwangsverheiratung, im Namen der „Ehre" begangene Gewalttaten oder Genitalverstümmelung. Aber in fast allen Ländern der Welt kommt der Ächtung und Unterbindung all dieser Formen von Gewalt besondere Bedeutung zu.

1.2 Internationale Entwicklung

1.2.1 Vereinte Nationen

Erst in der zweiten Hälfte des vergangenen Jahrhunderts rückte die vielfach von gesellschaftlicher Benachteiligung, Unterdrückung und Diskriminierung gekennzeichnete Lebenssituation von Frauen in der Welt, deren durchgängig fehlende rechtliche Gleichstellung sowie die Ausübung von physischer, psychischer und sexueller Gewalt gegen Frauen im familiären und gesellschaftlichen Kontext als eine zentrale gesellschaftliche Problematik in das Bewusstsein der Weltgemeinschaft.

Für das Jahr 1975 rief die UNO-Generalversammlung das Internationale Jahr der Frau aus. Im gleichen Jahr richteten die Vereinten Nationen erstmals zum Internationalen Frauentag am 8. März eine Feier aus; in Mexiko-Stadt wurde die erste UN-Weltfrauenkonferenz abgehalten.

---

1) Art. 1 GG.
2) Art. 3 GG.
3) Europarat, 2011.

Seither ist Gewalt gegen Frauen in all ihren Formen als Verletzung der Menschenrechte geächtet sowie für staatliche und nichtstaatliche Organisationen zu einem wichtigen Thema von Intervention und Prävention sowie von sozialer Arbeit geworden.

1993 verabschiedete die Generalversammlung der UN als Grundlage für die Bekämpfung von Gewalttaten gegen Frauen eine Erklärung zur Beseitigung der Gewalt gegen Frauen und entwickelte in der Folge einen Aktionsplan (1995) mit dem strategischen Ziel der Gleichstellung von Mann und Frau. 2006 veröffentlichte der Generalsekretär der UN eine Untersuchung über Erscheinungsformen der Gewaltphänomene und die international geltenden rechtlichen Rahmenbedingungen zum Phänomen.

Andere über- bzw. zwischenstaatliche Organisationen griffen die Thematik auf. [4]

1.2.2 Europäische Union

Auf europäischer Ebene und der Ebene der Nationalstaaten in Europa vollzogen sich jeweils im zeitlichen Kontext parallele Entwicklungen.

So brachte der Europarat seit Beginn der 1990er-Jahre eine Reihe von Initiativen zur Förderung des Schutzes von Frauen vor Gewalt auf den Weg. Angestoßen durch die Ministerkonferenz zur Gleichstellung von Frauen und Männern im Jahr 1993, wurden Strategien und ein Aktionsplan für die Beseitigung der Gewalt gegen Frauen in der Gesellschaft erarbeitet. Dieser mündete 2002 in die Empfehlung des Ministerkomitees[5], in der die Mitgliedstaaten erstmals aufgefordert wurden, in einem Gesamtkonzept den Schutz von Frauen vor Gewalt durch gesetzliche Maßnahmen zu gewährleisten, Maßnahmen unter Berücksichtigung der Bedürfnisse der Opfer landesweit zu koordinieren sowie die Polizei und Justiz zur Verfolgung und Bestrafung von Gewalttätern anzuhalten.

Im Anschluss an eine groß angelegte Kampagne zur Unterstützung der Umsetzung der Maßnahmen in den Mitgliedstaaten von 2006 bis 2008, die in verschiedenen Mitgliedstaaten durch wissenschaftliche Erhebungen zum Ausmaß der Gewalt gegen Frauen begleitet wurde, verabschiedete der Europarat im Mai 2011 das wegweisende „Übereinkommen zur Verhütung und Bekämpfung von Gewalt gegen Frauen und häuslicher Gewalt"[6]. Darin wird häusliche Gewalt – ohne Beschränkung auf Gewalt an Frauen – explizit als eigenständiges Themenfeld ausgewiesen und geächtet.

Mit der Ratifizierung des am 01.08.2014 in Kraft getretenen Übereinkommens verpflichten sich die Mitgliedstaaten verbindlich zu umfassenden Maßnahmen in allen darin geregelten Bereichen, z. B. zu Maßnahmen der Prävention, zu Unterstützungsangeboten und gesetzgeberischen Maßnahmen im Straf-, Zivil- und Ausländerrecht.

---

4) So beschloss 1994 die Organisation amerikanischer Staaten die „Interamerikanische Konvention über die Verhütung, Bestrafung und Beseitigung der Gewalt gegen Frauen", die das Recht von Frauen betont, frei von häuslicher, gesellschaftlicher und staatlicher Gewalt zu sein, und den Staat verpflichtet, aktiv gegen die Gewalt vorzugehen und der Gewalt vorzubeugen. Die Afrikanische Union verabschiedete 2003 mit gleicher Intention zu dieser Thematik ein „Protokoll zur Afrikanischen Charta der Menschenrechte und der Rechte der Völker"
5) Europarat, 2002.
6) Europarat, 2011.

Flankiert wird das Übereinkommen durch die 2012 verabschiedete EU-Opferschutzrichtlinie[7], die Mindeststandards für die Rechte, den Schutz und die Unterstützung von Opfern von Straftaten vorsieht sowie u.a. erweiterte Informationsrechte des bzw. der Verletzten festlegt.[8]

Im März 2014 veröffentlichte die Agentur der Europäischen Union (EU) für Grundrechte schließlich die Ergebnisse der ersten in allen 28 Mitgliedstaaten der EU durchgeführten Erhebung zu Gewalt gegen Frauen[9], die für den Bereich der gesamten EU Erfahrungen von Frauen mit körperlicher, sexueller und psychischer Gewalt darstellt.[10]

1.3 Nationale Ebene
1.3.1 Staat und Gesellschaft

Mit der Thematisierung der Formen häuslicher Gewalt auf internationaler Ebene entstanden auch in Deutschland, getragen durch eine erstarkende Frauenbewegung, frühzeitig erste gesellschaftspolitische Initiativen. Daneben entwickelte sich staatliches Engagement.

So wurde am 01.11.1976 in Berlin das erste deutsche Frauenhaus als Modellprojekt der Bundesregierung und des Berliner Senats gegründet[11], im Folgejahr nahmen die ersten „Notrufe"-Fachberatungsstellen für vergewaltigte Frauen die Arbeit auf.[12]

Waren in Deutschland häusliche Gewalt und Frauenhäuser zunächst die im Vordergrund stehenden Themen, kamen in den Folgejahren sexuelle Gewalt und sexueller Missbrauch von Mädchen und Jungen, Menschenhandel und Prostitutionstourismus, sexuelle Übergriffe in Institutionen und Einrichtungen sowie Gewalt gegenüber ausländischen Frauen und Behinderten als weitere Themen hinzu.

In Bund und Ländern entstanden Hilfeeinrichtungen, wurden Untersuchungen durchgeführt sowie Publikationen und Fortbildungsmaterialien veröffentlicht. Es entstand eine stärkere Vernetzung der Hilfeeinrichtungen auf der Ebene der Länder und des Bundes.

Gesetzgeberische Initiativen griffen die fortschreitende Erkenntnislage auf. Bereits das erste Opferschutzgesetz von 1986[13] führte zu einer Besserstellung von Opfern, insbesondere von Opfern von Sexualdelikten, im Strafverfahren. Ergänzt

---

7) Europäische Union, 2012.
8) Die Bundesregierung hat die Istanbul-Konvention und die europäische Opferschutzrichtlinie noch nicht ratifiziert, da das deutsche Rechtssystem den in der Istanbul-Konvention formulierten Anforderungen gegenwärtig nicht in allen Punkten entspricht. Dies betrifft z.B. die Strafbarkeit von nicht einvernehmlichen Handlungen, die nicht in jedem Fall vom Straftatbestand der Vergewaltigung gemäß § 177 StGB erfasst sind, die Verpflichtung zur Entschädigung von Opfern von psychischer Gewalt in jedem Fall oder die Möglichkeit eines eigenständigen Aufenthaltsrechts für von häuslicher Gewalt betroffene Migrantinnen. Zur Umsetzung der Opferschutzrichtlinie ist mit Wirkung vom 30.12.2015 das 3. Opferrechtsreformgesetz in Kraft getreten. Gesetzesentwürfe zur Änderung des Sexualstrafrechts sind auf den Weg gebracht.
9) Agentur der Europäischen Union für Grundrechte, 2014.
10) Näheres dazu in Abschnitt 4.1.1.
11) BMFSFJ, 1999, S. 6.
12) Kavemann, 2012, S. 99.
13) BGBl. 1986 I S. 2496.

wurde es im weiteren Verlauf durch Regelungen im Verbrechensbekämpfungsgesetz 1994 [14], dem Zeugenschutzgesetz 1998 [15] sowie den Opferrechtsreformgesetzen von 2004 [16] und 2009 [17]. Insgesamt wurden Rechte des Opfers auf Information und anwaltlichen Beistand eingeführt und der Persönlichkeitsschutz von Opfern und Zeugen verbessert, ohne zwischen weiblichen und männlichen Opfern zu differenzieren. Die Nebenklage wurde umgestaltet; es wurden Regelungen zur Schadenswiedergutmachung zugunsten des Opfers getroffen.[18]

Seit 1997 ist zudem durch Änderung des § 177 StGB die Vergewaltigung in der Ehe strafbar.

Bereits im Vorgriff auf anstehende Initiativen der EU wurde auf Bundesebene 1999 mit einem Aktionsplan zur Bekämpfung der häuslichen Gewalt ein umfassendes Gesamtkonzept mit den Schwerpunkten Prävention, Recht, Kooperation zwischen Institutionen und Projekten, Vernetzung von Hilfsangeboten, Täterarbeit, Sensibilisierung von Fachleuten und Öffentlichkeit sowie internationale Zusammenarbeit vorgelegt.[19]

Der Bundesrat unterstützte mit Beschluss vom 09.06.2000 den Aktionsplan der Bundesregierung und unterstrich die Notwendigkeit struktureller Veränderungen. Eine Bund-Länder-Arbeitsgruppe „Häusliche Gewalt" erarbeitete „Rahmenbedingungen für polizeiliche/gerichtliche Schutzmaßnahmen bei häuslicher Gewalt"[20] und legte damit u.a. grundlegende Empfehlungen für den polizeilichen Wohnungsverweis und zivilgerichtliche Schutzanordnungen vor.

Am 01.01.2002 trat als wesentlicher Meilenstein das „Gesetz zur Verbesserung des zivilgerichtlichen Schutzes bei Gewalttaten und Nachstellungen sowie zur Erleichterung der Überlassung der Ehewohnung bei Trennung"[21] in Kraft. Die so auf Bundesebene getroffene Regelung für Kontakt-, Näherungs- und Belästigungsverbote durch die Zivil- bzw. Familiengerichte bei vorsätzlichen und widerrechtlichen Verletzungen von Körper, Gesundheit oder Freiheit einer Person sowie in Fällen der Drohung mit diesen Taten erleichtert den Opfern gerichtliche Hilfen.[22]

Die zivilrechtlichen Schutzmöglichkeiten für Opfer können im Einzelfall die Zuweisung der Wohnung, Schadensersatz und Schmerzensgeld, das alleinige Sorgerecht über die Kinder sowie die Aussetzung oder Beschränkung des Umgangsrechts betreffen.

Parallel dazu wurden ab Ende der 1990er-Jahre in den Ländern mit unterschiedlicher Intensität Aktionspläne und Programme gegen häusliche Gewalt entwickelt. Ab 2001 wurden in fast allen Polizeigesetzen der Länder die notwendigen Rechtsgrundlagen für die Verweisung gewalttätiger Personen aus der Wohnung und ein Rückkehrverbot geschaffen.

---

14) BGBl. 1994 I S. 3186.
15) BGBl. 1998 I S. 820.
16) BGBl. 2004 I S. 1354.
17) BGBl. 2009 I S. 2280.
18) Ausführlich dazu Herrmann, 2010, S. 236 ff.
19) BMFSFJ, 1999, S. 8 ff.
20) BMFSFJ, 2002.
21) BGBl. 2001 I S. 3513 ff.
22) Die gesetzliche Hilfe wird durch entsprechende Antragsformulare in Fällen der §§ 1, 2 GewSchG, 1361b, 1666 BGB erleichtert: http://www.big-berlin.info/medien/schutzantraege (Zugriff am 11.06.2015).

Im Jahr 2004 wurden Ergebnisse repräsentativer wissenschaftlicher Untersuchungen zur „Lebenssituation, Sicherheit und Gesundheit von Frauen in Deutschland[23] sowie zu Unterstützungspraxis, staatlicher Intervention bei häuslicher Gewalt und Täterarbeit im Kontext von Interventionsprojekten"[24] vorgestellt. 2007 griff der Aktionsplan II der Bundesregierung[25] die Untersuchungsergebnisse insbesondere zu den Themen Schutz von Migrantinnen, von Frauen mit Behinderungen und von Frauen in Trennungssituationen auf.

Einen umfassenden Überblick über Ausmaß und Risikofaktoren der Gewalt vermittelt die Studie „Gewalt gegen Frauen in Paarbeziehungen – Eine sekundäranalytische Auswertung zur Differenzierung von Schweregraden, Mustern, Risikofaktoren und Unterstützung nach erlebter Gewalt"[26] aus dem Jahr 2008.

Die fortschreitende Erkenntnislage und die Erfahrungen mit der Umsetzung der neuen polizeirechtlichen Maßnahmen führten auch in den Ländern zur Fortschreibung von Aktionsplänen, stellvertretend z.B. in Niedersachsen[27] und Baden-Württemberg[28], von Handlungsempfehlungen bzw. -leitlinien[29] sowie Initiativen[30]. Diese bezogen zunehmend auch Männer als Opfer häuslicher Gewalt ein.

1.3.2 Polizei und Justiz

Häusliche Gewalt in Deutschland ist auch heute noch geprägt durch die Gewalt von Männern gegenüber Frauen. Sie galt in Deutschland bis in die 1970er-Jahre gemeinhin noch als Privatangelegenheit und war damit staatlicher Reglementierung und Einflussnahme weitgehend entzogen.

Das polizeiliche Handeln war entsprechend dem gesellschaftlich vorherrschenden Grundverständnis in der Regel darauf beschränkt, die akute Fortsetzung von Körperverletzungen, Beleidigungen oder Drohungen zu unterbinden, durch kurzfristige Trennung von Täter und Opfer den „Streit" zu schlichten, für „Ruhe" zu sorgen und die Ordnung wiederherzustellen.[31] Erwies sich dies, z.B. infolge von Alkoholkonsum oder weiterer Aggressivität des Täters, als schwierig oder nicht möglich, konnte die Polizei einen Platzverweis aussprechen oder den Täter vorübergehend in Gewahrsam nehmen.

Zu einer Strafverfolgung kam es in der Regel nicht, da die verwirklichten Straftatbestände zumeist Antrags- und Privatklagedelikte waren. Die Kraft, eine Strafverfolgung des Partners einzuleiten und durchzusetzen, hatten aus vielfältigen und nachvollziehbaren Gründen die wenigsten Opfer. So unterblieben weithin auch die Spurensicherung zur Beweissicherung im Strafverfahren und eine statistische Erfassung des Sachverhalts. Ein Aufbrechen verfestigter Gewaltbeziehungen war auf diese Weise nicht möglich. Immer wieder kam es auch zu Tötungshandlungen, denen ganz überwiegend Frauen zum Opfer fielen.

---

23) BMFSFJ, 2004a.
24) BMFSFJ, 2004b.
25) BMFSFJ, 2007.
26) BMFSFJ, 2014.
27) Niedersächsisches Ministerium für Soziales, Frauen, Familie, Gesundheit und Integration, 2012.
28) Ministerium für Arbeit und Sozialordnung, Familie, Frauen und Senioren Baden-Württemberg, 2014.
29) Polizei Hessen, 2009.
30) Senatsverwaltung für Arbeit, Integration und Frauen Berlin, 2013, 2014.
31) Lütgert, 2014.

Mit der zunehmenden Enttabuisierung und Ächtung von Beziehungsgewalt und dem wachsenden Bewusstsein um ihre gesellschaftliche Dimension und schädliche Wirkung begann ein Umdenken. Dies und der Wandel der rechtlichen Rahmenbedingungen führten Ende der 1990er-Jahre auch zu einer deutlich veränderten staatlichen Intervention bei häuslicher Gewalt. Dies galt zunächst insbesondere für die Polizei, die bei Einsätzen häuslicher Gewalt häufig das Ausmaß der Gewalt und die schwierige Situation der Opfer und betroffener Kinder erlebte.[32]

Als erster wichtiger Schritt wurde in Nordrhein-Westfalen seit 1996 in allen Fällen häuslicher Gewalt die Strafverfolgung immer von Amts wegen durch Anzeige der Polizei eingeleitet, unabhängig von dem Strafantrag eines Opfers.[33] Zudem hat das Innenministerium NRW die Bearbeitung von Strafanzeigen häuslicher Gewalt im „Vereinfachten Verfahren zur Bearbeitung Ausgewählter Delikte"[34], das eine Äußerung der Verfahrensbeteiligten im schriftlichen Anhörungsverfahren vorsieht, ausgeschlossen. Ähnliche Regelungen ergingen in anderen Ländern.

Für die Justiz waren die in Fällen häuslicher Gewalt anzuwendenden Voraussetzungen für die Strafverfolgung in den Richtlinien für das Strafverfahren und das Bußgeldverfahren (RiStBV) geregelt. Danach soll der Verweis auf den Privatklageweg bei entsprechenden Delikten im öffentlichen Interesse unterbleiben bzw. bei Körperverletzungsdelikten ein besonderes öffentliches Interesse an der Strafverfolgung auch ohne Strafantrag bestehen, wenn der verletzten Person aufgrund ihrer persönlichen Beziehung zum Täter nicht zuzumuten ist, die Privatklage zu erheben[35] oder Strafantrag zu stellen.[36] Zunehmend ging die Justiz dazu über, diese Vorschrift in Fällen häuslicher Gewalt anzuwenden.

Für die Polizei vollzog sich seit 2002 mit dem Inkrafttreten der polizeilichen Befugnisse zu Wohnungsverweisung und Rückkehrverbot unter der Maxime „Wer schlägt, der geht" ein Paradigmenwechsel in der Handlungspraxis. Unterstützt wurde er durch eine immer enger werdende Kooperation mit dem Unterstützungs- und Hilfenetzwerk für von häuslicher Gewalt betroffene Frauen bzw. Personen.

Mit der Durchsetzung von Wohnungsverweisung und Rückkehrverbot ging das klare Signal an den gewalttätigen Partner, dass Gewalt in Beziehungen keine Privatangelegenheit ist und er zur Rechenschaft gezogen wird. Opfer häuslicher Gewalt wurden in dem Bewusstsein gestärkt, dass staatliche Stellen Hilfe leisten.

Damit wurde den Opfern erstmals die Möglichkeit eröffnet, zur Ruhe zu kommen und ggf. nach Beratung und Unterstützung weitere Schritte zu unternehmen, um sich – oftmals mit Kindern – aus einer dauerhaft gewaltbelasteten Beziehung zu lösen.

Vor dem Hintergrund immer wieder im Rahmen häuslicher Gewalt verübter schwerwiegender Misshandlungen oder Tötungen initiierte die Ständige Konferenz der Innenminister und -senatoren der Länder im Jahr 2005 u.a. zeitnahe Situations- und Gefährdungsanalysen sowie konsequente Gefährderansprachen,

---

32) BMFSFJ, 2004a.
33) Innenministerium NRW, 2007.
34) Innenministerium NRW, 1994.
35) RiStBV, Nr. 86 II.
36) RiStBV, Nr. 234 I.

um durch konsequente polizeiliche Intervention weitere Gewalttaten zu verhindern.[37] Im Jahr 2015 griff sie das Thema mit weiteren Handlungsempfehlungen zum Management von Hochrisikofällen erneut auf[38].

2 Charakteristika der Gewaltbeziehung

Die Bund-Länder-Arbeitsgruppe „Häusliche Gewalt" beschreibt in ihrem Bericht[39] aus dem Jahr 2002 in dem Abschnitt „Männliche Gewalt an Frauen, Mädchen und Jungen in der Familie" sehr präzise das, was nach der damaligen Wahrnehmung eine länger dauernde Gewaltbeziehung zwischen Mann und Frau und ihre Wirkungen ausmacht.

„Frauen erfahren Gewalt häufig in engen sozialen Beziehungen durch den Ehemann oder den (Ex-)Partner. Sie geschieht meist zuhause und damit in einem Bereich, der eigentlich als privater Schutzraum empfunden wird. Von Seiten des gewalttätigen Mannes handelt es sich in aller Regel um ein komplexes, sich mit der Zeit verstärkendes System von Macht und Kontrolle, die mit physischer, sexualisierter und psychischer Gewalt, durch Zwang, Nötigung und Drohung, durch Demütigung und Isolation ausgeübt werden. Bei den betroffenen Frauen bewirken solche Gewalterfahrungen, zumal über einen längeren Zeitraum, eine Schwächung bis hin zur Zerstörung des Selbstwertgefühls. Dies verstärkt wiederum ihre Abhängigkeit vom Mann und die eigene Verstrickung in die Gewaltbeziehung.

Aufgrund der besonderen Dynamik des Gewaltgeschehens verhalten sich Frauen in Misshandlungsbeziehungen häufig ambivalent hinsichtlich einer Trennung vom gewalttätigen Mann. Auch sprechen aus ihrer Sicht z.B. Faktoren wie die Verantwortung für gemeinsame Kinder, ökonomische Abhängigkeit und ein gesellschaftliches Umfeld, das Gewalt im häuslichen Bereich bagatellisiert oder der Frau selbst anlastet, gegen eine Trennung. Diese wird objektiv erschwert durch strukturelle Bedingungen wie z.B. in ihren jeweiligen Folgen für die Frauen nicht abschätzbare Bestimmungen des Sozialhilfe-, Ausländer- und Kindschaftsrechts, die zudem oftmals restriktiv ausgelegt werden. Nicht zuletzt ist die Gewaltbereitschaft von misshandelnden Männern in der akuten Trennungssituation am größten, so dass Frauen in dieser Zeit besonders gefährdet sind."

Auch wenn sich einzelne Aspekte dieser Beschreibung aufgrund einer größer gewordenen Selbstständigkeit der Frauen und einer gewandelten gesellschaftlichen Sichtweise in der Tendenz verändert haben, sind die Charakteristika einer andauernden Gewaltsituation in einer Partnerschaft auch heute nicht grundsätzlich anders.

Ein in Niedersachsen ressortübergreifend vorgelegter Rechtsratgeber für von häuslicher Gewalt betroffene Frauen „Ohne Gewalt leben – Sie haben ein Recht darauf!"[40] umreißt in der Einleitung durch sehr konkrete Fragen das, was häusliche Gewalt ausmacht.

---

37) Innenministerkonferenz, 2005.
38) Innenministerkonferenz, 2015, TOP 8.
39) BMFSFJ, 2002.
40) Niedersächsisches Ministerium für Soziales, Gesundheit und Gleichstellung, 2014.

„Ihr Lebenspartner
- beleidigt Sie und macht Sie bei Freundinnen und Freunden oder Familienmitgliedern schlecht?
- hindert Sie, Ihre Familie oder Freundinnen und Freunde zu treffen?
- hält Sie davon ab, Ihr Haus zu verlassen?
- kontrolliert Ihre Finanzen?
- droht damit, Sie, Ihre Kinder, Verwandte, Freundinnen und Freunde, Ihre Haustiere oder sich selbst zu verletzen?
- wird plötzlich wütend und rastet aus?
- beschädigt Ihre Sachen?
- schlägt, stößt, schubst, beißt Sie?
- zwingt Sie zum Sex?
- akzeptiert nicht, dass Sie sich getrennt haben oder trennen wollen und verfolgt, belästigt oder terrorisiert Sie?

Alles das sind Formen von Gewalt – und Sie müssen das nicht hinnehmen."

Diese konkreten Formulierungen von denkbaren Verhaltensweisen schaffen für Opfer häuslicher Gewalt Klarheit, wo Gewalt in einer Beziehung beginnt und welche Verhaltensweisen sie umfasst.

3 Definition häuslicher Gewalt
3.1 Bundesebene

Eine einheitliche und verbindliche Definition des Begriffs der häuslichen Gewalt gibt es im deutschen Recht nicht.

Nach dem Wortlaut der Istanbul-Konvention bezeichnet der Begriff häusliche Gewalt
- „alle Handlungen körperlicher, sexueller, psychischer oder wirtschaftlicher Gewalt, die innerhalb der Familie oder des Haushalts oder zwischen früheren oder derzeitigen Eheleuten oder Partnerinnen beziehungsweise Partnern vorkommen, unabhängig davon, ob der Täter beziehungsweise die Täterin denselben Wohnsitz wie das Opfer hat oder hatte."[41]

Damit ist der Begriff ausdrücklich nicht auf Gewalt von Männern an Frauen beschränkt.

Das gilt auch für das deutsche Gewaltschutzgesetz, das die gerichtlichen Maßnahmen der Wohnungsverweisung sowie des Kontakt- oder Näherungsverbotes zum Schutz von Gewaltopfern ohne geschlechtsspezifische Beschränkungen an bestimmte tatsächliche Voraussetzungen knüpft. So hat das Gericht auf Antrag der verletzten Person zum Schutz vor Gewalt und Nachstellungen zur Abwendung weiterer Verletzungen erforderliche Maßnahmen zu treffen,
- wenn „eine Person vorsätzlich den Körper, die Gesundheit oder die Freiheit einer anderen Person widerrechtlich verletzt"[42] hat

---
41) Europarat, 2011.
42) § 1 Abs. 1 Satz 1 Gewaltschutzgesetz vom 11. Dezember 2001 (BGBl. I S. 3513).

oder entsprechend,

„wenn

1. eine Person einer anderen mit einer Verletzung des Lebens, des Körpers, der Gesundheit oder der Freiheit widerrechtlich gedroht hat oder

[...] ren befriedetes Besitztum [...] igt, dass sie ihr gegen den [...]stellt oder sie unter Ver- [...]olgt."[43]

[...]en. Die Ausfüllung dieses [...]hen Definition des Begriffs [...]eils eigene Begriffsbestim-

[...]lungs- oder sonstigen Un-[...]mmungen orientieren sich [...]n. Doch gibt es auch Un-[...]nischer oder ökonomischer [...]elichen oder nichtehelichen [...]n als Opfer von häuslicher [...] Kanon der subsumierten

[...]n aus den Ländern unter

[...]immung der durch das In-[...]Häusliche Gewalt und poli-

[...]r häuslichen Gemeinschaft [...]entierung – nicht ehelicher

[...]einschaft)

[...]meinsamen Wohnung oder [...]unterschiedliche Meldean-

− oder in Auflösung befindlich ist (z.B. Beginn eines Trennungsjahres mit oder ohne Auszug aus der gemeinsamen Wohnung; auch bei nichtehelicher Beziehung mit oder ohne Auszug aus der gemeinsamen Wohnung)

oder

---

43) § 1 Abs. 2 Satz 1 Gewaltschutzgesetz vom 11. Dezember 2001 (BGBl. I S. 3513).
44) Innenministerium NRW, 2007.

- seit einiger Zeit aufgelöst ist (z.B. laufendes Trennungsjahr mit getrennten Wohnungen, wobei gewisse Gemeinsamkeiten oder Kontakte noch fortbestehen; gemeinsames Sorgerecht für Kinder, geschäftliche Abwicklungen bereits geschiedener Eheleute, die vor rechtskräftigem Abschluss des Verfahrens noch Kontakte unterhalten, ohne in einer gemeinsamen Wohnung zu leben)

zur Gewaltanwendung kommt.

Häusliche Gewalt setzt nicht die Tatbegehung in der gemeinsamen Wohnung voraus. Tatorte können auch Geschäftsräume oder der öffentliche Raum sein.

In Zweifelsfällen wird die Polizei häusliche Gewalt annehmen."

Ausführungen zur Art der Gewaltanwendung enthält die Broschüre nicht. So bleibt unerörtert, in welcher Form bzw. in welchem Umfang auch psychische Gewalt einbezogen ist.

Baden-Württemberg

Der Landesaktionsplan Baden-Württemberg gegen Gewalt an Frauen vom 24.11.2014 [45] definiert häusliche Gewalt als

- „physische, sexuelle und psychische Gewalt in aktuellen oder ehemaligen Ehen und Lebenspartnerschaften bzw. nichtehelichen Lebensgemeinschaften, unabhängig vom Tatort. Ein gemeinsamer Wohnsitz ist nicht Voraussetzung für das Vorliegen von häuslicher Gewalt"

und schließt damit generationenübergreifende Gewalt ausdrücklich aus.

Noch enger gefasst ist die in Baden-Württemberg geltende Definition der Polizei. Sie erfasst die Gewalt durch ehemalige Ehe- und Lebenspartner bzw. -partnerinnen ausdrücklich nicht unter dem Begriff der häuslichen Gewalt. Durch diese verübte Gewalttaten werden polizeilich in der allgemeinen Statistik ausgewiesen.

Bayern

Die bayerische Polizei beschränkt den Begriff in ähnlicher Weise auf Partnergewalt und versteht unter häuslicher Gewalt [46]

- „alle Fälle von physischer und psychischer Gewalt innerhalb von ehelichen oder nichtehelichen Lebensgemeinschaften, auch wenn sie sich nach einer Trennung ereignen, aber noch im direkten Bezug zur früheren Lebensgemeinschaft stehen. Dies bedeutet, dass häusliche Gewalt gemäß dieser Definition nicht unmittelbar alle Fälle von Gewalt in der Familie, sondern ausschließlich Partner- und Ex-Partnergewalt umfasst."

Berlin

Wiederum weiter gefasst ist die Definition häuslicher Gewalt der Polizei in Berlin [47]

- „Häusliche Gewalt bezeichnet (unabhängig vom Tatort/auch ohne gemeinsamen Wohnsitz) Gewaltstraftaten zwischen

    1. Personen in einer partnerschaftlichen Beziehung, die derzeit besteht, die sich in Auflösung befindet oder die aufgelöst ist

    oder

---

45) Ministerium für Arbeit und Sozialordnung, Familie, Frauen und Senioren Baden-Württemberg, 2014, S. 7.
46) Bayerischer Landtag, 2014.
47) Karadag/Winkler, 2012, S. 8.

2. Personen, die in einem Angehörigenverhältnis zueinander stehen, soweit es sich nicht um Straftaten zum Nachteil von Kindern handelt.

Im Zweifelsfall ist nach Bewertung des vorliegenden Einzelfalls häusliche Gewalt anzunehmen. Häusliche Gewalt (auch beobachtete Gewalttaten) ist eine Gefährdung des Kindeswohls."

In den Erläuterungen wird zum Angehörigenverhältnis auf § 11 Abs. 1 Nr. 1 StGB verwiesen.

Niedersachsen
Bei den ersten in Niedersachsen verabschiedeten ressortübergreifenden Aktionsplänen I und II zur „Bekämpfung der Gewalt gegen Frauen im häuslichen Bereich" stand die Männergewalt gegenüber Frauen im Vordergrund. Der Aktionsplan III aus 2012 stellt nunmehr auf die „Bekämpfung häuslicher Gewalt in Paarbeziehungen"[48] ab. Vorrangiges Ziel bleibt dabei ausdrücklich weiterhin die Bekämpfung häuslicher Gewalt gegen Frauen.

Eine Definition enthält die Antwort der Landesregierung Niedersachsen auf eine Kleine Anfrage zum Thema „Häusliche Gewalt – Immer mehr Männer betroffen?"[49] vom 09.09.2014:

„Für die Landespolizei Niedersachsen umfasst häusliche Gewalt sämtliche Erscheinungsformen der physischen, sexuellen und/oder psychischen Gewalt zwischen Menschen, die in sogenannten nahen Beziehungen stehen oder standen. Diese Definition gilt unabhängig vom Geschlecht der jeweiligen tatverursachenden Person oder Opfer und auch unabhängig von der Tatörtlichkeit."

Damit sind – ähnlich wie in Nordrhein-Westfalen – auch die in einer häuslichen Gemeinschaft generationsübergreifend begangenen Gewalttaten unter den Begriff zu subsumieren.

3.3 Deliktische Zuordnung

Die im Rahmen häuslicher Gewalt relevanten Straftatbestände sind verschiedentlich in den landesspezifischen Handlungsanleitungen aufgeführt.

Exemplarisch ist nachfolgend die Auflistung der in Betracht kommenden Tatbestände gemäß der Broschüre aus Nordrhein-Westfalen wiedergegeben.

„In Betracht kommen z.B.:
- Beleidigung, Verleumdung, Ehrverletzung gem. den §§ 185 ff. StGB
- Körperverletzung gem. § 223 StGB
- Gefährliche Körperverletzung gem. § 224 StGB
- Schwere Körperverletzung gem. § 226 StGB
- Sachbeschädigung gem. den §§ 303–305 StGB
- Hausfriedensbruch gem. § 123 StGB
- Nötigung gem. § 240 StGB
- Bedrohung gem. § 241 StGB

---

[48] Niedersächsisches Ministerium für Soziales, Frauen, Familie, Gesundheit und Integration Niedersachsen, 2012.
[49] Niedersächsischer Landtag, 2014.

- Freiheitsberaubung gem. § 239 StGB
- Misshandlung von Schutzbefohlenen gem. § 225 StGB
- Sexueller Missbrauch von Schutzbefohlenen gem. § 174 StGB
- Sexueller Missbrauch von Kindern gem. den §§ 176 ff. StGB
- Sexuelle Nötigung; Vergewaltigung gem. den §§ 177 ff. StGB
- Erpressung gem. § 253 StGB"

Darüber hinausgehend werden im Landesaktionsplan Baden-Württemberg[50] dem Bereich häusliche Gewalt die nachfolgenden weiteren Straftatbestände zugeordnet,

„wenn die Tat im Rahmen von Partnerschaftsbeziehungen begangen wird:
- Versuchter und vollendeter Mord sowie Totschlag (§§ 211, 212 StGB)
- Nachstellung (§ 238 StGB)
- Erpresserischer Menschenraub (§ 239a StGB)
- Geiselnahme (§ 239b StGB)
- Raub, schwerer Raub, Raub mit Todesfolge, räuberischer Diebstahl (§ 249–252 StGB)".

Festzustellen ist daher, dass sich neben der Definition des Begriffs häusliche Gewalt sowie der Zielgruppen auch die formelle Zuordnung von Straftatbeständen in den Ländern unterscheiden kann.

4 Ausmaß und Entwicklung häuslicher Gewalt

4.1 Gewaltprävalenz- und Viktimisierungsstudien

Die Ergebnisse empirischer Dunkelfeldforschung, insbesondere von Gewaltprävalenz- bzw. Viktimisierungsstudien, geben wichtige Anhaltspunkte zum tatsächlichen Ausmaß der Kriminalität oder einzelner Kriminalitätsphänomene. In den Studien werden repräsentative Teile der Bevölkerung mittels persönlicher oder anonymisierter Interviews befragt, ob und ggf. in welchem Maße sie Opfer von Straftaten geworden sind.

Die Ergebnisse der Dunkelfeldforschung nähern sich in deutlich besserer Weise als die Daten der Polizeilichen Kriminalstatistik (PKS) der Kriminalitätswirklichkeit an. Aber auch sie können möglichen Verzerrungsmomenten unterliegen.[51] Insgesamt wird angenommen, dass die in der repräsentativen Dunkelfeldforschung erzielten Ergebnisse das gesamte Ausmaß tatsächlicher Gewalt ebenfalls nicht vollständig erfassen, sondern nur untere Grenzwerte aufdecken.[52]

Die wissenschaftliche Aufarbeitung der Beziehungsgewalt in Partnerschaften fokussierte sich international und national zunächst ausschließlich auf den deutlich im Vordergrund stehenden Aspekt der Männergewalt gegenüber Frauen. So wurden in den Forschungsprojekten ausschließlich Frauen zu ihren Gewalterfahrungen befragt. Insoweit liegen aussagekräftige Studienergebnisse vor.

---

50) Ministerium für Arbeit und Sozialordnung, Familie, Frauen und Senioren Baden-Württemberg, 2014.
51) Bedeutsam sind u.a. die methodische Anlage der Befragung, die Zahl und Auswahl der Befragten, der Befragungszeitraum sowie die konkrete Formulierung der Fragestellungen.
52) Zu den Gründen Schröttle, 2012, S. 6.

Im Hinblick auf Gewalterfahrungen von Männern im Rahmen häuslicher Gewalt blieb es in Deutschland bundesweit zunächst bei einer nicht repräsentativen Pilotstudie, die parallel zu der Prävalenzstudie „Lebenssituation, Sicherheit und Gesundheit von Frauen in Deutschland" durchgeführt wurde. Darüber hinaus wurden erstmals 2012 in Niedersachsen Männer und Frauen in eine gemeinsame Befragung einbezogen.

4.1.1 Gewalt gegen Frauen – eine EU-weite Erhebung

Die im März 2014 von der Agentur der EU für Grundrechte veröffentlichten Ergebnisse der Erhebung über Gewalt gegen Frauen in der EU [53] gilt als die bislang umfassendste Erhebung über die Erfahrungen von Frauen mit Gewalt. Ihr liegen persönliche Befragungen von 42.000 Frauen aus dem Jahr 2012 zugrunde.[54]

In jedem der 28 Mitgliedstaaten der EU nahmen mindestens 1.500 nach dem Zufallsprinzip ausgewählte Frauen im Alter zwischen 18 und 74 Jahren an der Erhebung teil. Damit sind die Ergebnisse sowohl auf der Ebene der EU als auch auf nationaler Ebene repräsentativ.

Danach hat jede dritte Frau in der EU seit dem Alter von 15 Jahren eine Form des körperlichen und/oder sexuellen Übergriffs erlebt; in den letzten 12 Monaten vor der Befragung waren dies etwa 8 % der interviewten Frauen. Eine Form der sexuellen Gewalt hat seit dem 15. Lebensjahr jede zehnte Frau in der EU erfahren, jede zwanzigste Frau ist, seit sie 15 war, nach den Ergebnissen der Befragung vergewaltigt worden.

Im Hinblick auf die Gewalt in Partnerschaften haben die Befragungen für den Bereich der EU insgesamt zu folgenden Ergebnissen geführt:

- Mehr als jede fünfte Frau (22 %), die mit einem Mann in einer Beziehung ist oder war, hat durch ihren Partner körperliche und/oder sexuelle Gewalt erfahren. Für mehr als ein Drittel der Frauen, die angegeben haben, durch ihren Partner vergewaltigt worden zu sein, war dies wiederkehrende Realität.
- Einer Form psychischer Gewalt waren zwei von fünf Frauen (43 %) entweder durch den derzeitigen oder einen früheren Partner bzw. die derzeitige oder eine frühere Partnerin ausgesetzt. Zu psychischer Gewalt zählen z.B. Demütigungen, Drohung mit Gewaltanwendung und Verletzungen sowie Kontrollverhalten oder die Einschränkung der Freiheit.
- Nur etwa jedes dritte Opfer von Gewalt in der Partnerschaft hat den jüngsten schwerwiegendsten Gewaltvorfall der Polizei oder einer anderen Einrichtung gemeldet.
- Jede zehnte Frau erlebte Nachstellungen (Stalking) durch einen früheren Partner bzw. eine frühere Partnerin. Davon wurden drei von vier Fällen der Polizei nicht bekannt.

Das Ausmaß der in der EU-Befragung für Deutschland festgestellten körperlichen und/oder sexuellen Gewalt in einer Partnerschaft liegt mit 22 % betroffener Frauen im Durchschnitt der EU, im Hinblick auf die psychische Gewalt liegen die Ergebnisse mit über 50 % betroffener Frauen, wie auch in einigen skandinavischen Ländern, noch darüber.

---

53) Agentur der Europäischen Union für Grundrechte, 2014.
54) Eine Befragung von Männern erfolgte nicht.

4.1.2 Lebenssituation, Sicherheit und Gesundheit von Frauen in Deutschland – Eine repräsentative Untersuchung zur Gewalt gegen Frauen in Deutschland

Mit der Prävalenzstudie „Lebenssituation, Sicherheit und Gesundheit von Frauen in Deutschland" [55] wurde 2004 die erste repräsentative Untersuchung zur Gewalt an Frauen in Deutschland auf der Grundlage von 10.000 standardisierten Interviews vorgelegt. [56]

Danach haben mehr als ein Drittel (37 %) aller befragten Frauen seit dem 16. Lebensjahr mindestens eine Form körperlicher Gewalt oder Übergriffe erlebt. [57] Fast jede siebte Frau (13 %) gab an, sexuelle Gewalt in Form von strafrechtlich relevanten Formen erzwungener sexueller Handlungen erlebt zu haben. 42 % der befragten Frauen haben Formen psychischer Gewalt geschildert.

Ein wesentlicher Teil der Fragen bezog sich auch auf Gewalt durch aktuelle und frühere Beziehungspartner. Im Hinblick darauf zeigt die Studie folgende Ergebnisse:

– Etwa jede vierte Frau in Deutschland (25 %) hat körperliche oder sexuelle Gewalt – oder beides – durch aktuelle oder frühere Beziehungspartner oder -partnerinnen erlebt. [58]
– Konkret wurde danach jede vierte Frau (25 %) im Alter von 16 bis 85 Jahren, die in einer Partnerschaft gelebt hat, Opfer körperlicher (23 %) oder – zum Teil zusätzlich – sexueller (7 %) Übergriffe durch einen Beziehungspartner, nicht selten mehrmals.
– Bei annähernd zwei Dritteln (64 %) der Betroffenen hatten die gewaltsamen Übergriffe durch Partner oder frühere Partner körperliche Verletzungen zur Folge. [59]
– Die Polizei wurde nur von einer von sieben Frauen (15 %), die körperliche Übergriffe erlebt haben, eingeschaltet, bzw. bei bedrohlicheren Formen mit Verletzungsfolgen oder Angst vor ernsthafter Verletzung, von einer von fünf Frauen (22 %). Von Frauen, die sexuelle Gewalt erlebt haben, schaltete nur eine von zwölf (8 %) die Polizei ein.

Die Ergebnisse dieser Befragung, die zehn Jahre älter ist als die Erhebung der EU, weisen eine gegenüber der EU-Erhebung stärkere Gewaltbelastung von Frauen in Deutschland aus. Sie geben ebenfalls Hinweise auf ein – zumindest in dieser Zeit bestehendes – höheres Dunkelfeld.

4.1.3 Gewalterfahrungen in Paarbeziehungen in Niedersachsen

Der im Juni 2014 durch das Landeskriminalamt Niedersachsen vorgelegte „Bericht zu Gewalterfahrungen in Paarbeziehungen in Niedersachsen im Jahr

---

55) BMFSFJ, 2004a.
56) Die Interviews wurden in der Zeit von Februar bis Oktober 2003 durchgeführt. Befragt wurden ebenfalls ausschließlich Frauen.
57) Dabei handelte es sich z.B. um Ohrfeigen, Wegschubsen, Werfen oder Schlagen mit Gegenständen, Verprügeln, Würgen oder Waffengewalt.
58) Diese Ergebnisse bestätigen nach Hinweis der o.a. Studie bisherige Dunkelfeldschätzungen und Untersuchungsbefunde (u.a. Schröttle, M.: Politik und Gewalt im Geschlechterverhältnis, Bielefeld, 1999; Hagemann-White, C.: European Research on the Prevalence of Violence Against Women; in Violance Against Women, Vol. 7, No. 7, Juli 2001, S. 732–759).
59) Dies betrifft etwa Prellungen, blaue Flecken, Verstauchungen, Knochenbrüche, offene Wunden sowie Kopf- und Gesichtsverletzungen.

2012"[60] ist bislang der einzige dieser Art auf Landesebene. Er enthält Ergebnisse einer Sonderbefragung im Jahr 2012, die Teil der allgemeinen Befragung zu Sicherheit und Kriminalität in Niedersachsen war.

Die Befragung richtete sich – anders als in den vorhergehend beschriebenen Studien – gleichermaßen an Männer und Frauen und beschränkte sich ausschließlich auf Vorkommnisse des Jahres 2012.[61] Zum Ausmaß von Partnergewalt führte sie zu folgenden Befunden:

- Von Gewalt in einer Paarbeziehung im Jahr 2012 berichteten 7,8 % der befragten Frauen und Männer. Die Hälfte aller Opfer erlitt dabei leichtere Formen psychischer Gewalt.
- Etwa 3,1 % der Befragten war von körperlicher Gewalt betroffen, zumeist von Wegschubsen, Treten, Ohrfeigen, Beißen oder Kratzen. Schwere körperliche Gewalthandlungen wie Verprügeln oder Zusammenschlagen oder sexuelle Gewalthandlungen kamen deutlich seltener vor. 39,6 % der Opfer körperlicher Gewalt erlitten Verletzungen.
- Mit 9,4 % der befragten Frauen wurden diese deutlich häufiger Opfer von Gewalt in der Partnerschaft als Männer (6,1 %).[62]
- Frauen wurden insbesondere häufiger als Männer Opfer schwerer psychischer und sehr schwerer körperlicher Gewalt. Infolgedessen hatten Frauen mit 47,7 % deutlich häufiger Verletzungen als Männer (26,7 %).[63]

Die Ergebnisse der Studie werden von den Verfassern mit den Ergebnissen internationaler Untersuchungen, die sich auf einen Befragungszeitraum der jeweils vorangegangenen 12 Monate beziehen, als vergleichbar bewertet.[64]

> **Merke**
>
> Häusliche Gewalt ist auch in Deutschland weit verbreitet.
>
> Nach den Forschungsergebnissen erlebt etwa jede vierte Frau in Deutschland körperliche oder sexuelle Gewalt durch Beziehungspartner.
>
> Frauen werden vielfach Opfer schwerer Gewalthandlungen, oftmals in einer über längere Zeit von Gewalt geprägten Beziehung. Häufig sind Verletzungen die Folge.
>
> Auch Männer werden Opfer von Gewalt in Beziehungen, allerdings in geringerem Umfang und regelmäßig in nicht so schwerwiegenden Formen wie Frauen.
>
> Nur etwa jede fünfte Frau, die schwerwiegende körperliche Übergriffe eines Partners erlebt hat, hat die Polizei eingeschaltet.
>
> In Fällen häuslicher Gewalt ist von einem erheblichen Dunkelfeld auszugehen.

---

60) Landeskriminalamt Niedersachsen, 2014.
61) Ausgewertet wurden Angaben von mehr als 14.000 Personen im Alter zwischen 16 und 93 Jahren mit Wohnsitz in Niedersachsen.
62) Nach der bundesweiten Pilotstudie aus dem Jahr 2004 sind demgegenüber die Anteile von Männern und Frauen, die in Beziehungen körperliche Gewalt erleben, ähnlich hoch.
63) Nach einer finnischen Studie haben 16 % der Männer seit ihrem 15. Lebensjahr Gewalt in einer Partnerschaft erlebt, 6 % allein in dem letzten Jahr vor der Befragung. Bei 6 % liegt auch der Anteil der irischen Männer, die in einer dortigen Studie angegeben haben, Opfer eines schweren gewalttätigen Übergriffs geworden zu sein. Puchert/Scambor, 2012, S. 28 f.
64) Die deutlich höhere Gewaltprävalenz der bundesweiten Erhebung aus dem Jahr 2004 wird insbesondere darauf zurückgeführt, dass ausschließlich Frauen befragt wurden und Ereignisse aus dem gesamten Zeitraum seit dem 16. Lebensjahr der Befragten eingeflossen sind.

4.2 Polizeiliche Kriminalstatistik

4.2.1 Aussagekraft

Regelmäßige Grundlage für die Bewertung von Ausmaß und Entwicklung der Kriminalität insgesamt sowie einzelner Deliktsarten ist in erster Linie die Polizeiliche Kriminalstatistik (PKS).[65] Ihre Aussagekraft wird insbesondere dadurch eingeschränkt, dass der Polizei nur ein Teil der tatsächlich begangenen Straftaten bekannt wird. Die PKS gibt daher nur ein eingeschränktes Bild der Kriminalitätswirklichkeit wieder.

Der Umfang der tatsächlich verübten Straftaten liegt deliktspezifisch oft um ein Mehrfaches höher als in der PKS ausgewiesen. Dies hängt u.a. von der Art und Schwere des Delikts, seiner Aufklärungswahrscheinlichkeit sowie von der generellen Anzeigebereitschaft der Opfer ab. Ändert sich diese oder die Anzeigepraxis der Strafverfolgungsbehörden, so kann dies zu spürbaren Veränderungen des Hellfeldes führen.[66]

Bei den Straftaten gegen das Leben, die sexuelle Selbstbestimmung, gegen die persönliche Freiheit und Rohheitsdelikte enthält die PKS auch Daten zu den Opfern von Straftaten, u.a. auch zu der Beziehung zwischen Opfer und Täter. Damit liegen auch Opferdaten zu wesentlichen Deliktsbereichen der häuslichen Gewalt vor.

Bis 2008 erfolgte die statistische Erfassung der Opfer-Tatverdächtigen-Beziehung unter den Sammelbegriffen „Verwandtschaft" und „Bekanntschaft". Erst seit 2011 wird in diesen Fällen ein statistisch erfasstes Delikt unter einer weitergehenden Differenzierung explizit als Fall der Partnergewalt, aufgeschlüsselt nach Ehepartner, eingetragener Lebenspartnerschaft, nichtehelicher Lebensgemeinschaft und ehemaligen Partnern, ausgewiesen. Seither sind durch diese Personen verübte Delikte eindeutig der häuslichen Gewalt zuzuordnen.

Einen Summenschlüssel für die Delikte der häuslichen Gewalt enthält die PKS nicht.

4.2.2 Opfer

Tötungs-, Sexual- und Delikte gegen die persönliche Freiheit gelten generell als Beziehungsdelikte. Dies bedeutet, dass in der Mehrzahl der Fälle zwischen Opfern und Tatverdächtigen ein verwandtschaftliches Verhältnis oder eine sonstige Vorbeziehung, z.B. im Sinne einer Freundschaft oder Bekanntschaft, bestanden hat.

Ausweislich der durch das BKA veröffentlichten Daten der PKS für 2015 sind unter dem Aspekt der allgemeinen Vorbeziehungen[67] zwischen Opfer und Täter bei den sog. Beziehungsdelikten die folgenden wesentlichen Erkenntnisse[68] festzuhalten:

– Bei „vollendetem Mord und Totschlag" (589 Fälle) waren in mehr als zwei Dritteln der Fälle (68,5 %) Verwandte oder nähere Bekannte tatverdächtig. In nahezu jedem zweiten Fall (46,9 %) waren es Verwandte.

---

65) Bundeskriminalamt, PKS 2015.
66) Änderungen der Erfassungsrichtlinien der PKS können zudem die Vergleichbarkeit der Daten über die Jahre hinweg einschränken.
67) „Verwandtschaft" im Sinne des § 11 Abs. 1 Nr. 1 StGB und „Bekanntschaft".
68) Bundeskriminalamt, PKS, IMK-Bericht 2015, S. 33 f.

- Bei den „Straftaten gegen die sexuelle Selbstbestimmung unter Gewaltanwendung" (10.512 Fälle) wurde mehr als jede zweite erfasste Tat (61,8 %) von einem Verwandten oder näheren Bekannten verübt. Jeder vierte Tatverdächtige war ein Verwandter (25,4 %).

Dies entspricht in etwa der Datenlage der Vorjahre.

Zu Delikten der Partnergewalt, die durch aktuelle oder ehemalige Ehe- oder sonstige Beziehungspartner verübt wurden, weist die PKS 2015 folgende Daten aus:
- In mehr als jedem vierten Fall der vollendeten Tötung wurde der eigene Partner als Tatverdächtiger ermittelt, davon in nahezu jedem sechsten Fall (16,3 %) der Ehepartner, für die anderen Fälle sind nichteheliche und ehemalige Partner verantwortlich.
- Bei den o.a. Sexualstraftaten war in einem von fünf Fällen (19,5 %) der Lebenspartner tatverdächtig, davon in 6,4 % der Fälle der Ehepartner, in 7,8 % der ehemalige Beziehungspartner. Ein ähnliches Bild zeigt sich bei der Körperverletzung.
- Bei „Stalking" ist bei mehr als einem Drittel der Opfer (36,6 %) der ehemalige Partner tatverdächtig.

So eindringlich diese Daten Hinweise auf das Ausmaß von Partnergewalt geben, so macht doch erst die weitere Differenzierung zwischen männlichen und weiblichen Opfern deutlich, in welchem Ausmaß gerade bei den schwerwiegenden Delikten Gewalt in Partnerschaften männliche Gewalt gegenüber weiblichen Opfern ist.[69]

Für die Jahre 2011 bis 2014 weist die PKS des Bundes[70] insgesamt 1.775 Opfer von versuchten und vollendeten Tötungsdelikten aus, die in Partnerschaften verübt wurden. Hiervon waren mit 1.378 Opfern ca. 80 % weiblich.

Jährlich wurden in dieser Zeit durchschnittlich 344 Frauen Opfer von versuchten und vollendeten Tötungsdelikten in Paarbeziehungen. In diesen vier Jahren wurden in Deutschland insgesamt 541 Frauen durch ihre Partner tatsächlich getötet.

Für das Jahr 2015 ergibt sich ausweislich des Tabellenanhangs[71] der PKS (vgl. Tabelle 1) – gerade im Hinblick auf die weiblichen Opfer – folgendes konkretes Bild:
- Einem vollendeten Tötungsdelikt[72] durch einen Partner sind 2015 in Deutschland insgesamt 135 Frauen zum Opfer gefallen (2014: 153). Als tatverdächtig wurde in 81 Fällen der Ehepartner ausgewiesen (2014: 88), in 35 Fällen der Partner einer nichtehelichen Lebensgemeinschaft (2014: 37) und 19 Fällen ein ehemaliger Partner (2014: 28). Dem stehen 22 in einer Partnerschaft getötete männliche Opfer gegenüber.
- In ihrer Partnerschaft wurden 1.566 Frauen Opfer von Vergewaltigung oder sexueller Nötigung unter Gewaltanwendung oder Ausnutzen eines Abhängigkeitsverhältnisses, davon 525 durch den Ehepartner, 612 durch einen ehemaligen Partner. Männer waren in 18 derartigen Fällen die Opfer.

---

69) Auch wenn das Geschlecht des Tatverdächtigen dabei nicht konkret zuzuordnen ist.
70) Innenministerkonferenz, 2015.
71) Bundeskriminalamt, PKS 2015, Tabellenanhang, Tabelle 921.
72) Ohne Tötung auf Verlangen.

- Opfer einer Bedrohung wurden in einer Partnerschaft 16.289 Frauen, achtmal so viele wie Männer, bei nahezu einem Drittel davon wurde als Tatverdächtiger der Ehemann, in annähernd 60 % der ehemalige Partner erfasst.
- Ein ähnliches Verhältnis zeigt sich bei den in einer Partnerschaft begangenen Körperverletzungsdelikten. Mit einer Zahl von 75.198 machen Frauen nahezu acht von zehn der registrierten Opfer aus.
- In Fällen des Stalkings waren mit 7.913 Frauen neun von zehn Opfern weiblich. 6.944 Frauen wurden Nachstellungsopfer eines ehemaligen Partners.

Eine genauere Übersicht enthält die folgende Tabelle 1:

Beziehung des Opfers zum Tatverdächtigen – PKS 2015, Tabelle 921

Straftat	Partnerschaften insgesamt		Ehepartner		Eingetragene Lebensgemeinschaft		Partner nichtehelicher Lebensgemeinschaft		ehemalige Partnerschaften	
	m	w	m	w	m	w	m	w	m	w
Mord und Totschlag (vollendet)	22	135	15	81	0	0	6	35	1	19
Vergewaltigung und schwere sexuelle Nötigung	18	1.566	5	525	0	1	7	428	6	612
Bedrohung	2.011	16.289	607	4.890	15	64	330	2.374	1.059	8.961
Körperverletzung	19.122	75.198	6.227	26.953	162	393	6.947	26.242	5.786	21.610
Stalking	863	7.913	71	695	1	25	24	249	767	6.944

Damit sind weibliche Opfer in allen relevanten Deliktsbereichen der häuslichen Gewalt deutlich überrepräsentiert.

4.2.3 Tatverdächtige

Die Anteile weiblicher und männlicher Tatverdächtiger zu den erfassten Fällen der häuslichen Gewalt weist die PKS auf Bundesebene nicht aus.

Einzelne Länder haben ungeachtet dessen entsprechende Erhebungen für ihren Bereich veranlasst und veröffentlicht. Diese verdeutlichen, dass Frauen korrespondierend zu ihren hohen Opferanteilen als Tatverdächtige bei Partnerschaftsgewalt deutlich unterrepräsentiert sind.
- Baden-Württemberg gibt für 2013 einen Anteil weiblicher Tatverdächtiger von 16 % an.[73] Dem gegenüber betrug der Anteil weiblicher Opfer von Partnerschaftsgewalt 83,7 %.
- In Bayern lag der Anteil weiblicher Tatverdächtiger in den dort erfassten Fällen häuslicher Gewalt in den Jahren 2010–2013 mit leicht steigender Tendenz

---

73) Ministerium für Arbeit und Sozialordnung, Familie, Frauen und Senioren Baden-Württemberg, 2014, Anlage 1.

bei knapp unter 20 %.[74] Der Anteil männlicher Opfer wird für das Jahr 2013 mit 22 % angegeben.

- Berlin verzeichnete 2013 und 2014 einen Anteil weiblicher Tatverdächtiger von nahezu einem Viertel (24,8 %), der Anteil männlicher Opfer lag geringfügig darunter.[75]
- In Niedersachsen ist der Anteil der weiblichen Tatverdächtigen von 2011 mit 16,4 % bis 2013 auf 19,5 % angewachsen. Damit korrespondierte jeweils ein etwa gleich großer Anteil männlicher Opfer.[76]

Die Daten der PKS geben keinen Aufschluss darüber, ob im Rahmen der häuslichen Gewalt wechselseitig Tätlichkeiten verübt und erfasst wurden und von welchem Partner die Gewalttätigkeit ursprünglich ausgegangen ist.

Die aufschlussreichen Übersichten „Gewalt in Partnerschaftsbeziehungen – Opfer-Tatverdächtigen-Beziehung: Partnerschaft" und „Tatverdächtigen-Opfer-Beziehung: Partnerschaft" des Landes Baden-Württemberg, die Daten für alle Straftatbestände ausweisen, sind exemplarisch als Anlage 1 beigefügt.

4.2.4 Landesspezifische Erhebungen

Ergänzend zu der bundesweiten Erfassung in der PKS erheben die Polizeien der Länder seit einer Reihe von Jahren in eigenen Landessystemen weitere Daten zur Entwicklung der häuslichen Gewalt. Dies betrifft z.B. die Zahl von Einsätzen und Strafanzeigen, festgestellte Straftatbestände sowie die Zahl von Wohnungsverweisungen, Rückkehrverboten und sonstigen Maßnahmen.[77]

Ein bundesweites Lagebild zur häuslichen Gewalt existiert allerdings nicht. Dies folgt schon daraus, dass die Daten der Länder nur eingeschränkt vergleichbar sind, da ihnen keine einheitliche Begriffsdefinition häuslicher Gewalt zugrunde liegt und sich der Umfang und die Kriterien ihrer Erfassung unterscheiden. Dennoch erlaubt die Betrachtung der Daten über die Zeitreihen hinweg eine Einschätzung genereller Entwicklungstendenzen.

Durchgängig ist in den Ländern über die Jahre ein nicht unerheblicher Anstieg der polizeilich bearbeiteten Sachverhalte häuslicher Gewalt bzw. der registrierten Strafanzeigen zu verzeichnen:

- So ist die Zahl der Strafanzeigen zur häuslichen Gewalt einschließlich Nachstellungen (ab 2007) in NRW von 2005 von 17.991 Fällen bis 2015 um etwa 50 % auf 26.464 Fälle angestiegen. Die Zahl der Wohnungsverweisungen und Rückkehrverbote ist in dieser Zeit von 8.066 auf 13.402 Fälle angewachsen.[78]
- Die Statistik des Landes Bayern[79] weist für die Zeit von 2005 bis 2013 einen vergleichbaren Anstieg der registrierten häuslichen Gewalt von 12.780 auf 19.483 Fälle aus. Im Jahr 2013 erfolgten in diesem Zusammenhang 3.500 Platzverweise und 744 Gewahrsamsnahmen.

---

74) Bayerischer Landtag, 2014.
75) Senatsverwaltung für Arbeit, Integration und Frauen Berlin, 2013, 2014.
76) Niedersächsischer Landtag, 2014.
77) Über die bloße Erfassung der Sachverhalte häuslicher Gewalt hinaus dienen diese Erhebungen ebenfalls der Betrachtung ihrer kontinuierlichen Entwicklung sowie der Bewertung und Optimierung polizeilicher Einsatz- und Ermittlungsmaßnahmen.
78) Landeskriminalamt Nordrhein-Westfalen, 2016.
79) Bayerischer Landtag, 2014.

- In Berlin stehen 12.522 Fällen von Anzeigen häuslicher Gewalt aus dem Jahr 2006 insgesamt 15.254 Fälle in 2014 gegenüber.[80] Die Zahl der polizeilichen Wohnungsverweisungen stieg in dieser Zeit von 1.369 zunächst auf über 1.700 Fälle an, sank dann jedoch auf 1.346 im Jahr 2013.
- In Hessen lag die Zahl der registrierten Fälle häuslicher Gewalt 2013 mit einer geringen Zunahme gegenüber dem Vorjahr bei 7.668 Fällen.[81] Die Zahl der Platzverweise, Wohnungsverweisungen und Kontaktaufnahmeverbote ist in den Jahren bis 2013 auf insgesamt 5.123 angewachsen.
- In Niedersachsen ist die Zahl der Fälle häuslicher Gewalt von 2007 bis 2011 von 11.911 auf 17.047 angewachsen.[82] Fälle von Nachstellung (Stalking) haben sich demgegenüber von 2008 bis 2011 auf 2.483 Fälle rückläufig entwickelt.

Eine gegenläufige Tendenz zeigen z.B. die Daten aus Baden-Württemberg.[83] So wird für 2002 die Zahl der Polizeieinsätze mit 10.641 Fällen angegeben, die kontinuierlich bis 2010 auf 7.353 Fälle abgesunken ist. Allerdings ist die Zahl der polizeilichen Platzverweise in der gleichen Zeit von 1.738 auf 2.530 Fälle angestiegen.[84]

Eine ebenfalls aufschlussreiche Darstellung enthält für das Land Nordrhein-Westfalen, aufgeschlüsselt auch nach polizeilichen Maßnahmen und der Entwicklung der festgestellten Delikte, die durch das LKA NRW veröffentlichte „Zahlenreihe ‚Häusliche Gewalt' in Nordrhein-Westfalen, Stand: 01.02.2016"[85]. Sie ist als Anlage 2 beigefügt.

Merke

Die PKS und ergänzende landesspezifische Erhebungen geben nicht das tatsächliche Ausmaß der häuslichen Gewalt wieder. Sie zeichnen aber ein eindrückliches Bild von der Schwere der Delinquenz und ihrer ungleichen Verteilung auf die Geschlechter bei Opfern und Tätern.

Häusliche Gewalt ist ganz überwiegend männliche Gewalt gegenüber Frauen.

Schweregrad, Bedrohlichkeit und Frequenz von gewalttätigen Übergriffen liegen bei Frauen als Opfern deutlich höher als bei Männern, die Gewalt in Beziehungen erfahren.

Männliche Beziehungsgewalt umfasst in nicht unerheblichem Maße schwerwiegende Gewalthandlungen. Dies schließt in einem nicht unerheblichen Umfang die Tötung der Partnerin ein.

Im Jahr 2015 sind in Deutschland allein 135 Frauen durch ihren Ehemann oder sonstigen Partner getötet worden. Dem stehen 22 männliche Opfer gegenüber.

Opfer häuslicher Gewalt sind selten zu einer Anzeige bereit.

---

[80] Senatsverwaltung für Arbeit, Integration und Frauen Berlin, 2014.
[81] Hessisches Landeskriminalamt, 2013, S. 14 ff.
[82] Niedersächsisches Ministerium für Soziales, Frauen, Familie, Gesundheit und Integration Niedersachsen, 2012, S. 5 ff.
[83] Deutscher Bundestag, 2011, S. 2.
[84] Ob dies Folge einer veränderten Kriminalitätslage, anderer Schwerpunkte in der Aufgabenwahrnehmung oder veränderter Erfassungskriterien ist, kann nicht beurteilt werden.
[85] Landeskriminalamt NRW, 2016.

4.3 Schweregrade, Muster und Risikofaktoren

Um in einem Fall häuslicher Gewalt sachgerechte polizeiliche Maßnahmen treffen zu können, die es einem Gewaltopfer ggf. ermöglichen, sich aus einer von Gewalt geprägten Beziehung zu lösen, bedarf es weiterer Anhaltspunkte für die Beurteilung der Situation. Wie schwer sind die Gewalthandlungen, ist mit Wiederholung und Eskalation von Gewalt zu rechnen? Gibt es Anzeichen für eine dauerhafte Gewaltbeziehung? Wie groß ist die Gefährdung des Opfers? Sind Kinder betroffen? Bestehen besondere Risiken?

Anhaltspunkte für die Beantwortung dieser Fragen vermittelt insbesondere die 2008 erstellte sekundäranalytische Auswertung der Studie „Lebenssituation, Sicherheit und Gesundheit von Frauen in Deutschland – Eine repräsentative Untersuchung zur Gewalt gegen Frauen in Deutschland".[86] Sie zeichnet ein differenziertes Bild über die Formen, Muster und Schweregrade von Gewalt in Paarbeziehungen, denen Frauen ausgesetzt sind, beschreibt relevante Risikofaktoren, die zu Gewaltbeziehungen beitragen, und macht Aussagen zu von schwerer Gewalt hoch belasteten Personengruppen.

4.3.1 Schweregrade

Grundlage für die Einschätzung der Schwere von Gewalthandlungen sind in der internationalen Gewaltforschung regelmäßig die Kriterien Verletzungsfolgen, subjektiv erlebte Bedrohlichkeit der Situation sowie psychische und psychosoziale Folgeprobleme und -beschwerden. Daraus werden grundsätzlich drei Kategorien von Schweregraden körperlicher Gewalt abgeleitet.[87]

Leichte bis mäßig schwere körperliche Übergriffe
Als solche gelten danach wütendes Wegschubsen oder leichte Ohrfeigen.

Tendenziell schwere Gewalthandlungen
Dabei handelt es sich u.a. um Beißen und Kratzen, schmerzhaftes Treten, Stoßen, hartes Anfassen, heftiges Wegschleudern, heftiges Ohrfeigen, Schlagen mit der flachen Hand, Schlagen oder Werfen mit etwas, das verletzen kann. Auch die ernsthafte Drohung, das Opfer anzugreifen, zu verletzen oder umzubringen, fällt in diese Kategorie.

Sehr schwere bis lebensbedrohliche Gewalthandlungen
Dazu zählen u.a. das Einschlagen mit den Fäusten auf ein Opfer, Verprügeln oder Zusammenschlagen, Würgen oder Erstickungsversuche, ein absichtliches Verbrühen oder Brennen mit etwas Heißem sowie das Bedrohen oder Verletzen mit einer Waffe, z.B. mit einem Messer oder einer Pistole.

Sexuelle Gewalthandlungen
Fälle der vollendeten oder versuchten Vergewaltigung und sexuellen Nötigung durch den aktuellen oder einen früheren Partner werden hinsichtlich der subjektiv erlebten Bedrohlichkeit und Gewaltwahrnehmung sowie ihrer psychischen Folgen ebenfalls als sehr schwere Gewalthandlungen qualifiziert.[88]

Psychische Gewalt
Vor allem schwere Formen psychischer Gewalt, z.B. in den Dimensionen extremer Eifersucht und Kontrolle, Dominanzverhalten, psychisch-verbaler Aggressi-

---
86) BMFSFJ, 2014 (2008 erstmals), 5. Auflage.
87) Schröttle, 2012, S. 10.
88) Schröttle, 2012, S. 10.

onen und Demütigungen, ökonomischer Kontrolle, Drohungen und Einschüchterung sind von Relevanz.

Psychische Gewalt tritt vielfach im Kontext ebenfalls verübter körperlicher und sexueller Gewalt auf.

4.3.2 Muster schwerwiegender Gewalt

Im Rahmen der eingangs genannten Studie zeigte sich, dass unter Berücksichtigung der o. g. Kategorien etwa ein Drittel der von häuslicher Gewalt betroffenen Frauen leichten bis mäßig schweren körperlichen Übergriffen ausgesetzt war.

Ein etwas geringerer Anteil (29 %) berichtete von tendenziell schweren körperlichen Gewalthandlungen. Frauen, die ausschließlich leichte bis mäßig schwere Formen von körperlicher Gewalt erlebt haben, waren mehrheitlich von einmaligen Gewalthandlungen betroffen.[89]

Sehr schwere bis lebensbedrohliche körperliche Gewaltübergriffe und sexuelle Gewalt erlitt etwas mehr als ein Drittel (37%) der insgesamt von Partnergewalt betroffenen Frauen.

Das Muster der Gewalt mit sehr schweren bis lebensbedrohlichen Gewalthandlungen lässt sich verallgemeinernd wie folgt skizzieren:
- In der Regel liegen schwere oder schwerste körperliche Misshandlungen zugrunde. Sie können sexuelle Gewalt einschließen. Je schwerer der Grad der körperlichen und/oder sexuellen Gewalt ausfällt, desto häufiger sind diese auch mit Formen erhöhter psychischer Gewalt verbunden.
- Sexuelle Gewalt tritt weit überwiegend in Verbindung mit schwerer und höher frequentierter körperlicher und psychischer Gewalt auf, seltener als nicht damit in Zusammenhang stehende Gewaltform.
- Bei schwerer und sehr schwerer körperlicher sowie sexueller Gewalt kommt es tendenziell zu einer größer werdenden Anzahl entsprechender Gewalthandlungen. Die Partnerschaft ist zunehmend von Gewalt geprägt.
- Ein erhöhter Alkoholkonsum des Gewalt ausübenden Partners ist im Hinblick auf schwere Misshandlungen und psychische Gewalt bei der Hälfte der von Gewalt betroffenen Paarbeziehungen signifikant. Alkohol ist demnach ein relevanter Risikofaktor für Gewalt generell und für schwere Gewalt in Paarbeziehungen im Besonderen.
- Gewalt durch einen früheren Beziehungspartner weist generell ein erkennbar höheres Gewaltniveau auf als durch den aktuellen Partner. Sie umfasst häufiger auch sexuelle Gewalt.

Im Hinblick auf die Bedrohlichkeit dieses Musters schwerwiegender Gewalt wird in der o.g. Studie zusammenfassend ausgeführt:[90]

„Die Untersuchung zeigt mit Blick auf die Muster von Gewalt in bestehenden Paarbeziehungen, dass schwerwiegendere Formen von körperlicher Gewalt zumeist mit erhöhten Ausprägungen psychischer Gewalt und häufig auch mit sexueller Gewalt und Drohungen einhergehen. Außerdem wurden dort, wo sexuelle Gewalt auftrat, weit überwiegend auch zusätzlich sehr schwere bis lebensbedrohliche Formen von körperlicher Gewalt gegen die Partnerin verübt. Beides: Das

---
89) Schröttle, 2012, S. 12.
90) BMFSFJ, 2014, S. 23.

Auftreten von Gewaltandrohung und ausgeprägter psychisch-verbaler Gewalt als auch das Auftreten von sexueller Gewalt und sexueller Übergriffigkeit in Paarbeziehungen sind als wichtige Indikatoren für eskalierende und von hoher Gewaltintensität belastete Paarbeziehungen zu werten."

4.3.3 Alter, Bildung und soziale Situation

Als weitere Aspekte, die Auswirkungen auf Umfang und Ausprägung von häuslicher Gewalt haben, sind das Alter von Opfern und Tätern sowie die Bildungs- und soziale Situation der Beteiligten zu beleuchten.

Es überrascht nicht, dass nach den Ergebnissen der Studie Frauen der jüngeren und mittleren Altersgruppen signifikant häufiger von körperlicher und sexueller Gewalt betroffen sind als ältere.[91] Die Altersgruppen der männlichen Partner korrespondieren.

Die häufig geäußerte Erwartung, häusliche Gewalt sei vorrangig oder ausschließlich ein Phänomen von bildungsfernen und sozial schwachen Schichten, findet dem gegenüber keine Bestätigung.

Zwar erweist sich das Fehlen qualifizierter Schul- oder Berufsausbildung gerade bei jüngeren Männern als ein Faktor für erhöhte Gewaltbereitschaft in Paarbeziehungen; das führt insbesondere in Verbindung mit Arbeitslosigkeit des Partners und einer ökonomischen Mängellage zu einer höheren Gewaltbelastung jüngerer Frauen.

Andererseits üben nach den Ergebnissen der Studie die über 45-jährigen Männer mit höchsten Schul- und Ausbildungsabschlüssen häufiger Gewalt gegen ihre Partnerin aus, wenn diese ihnen hinsichtlich Bildung, Erwerbssituation und Einkommenshöhe gleichwertig oder überlegen ist und dadurch traditionelle Macht- und Rollenverteilungen infrage gestellt sind.[92] So sind in der Altersgruppe der ab 45-Jährigen vielmehr Frauen mit der höchsten Bildung signifikant häufiger von Gewalt durch Partner betroffen als Frauen mit mittlerer, geringer oder fehlender Schul- und Ausbildung.

Insgesamt wird mit „Blick auf schwere Formen und Ausprägungen von körperlicher, sexueller und psychischer Gewalt und die Erwerbssituation beider Partner die Tendenz sichtbar, dass besondere Risikofaktoren für schwere Gewalt in Paarbeziehungen vor allem dort bestehen, wo entweder beide Partner in schwierigen sozialen Lagen sind, oder dort, wo Frauen ihren Partnern in ökonomisch-sozialer Hinsicht überlegen sind."[93]

Ein spezifisches Persönlichkeitsprofil für Männer, die eine Partnerin schwer misshandeln oder töten, lässt sich nach den Ergebnissen des Forschungsprojekts nicht ableiten. Tötungsdelikte vor dem Hintergrund von Partnerkonflikten ereignen sich in allen Bildungs-, Einkommens- und Erwerbsgruppen.

4.3.4 Trennung und Scheidung

Ein besonderes Risiko von schwerwiegenden Gewalthandlungen bis hin zur Tötung des Partners besteht nach den Ergebnissen nationaler sowie internationa-

---

91) Frauen unter 25 Jahren wurden doppelt so häufig Opfer schwerer Formen von Partnergewalt als die älteren Altersgruppen, BMFSFJ, 2014, S. 27.
92) BMFSFJ, 2014, S. 31.
93) BMFSFJ, 2014, S. 35.

ler Studien mit der oftmals besonders konfliktbeladenen Situation von Trennung und Scheidung. Dies entspricht auch den Erfahrungen der Praxis.

Einerseits kann im Zuge von Trennung und Scheidung bereits in der Partnerschaft bestehende Gewalt eskalieren, andererseits kann es in dieser Situation auch erstmals zu massiven Gewalthandlungen kommen.

Insgesamt hat nach den Ergebnissen der nationalen Studie knapp jede dritte Befragte, die sich aus einer Paarbeziehung gelöst hat, Gewalt, Drohungen und diverse Formen von Nachstellung erfahren. Nach den weiteren Ergebnissen[94] kommt es

- im unmittelbaren Kontext von Trennung und Scheidungssituationen in etwa jedem zehnten Fall zu Gewaltdrohungen und Gewalttaten durch den Partner
- bei der Trennung aus Beziehungen mit gemeinsamen Kindern in gleicher Häufigkeit neben Gewaltdrohungen und körperlicher Gewalt auch zu Problemen, die sich auf eine Entführung oder die angedrohte und versuchte Tötung der Frau oder ihrer Kinder beziehen.

Nach der Einschätzung der Studie sind Gewaltandrohungen in diesen Fällen sehr ernst zu nehmen, da sie vielfach mit gravierenden Gewalthandlungen einhergehen. Gerade vor diesem Hintergrund müssen Trennungs- und Scheidungssituationen oftmals als Hochrisikosituationen bewertet werden, die eine besondere Aufmerksamkeit der Polizei erfordern.

Unterstrichen wird dies auch durch die Ergebnisse eines vom LKA NRW in Auftrag gegebenen weiteren Forschungsprojekts „Gewalteskalation in Paarbeziehungen", das vom Institut für Polizei und Sicherheitsforschung (IPOS) im August 2009 nach Auswertung der 2005 in Nordrhein-Westfalen registrierten Tötungsdelikte männlicher Tatverdächtiger vorgelegt wurde.[95]

Danach findet die oftmals vertretene Auffassung, dass Tötungsdelikte in Partnerschaftsbeziehungen vielfach der Endpunkt einer länger dauernden Gewalteskalation oder „Gewaltspirale" sind, allerdings keine Bestätigung. Vielmehr ist danach festzuhalten:

- In weniger als nur einem Drittel der Fälle (30,4 %) kam es im Vorfeld des versuchten oder vollendeten Tötungsdelikts zu spezifischen Polizeikontakten infolge von Beziehungsgewalt.
- Bestand eine Gewaltvorgeschichte, war nur sehr selten eine Entwicklung mit einer Zunahme der Gewalthäufigkeit oder -intensität zu verzeichnen. Sehr viel häufiger war die Tötungshandlung die erste Gewalthandlung überhaupt.
- Auslösend für die Tat können häufiger als bisher angenommen die Ankündigung oder der Vollzug von Trennungen sein.
- Insbesondere Gewalthandlungen, die zum Tod des Opfers führen, werden in einer bedeutsamen Anzahl von Fällen durch den Täter explizit angekündigt bzw. angedroht (51,2 %) oder es finden sich indirekte Hinweise auf ein bevorstehendes Gewaltdelikt.

Zu einer ähnlichen Einschätzung und Differenzierung kommt 2015 die länderoffene Arbeitsgruppe (LAG) des AK II unter Beteiligung des UA FEK, des UA RV und der AG Kripo.[96]

---
94) BMSFJ, 2014, S. 41 ff.
95) Greuel, 2009.
96) Innenministerkonferenz, 2015.

Kennzeichnend für Tötungsdelikte in Paarbeziehungen ist damit nach den vorliegenden Ergebnissen weniger eine Eskalation der Gewalt, sondern vielmehr eine Eskalation des Konflikts. Diese steht in der überwiegenden Zahl der Fälle mit Trennungskonflikten (58,0 %) oder Emanzipierungsversuchen des Opfers (38 %) in Zusammenhang.

4.3.5 Menschen mit Migrationshintergrund

Frauen mit Migrationshintergrund weisen in Partnerschaften eine deutliche Höherbelastung durch schwere körperliche und sexuelle Gewalt sowie durch erhöhte Ausprägungen psychischer Gewalt auf. In besonderer Weise gilt dies nach den Ergebnissen der nationalen Studie für Frauen mit türkischem Migrationshintergrund.

- Mehr als ein Drittel der Frauen türkischer Herkunft (37 %) berichteten demzufolge von körperlicher oder sexueller Gewalt, vorrangig durch den aktuellen Partner.
- In der Tendenz haben Migrantinnen generell schwerere Grade und Muster von Gewalt erlebt als von Gewalt betroffene Frauen deutscher Herkunft.[97]
- Frauen mit Migrationshintergrund und hier verstärkt türkische Migrantinnen[98] tragen ein erhöhtes Risiko, Gewalt und schwere Misshandlung im Kontext von Trennung und Scheidung durch einen Partner oder ehemaligen Partner zu erleben.

Bedeutsam für die stärkere Belastung von Migrantinnen können durch die Kultur des Herkunftslandes geprägte traditionelle Werte, die stärker verbreitete gesellschaftliche Unterordnung der Frau im Geschlechterverhältnis, männliches Dominanzverhalten und eine größere Toleranz gegenüber der Gewalt gegen Frauen sein.

Darüber hinaus dürften auch Faktoren Einfluss haben, die generell das Entstehen von Gewaltbeziehungen begünstigen, z.B. eine schwierige soziale Lage, mangelnde Bildung, eine erhöhte ökonomische Abhängigkeit der Frau, fehlende Sprachkenntnisse und in der Tendenz eine geringere soziale Einbindung.

Eine durch diese Umstände geprägte Lebenssituation von Frauen mit Migrationshintergrund macht es ihnen als Opfern häuslicher Gewalt zudem schwerer, sich aus einer von Gewalt geprägten Beziehung zu lösen. Versuchen sie es dennoch, werden häufiger als bei anderen besondere Gefährdungssituationen berichtet. So weist die Studie insgesamt aus, dass „etwa ein Drittel der Frauen türkischer Herkunft in Trennungs- und Scheidungssituationen in besonderem Maße gefährdet ist, Opfer von Gewalt durch ehemalige Partner zu werden; das trifft für jede siebte Frau aus Ländern der ehemaligen SU und jede zehnte Frau deutscher Herkunft zu."[99]

4.3.6 Menschen mit Behinderungen

Menschen mit Behinderungen und gesundheitlichen Beeinträchtigungen unterliegen vielfältigen Einschränkungen und oftmals damit einhergehenden Diskriminierungen. Sie sind in besonderer Weise auf die Hilfe von Bezugspersonen angewiesen. Manchmal wird das Abhängigkeitsverhältnis von Partnern

---

97) BMFSFJ, 2014, S. 36.
98) BMFSFJ, 2014, S. 43.
99) BMFSFJ, 2014, S. 43.

oder Vertrauenspersonen für die Anwendung von Grenzüberschreitungen missbraucht.[100] Infolge ihrer Abhängigkeit und geringer Beschwerdemacht wird die Gewaltanwendung in hohem Maße ertragen.

So wurde in einer repräsentativen Studie „Lebenssituation und Belastungen von Frauen mit Beeinträchtigungen und Behinderungen in Deutschland"[101] ein erhebliches Ausmaß von Gewalt an Frauen mit Behinderungen deutlich. Diese sind danach allen Formen von Gewalt im Lebensverlauf deutlich häufiger ausgesetzt als der Bevölkerungsdurchschnitt. Auffällig sind insbesondere die zwei- bis dreifach höheren Belastungen durch sexuelle Gewalt und die fast doppelt so häufige Betroffenheit durch inner- und außerhäusliche psychische und körperliche Gewalt im Erwachsenenleben.[102]

Auch Gewalt durch Beziehungspartner wird abhängig von der Art der Behinderung und der Lebenssituation um ein Mehrfaches häufiger berichtet als im Bevölkerungsdurchschnitt. Dies betrifft auch erzwungene sexuelle Übergriffe.

Sich gegen Gewalt durch einen Beziehungspartner oder Bezugspersonen zu wehren, fällt Opfern mit Behinderungen in besonderer Weise schwer. Sie haben eingeschränkte Möglichkeiten der Gegenwehr und müssen ggf. mit negativen Folgen in der täglichen Betreuung rechnen.

> **Merke**
>
> Etwa ein Drittel der insgesamt von Partnergewalt betroffenen Frauen erleidet sehr schwere bis lebensbedrohliche körperliche Gewaltübergriffe und sexuelle Gewalt; diese sind oft mit Formen erhöhter psychischer Gewalt verbunden.
>
> Schwere Formen körperlicher und sexueller Gewalt deuten auf eine lange andauernde Gewaltbeziehung von hoher Gewaltintensität hin.
>
> Erhöhter Alkoholkonsum ist ein relevanter Risikofaktor für Gewalt generell und für schwere Gewalt in Paarbeziehungen im Besonderen.
>
> Häusliche Gewalt findet sich in allen gesellschaftlichen Schichten. Besondere Risikofaktoren finden sich vor allem dort, wo beide Partner in sozialen Mängellagen oder Frauen ihren Partnern in ökonomisch-sozialer Hinsicht überlegen sind.
>
> Jüngere Frauen sind in stärkerem Maße von körperlicher und sexueller Gewalt betroffen.
>
> Mit einer Trennungs- und Scheidungssituation verbindet sich für Frauen ein besonderes Risiko von schwerwiegenden Gewalthandlungen bis hin zur Tötung.
>
> Nicht immer besteht eine Gewaltvorgeschichte. In einem nicht unerheblichen Anteil ist die versuchte oder vollendete Tötung des Partners die erste Gewalthandlung. Eine besondere Gefahr, hier Opfer zu werden, besteht auch für Kinder.
>
> Frauen mit Migrationshintergrund tragen ein erhöhtes Risiko, Gewalt und schwere Misshandlung zu erleben.
>
> Auch Frauen mit Behinderungen und Beeinträchtigungen sind allen Formen von Gewalt deutlich häufiger ausgesetzt.

---

100) Thüringer Innenministerium, 2014.
101) BMFSFJ, 2013a, S. 23.
102) Schröttle, 2012, S. 21.

4.4 Kinder als Betroffene

Von häuslicher Gewalt sind in großem Ausmaß auch Kinder betroffen, sei es selbst als unmittelbare Opfer, häufiger jedoch als Zeugen der Gewalt zwischen Eltern. Das erfordert in jedem Fall auch Maßnahmen zu ihrem Schutz.

Mehr als die Hälfte der Frauen, die im Rahmen der nationalen Prävalenzstudie über eine gewaltbelastete Beziehung berichteten, hat in dieser Beziehung mit Kindern gelebt. Drei von vier der in der EU-Studie befragten Frauen, die Opfer von Partnergewalt geworden sind, haben angegeben, dass mit ihnen lebende Kinder die Gewalt mitbekommen haben.[103]

Ähnliche Größenordnungen weisen auch dazu in einzelnen Ländern vorliegende Daten aus. So wurden z.B. 2013 in Hessen in nahezu der Hälfte der Fälle häuslicher Gewalt Kinder oder Jugendliche angetroffen.[104] In Berlin ist die Zahl der in Frauenhäusern oder sog. „Zufluchtswohnungen" über die Jahre aufgenommenen Kinder nahezu gleich groß wie die Zahl der Frauen.[105]

Das Erleben von Gewalt in elterlichen Partnerschaftsbeziehungen ist für mitbetroffene Kinder ein tiefer Einschnitt in das Gefühl von Sicherheit und beeinflusst gravierend ihre Entwicklung.[106] Auch das macht sie zu Opfern.

Die Auswirkungen der Gewalterlebnisse auf Kinder werden in dem aktuellen „Landesaktionsplan Baden-Württemberg gegen Gewalt an Frauen" zusammenfassend wie folgt beschrieben:

„Gewalt in elterlichen Partnerschaftsbeziehungen richtet sich zwar primär gegen die Beziehungspartnerin oder den Beziehungspartner, hat aber auch weitreichende Folgen für die Kinder. Gewalt zwischen den Eltern verursacht bei Kindern erhebliche Ängste, Schuldgefühle und Loyalitätskonflikte und setzt sie einem enormen Stress aus, der sich schädigend auf ihre physische, psychische und soziale Entwicklung auswirkt. Oft werden Kinder nicht nur Zeugen, sondern auch Opfer von häuslicher Gewalt, sie werden ebenfalls geschlagen oder als Spitzel und Verbündete in den Gewaltkreislauf einbezogen. Häusliche Gewalt ist daher ein ernst zu nehmender Indikator für Kindeswohlgefährdung. Wenn traumatisierte Kinder mit ihren Gewalterfahrungen alleine gelassen werden, kann das zur Fortsetzung von Gewaltkreisläufen in deren zukünftigen Partnerschaftsbeziehungen führen."[107]

Gerade den letzten Aspekt belegen die bereits benannten internationalen und nationalen Prävalenzstudien. So zeigen die dortigen Untersuchungsergebnisse, dass Frauen, die in ihrer Kindheit oder Jugend körperliche oder sexuelle Gewalt erlitten haben oder Zeugen von Gewalttätigkeiten zwischen den Eltern waren, auch später signifikant häufiger Opfer von Gewalt in Partnerschaften wurden.[108]

Andererseits verstärken Gewalterfahrungen in Kindheit und Jugend bei Jungen signifikant die Wahrscheinlichkeit einer zukünftigen eigenen Gewaltdelinquenz.[109] So besteht die erhöhte Gefahr, dass sich Gewaltbeziehungen generati-

---

103) Agentur der Europäischen Union für Grundrechte, 2014, S. 35.
104) Hessisches Landeskriminalamt, 2013, S. 16.
105) Senatsverwaltung für Arbeit, Integration und Frauen, Berlin, 2013, 2014, S. 10 ff.
106) Lasner-Tietze, 2012, S. 42.
107) Ministerium für Arbeit und Sozialordnung, Familie, Frauen und Senioren Baden-Württemberg, 2014, S. 11.
108) Agentur der Europäischen Union für Grundrechte, 2014, S. 35.
109) Pfeiffer/Wetzels/Enzmann, 1999.

onsübergreifend fortsetzen. Insoweit hat häusliche Gewalt generell Einfluss auf die Entwicklung künftiger Gewaltkriminalität. Gerade aus diesem Grund kommt dem Aufbrechen von Gewaltbeziehungen durch geeignete Interventionsmechanismen besondere Bedeutung zu.

Eine besondere Problematik für Kinder als von Elterngewalt Betroffene besteht darüber hinaus im Zusammenhang mit Trennungssituationen. Kommt es hier zu schweren Gewalthandlungen oder Tötungsdelikten, besteht „hier ein besonders hohes Gefährdungsrisiko insbesondere für die Kinder, gefolgt vom neuen Lebenspartner", Opfer eines Intimizids bzw. eines erweiterten Suizids zu werden.[110]

4.5 Hochrisikofälle

Die hohe Anzahl der von Beziehungspartnern verübten Tötungsdelikte wirft immer wieder die Frage auf, ob und inwieweit derartige Fälle vorhersehbar sind und damit auch verhindert werden können.

Einerseits besteht nicht bei allen Tötungsdelikten in Partnerschaften eine Gewaltvorgeschichte oder haben die Polizei oder andere Institutionen Kenntnis von vorangegangenen Gewalthandlungen. Andererseits können sie der Schlusspunkt wiederholter, auch der Polizei bekannter Gewalttätigkeiten sein, in deren Rahmen Tötungshandlungen angedroht oder angekündigt wurden. In mehr als der Hälfte der Fälle stehen Tötungshandlungen im Zusammenhang mit Trennungssituationen.[111] Bewertungen und Prognosen sind aber außerordentlich schwierig.

Vor diesem Hintergrund empfahl die Ständige Konferenz der Innenminister und -senatoren der Länder bereits im Jahr 2005 zum Einschreiten bei Gewalt in engen sozialen Beziehungen und insbesondere nach Bedrohungen ergänzend zu dem bis dahin etablierten Eingriffsrepertoire u.a. zeitnahe Situations- und Gefährdungsanalysen aufgrund spezifischer Indikatoren sowie darauf fußende konsequente Gefährderansprachen.[112] Als Beispiel wurden die in Baden-Württemberg erarbeiteten „Indikatoren zur Individuellen Risikoanalyse/Gefahrenprognose" veröffentlicht.

Einen anderen Indikatorenansatz für eine „Situative Risikoanalyse" und eine darauf aufbauende „Standardisierte Gefährdungsanalyse" wählte das Forschungsprojekt „Gewalteskalation in Paarbeziehungen" vom Institut für Polizei und Sicherheitsforschung (IPOS) im Auftrag des LKA NRW.[113]

Diese oder ähnliche Indikatorenlisten wurden als Bewertungsgrundlagen in Handlungsempfehlungen und Leitlinien der Länder in unterschiedlicher Weise umgesetzt.

Der durch die IMK im Dezember 2015 zur Kenntnis genommene Bericht „Management von Hochrisikofällen häuslicher Gewalt und Stalking"[114] schlägt nunmehr eine einheitliche Definition des Hochrisikofalls und weitergehende Handlungsschritte vor.

---

110) Greuel, 2010, S. 15.
111) Vgl. Ausführungen zu Abschnitt 4.3.4.
112) Innenministerkonferenz, 2015.
113) Greuel, 2009.
114) Innenministerkonferenz, 2015.

Der Definitionsvorschlag lautet:

„Ein Hochrisikofall von häuslicher Gewalt / Stalking ist anzunehmen, wenn die konkrete Gefahr der Begehung eines Tötungsdeliktes besteht.

Für das Vorliegen einer solchen Gefahr kann sprechen, dass
- sich die betroffene Person (und ihre Kinder bzw. ihr/e neue/r Lebenspartner/in) mit dem Tode bedroht fühlt
- der Gefährder konkrete und ernst zu nehmende Todesdrohungen gegenüber der Betroffenen bzw. Dritten offenbart hat
- sie sich konkludent aus der Art und Intensität aktueller oder früherer Handlungen ergibt
- aus Sicht der in den Fall involvierten Behörden und Institutionen tatsächliche Anhaltspunkte für diese Bedrohung vorliegen."

Weiter wird den Ländern empfohlen, „aus der Vielzahl der bestehenden Handlungshilfen und Bewertungssysteme für Gefährdungssachverhalte bei häuslicher Gewalt und Stalking diejenigen Risikofaktoren auszuwählen, die aus ihrer Sicht geeignet sind, die Definition weiter zu präzisieren und auszulegen." Damit sollen Bewertungs- und Entscheidungshilfen für strukturierte Gefährdungseinschätzungen und Risikobewertungen von Hochrisikofällen fortgeschrieben werden.

Für polizeiliche Ersteinschreiter ist die Einschätzung der Situation im Rahmen der Erstintervention mit der zu dieser Zeit zur Verfügung stehenden Informationsbasis „mitunter anspruchsvoll". Wichtig ist daher vor allem, im Rahmen der ersten Maßnahmen relevante Informationen für die anschließende Bewertung der Sachbearbeitung zusammenzutragen.

4.6 Justizielle Bearbeitung häuslicher Gewalt

Entsprechend den Vorschriften der Richtlinien für das Strafverfahren und das Bußgeldverfahren (RiStBV) wird durch die Staatsanwaltschaften bei den zugrunde liegenden Antrags- oder Privatklagedelikten im Rahmen der häuslichen Gewalt soweit möglich ein besonderes öffentliches Interesse an der Strafverfolgung bejaht und die Strafverfolgung in diesen Fällen von Amts wegen betrieben.

In verschiedenen Ländern sind flächendeckend Sonderdezernate zur Bearbeitung der Strafverfahren wegen häuslicher Gewalt [115] eingerichtet worden, um durch eine entsprechende Spezialisierung auch eine sachgerechte justizielle Reaktion zeitnah zu gewährleisten, in anderen Ländern ist dies in einzelnen Staatsanwaltschaften geschehen.

Dennoch erscheint das Ergebnis der justiziellen Bearbeitung von Fällen häuslicher Gewalt, d.h. der Anteil von Anklageerhebungen und gerichtlichen Verurteilungen, sehr gering.

Betrachtet man nach der bundesweiten Strafverfolgungsstatistik den Anteil der mit Anklage oder Verurteilung abgeschlossenen Strafverfahren in Deutschland insgesamt, so wurde 2013 bei allen staatsanwaltschaftlich eingeleiteten Strafverfahren gegen etwa 10 % der Beschuldigten Anklage erhoben.[116] Die Zahl der

---

115) Zum Beispiel in Niedersachsen seit 2010: Aktionsplan III zur Bekämpfung häuslicher Gewalt in Paarbeziehungen, S. 9; in: Niedersächsisches Ministerium für Soziales, Frauen, Familie, Gesundheit und Integration, 2012.
116) BMJV, 2015, S. 19.

Anträge auf Strafbefehl machte ebenfalls 10 % aus. Bei etwa knapp 4 % erfolgte eine Einstellung mit Auflage. Drei von vier Strafverfahren wurden auf andere Weise erledigt, ganz überwiegend durch Einstellung nach § 170 Abs. 2 StPO.

Die Anklage- und die Verurteilungsquoten in Fällen häuslicher Gewalt – schwerste Gewalthandlungen und Tötungsdelikte einmal ausgenommen – liegen, soweit sie für einzelne Bereiche erhoben sind, noch spürbar unter den generellen Quoten der bundesweiten Strafverfolgungsstatistik.

Im Jahr 2014 hat die Staatsanwaltschaft Berlin ausweislich der statistischen Datenlage in Berlin[117] etwa die Hälfte der 852 von ihr abgeschlossenen Ermittlungsverfahren nach § 170 Abs. 2 StPO eingestellt. Anklageerhebungen erfolgten in etwas mehr als jedem zehnten Verfahren, Strafbefehle ergingen in weniger als 4 % der Fälle. Bei der Amtsanwaltschaft Berlin wurden ca. 75 % der abgeschlossenen 14.756 Verfahren nach § 170 Abs. 2 StPO eingestellt, in etwa 8 % der Fälle wurde Strafbefehl beantragt, in weniger als 3 % wurde Anklage erhoben.

Ein ähnliches Bild zeigen die Ergebnisse einer Studie, in der das polizeiliche und staatsanwaltschaftliche Strafverfolgungsverhalten bei 756 Vorgängen häuslicher Gewalt in Duisburg aus den Jahren 2005–2007 untersucht wurde.[118]

Von 614 abgeschlossenen Verfahren kam die Staatsanwaltschaft in insgesamt 85 % der Fälle zu Einstellungsverfügungen, in jedem zweiten Fall davon zu einer Einstellung nach § 170 Abs. 2 StPO. In 41 Fällen (6,6%) erging ein Strafbefehl, in 54 Fällen (9 %) wurde Anklage erhoben. Durch das Gericht ergingen weitere Einstellungen, sodass letztlich die Einstellungsquote bei 89 % der ausgewerteten Fälle lag. Ursächlich dafür war zumeist die nicht ausreichende Beweislage, da das Opfer als einziger Zeuge keine Angaben gemacht hat oder im Laufe des Verfahrens von Angaben abgerückt ist.

Das Verhalten von Geschädigten häuslicher Gewalt ist oftmals ambivalent; ihr Kooperationsverhalten mit den Strafverfolgungsbehörden kann sich im Verlaufe des Verfahrens durchaus ändern. So war die Bereitschaft von Opfern, einen Strafantrag zu stellen, nach exemplarischen Aktenauswertungen im Rahmen der nationalen Prävalenzstudie[119] in Berlin und Flensburg schon zum Zeitpunkt des polizeilichen Einsatzes nur in jedem vierten oder jedem zweiten Fall vorhanden. In nahezu der Hälfte der Fälle wurde im weiteren Verfahren der Strafantrag zurückgezogen. Andererseits machte ausweislich der Aktenauswertung in Berlin bereits die Hälfte der Opfer ausdrücklich von ihrem Zeugnisverweigerungsrecht Gebrauch.

Damit ist die justizielle Beweisführung in Fällen häuslicher Gewalt durchgängig erschwert. Festzuhalten ist aber auch:

Auf die justizielle Bearbeitung der Fälle häuslicher Gewalt durch die Amts- und Staatsanwaltschaften haben die vorherigen Maßnahmen der Polizei im Rahmen von Tatortaufnahme, Spurensicherung, Vernehmungen von Tatbeteiligten und Zeugen erheblichen Einfluss. Das Ergebnis der polizeilichen Ermittlungen ist in der Regel wesentliche Grundlage für die staatsanwaltschaftlichen und gerichtlichen Entscheidungen. Damit kommt der Arbeit der Polizei mit dem Ziel der Beweissicherung im Strafverfahren ebenfalls wesentliche Bedeutung zu.

---

117) Senatsverwaltung für Arbeit, Integration und Frauen Berlin, 2014, S. 5 ff.
118) Studie von Nicole Susanne Helmer zum polizeilichen und staatsanwaltschaftlichen Strafverfolgungsverhalten bei häuslicher Gewalt in Duisburg, nicht veröffentlicht, liegt den Autoren vor.
119) BMFSFJ, 2004b, Bd. II, S. 207.

5 Polizeiliches Handeln in der Einsatzlage

5.1 Leitsätze

Häusliche Gewalt wird der Polizei in der Regel im Zusammenhang mit einer konkreten, sich aktuell zutragenden Gewaltsituation bekannt, z.B. durch Notruf des Opfers oder von Angehörigen, aber auch durch Hinweise von Nachbarn, Anwohnern oder sonstigen Personen, die infolge von Lärm oder Schreien auf ein entsprechendes Geschehen aufmerksam werden.

Nach dem Ergebnis einer Auswertung von ca. 1.800 Fällen häuslicher Gewalt aus 2006 in Nordrhein-Westfalen wurden die Taten in drei von vier Fällen über die Leitstelle als Notruf gemeldet, davon die Hälfte aller Einsätze in der einsatzkritischen Zeit zwischen 18.00 und 02.00 Uhr.[120] In deutlich mehr als der Hälfte der Fälle kam es im Rahmen der Einsatzsituation zu Kontakten mit dem Tatverdächtigen.

In all diesen Fällen ist regelmäßig sofortiges polizeiliches Handeln geboten.

Ganz überwiegend ereignet sich häusliche Gewalt in dem privaten Bereich einer Wohnung. Damit besteht grundsätzlich eine Hemmschwelle gegenüber einer Einmischung von außen. Dies gilt für Nachbarn, Freunde und Bekannte, denen es oft zunächst nicht leicht fällt, selbst tätig zu werden oder die Polizei einzuschalten.

Auch staatliche Organe haben grundsätzlich den verfassungsrechtlichen Schutzbereich der Wohnung aus Art. 13 GG zu beachten. Allein die Polizei ist berechtigt, eine Wohnung auch ohne Einwilligung des Wohnungsinhabers zur Abwehr einer gegenwärtigen Gefahr für Leib, Leben oder Freiheit einer Person oder für Sachen von bedeutendem Wert zu betreten.

Die Polizei ist daher häufig die erste und einzige Interventionsstelle, die sich vor Ort einen Eindruck verschaffen kann. Sie wird in allen Interventionsprojekten der häuslichen Gewalt als die staatliche Einrichtung genannt, welche effektiv handeln kann.[121]

Einsatz und Einschreiten der Polizei in Fällen häuslicher Gewalt orientieren sich bundesweit an folgenden Leitsätzen:[122]

- „– in jedem Fall häuslicher Gewalt erfolgt ein konsequentes und schnelles polizeiliches Einschreiten unter Beachtung der Grundsätze der Eigensicherung.
- Im Rahmen der polizeilichen Intervention werden ein wirksamer und umfassender Schutz des Opfers sowie weitergehende Hilfeleistung und Beratung sichergestellt.
- Die polizeilichen Maßnahmen orientieren sich am Störerprinzip. Dem Täter wird die Strafbarkeit seines Handelns verdeutlicht.
- Beim Vorliegen einer Straftat hat die konsequente Beweissicherung und Strafverfolgung eine besondere Bedeutung, auch dann, wenn das Opfer noch keinen Strafantrag gestellt hat.
- Die Polizei geht mit anwesenden Kindern und Jugendlichen verantwortungsbewusst und situationsangepasst um.

---

[120] Greuel, 2010, S. 7.
[121] Hagemann-White/Kavemann, 2004, S. 14.
[122] In Anlehnung an Thüringer Innenministerium, 2014.

– Die Polizei stimmt ihr Vorgehen auf die jeweilige Einsatzsituation ab und berücksichtigt dabei ggf. Migrationshintergrund, Behinderung und Alter des Opfers.
– Die Polizei arbeitet mit staatlichen und nichtstaatlichen Institutionen, wie Staatsanwaltschaften, Jugendämtern, Interventionsstellen, Ehe-, Erziehungs-, Familien- und Lebensberatungsstellen, Kinderschutzdiensten, Frauenhäusern, Konfliktberatungsstellen für Täter und sonstigen regionalen Einrichtungen eng zusammen."

Unabhängig von der konkreten Einsatzsituation gewährleistet die Polizei darüber hinaus eine phänomenbezogene fortwährende Aus- und Fortbildung, führt eine zielgerichtete Öffentlichkeitsarbeit durch und stellt die polizeiliche Arbeit transparent und angemessen dar.

5.2 Ziele

Das Handeln der Polizei in Fällen häuslicher Gewalt ist grundsätzlich doppelfunktional. Sie ist in gleicher Weise ihrem gesetzlichen Auftrag zur Gefahrenabwehr und zur Strafverfolgung verpflichtet. Auch wenn dabei den Besonderheiten jedes Einzelfalls Rechnung zu tragen ist, dienen Einsatz und Einschreiten vor Ort grundsätzlich folgenden Zielen:

– Abwehr von Gefahren für Leib, Leben, Freiheit von Personen und/oder von Sachen
– Gewährleistung einer beweissicheren Strafverfolgung
– Einleitung von Hilfemaßnahmen für Opfer sowie Hinweis auf Beratungsmöglichkeiten für Opfer und Täter.

Vor dem Hintergrund des Wissens um dauerhafte Gewaltbeziehungen mit wiederkehrenden Gewalttätigkeiten und schweren Misshandlungen bis hin zu versuchten oder auch vollendeten Tötungen ist als weiteres Ziel der polizeilichen Gefahrenabwehr ebenfalls

– die Gewährleistung eines effektiven Schutzes der Opfer vor zukünftiger weiterer Gewalt

von besonderer Bedeutung. Dies erfordert neben dem Handlungsrepertoire der etablierten Eingriffsmaßnahmen das Erkennen relevanter Risikofaktoren, eine zeitnahe Situations- und Gefährdungsanalyse sowie konsequente flankierende Interventionsmaßnahmen gegen den Täter.[123]

Die genannten Leitsätze und Ziele finden in den jeweiligen Regelungen, Leitlinien und Handlungsanweisungen der Länder durchgängig Berücksichtigung. Damit ist eine weitgehend einheitliche Behandlung von Fällen häuslicher Gewalt in den Ländern gewährleistet.

5.3 Erster Angriff

5.3.1 Begriff, Ziele und Rechtsgrundlagen

Unter dem Ersten Angriff werden alle unaufschiebbar notwendigen polizeitaktischen Maßnahmen zur Abwehr von Gefahren und/oder zur Aufklärung von Straftaten verstanden. Er umfasst den Sicherungs- und den Auswertungsangriff.

---
[123] Innenministerkonferenz, 2005.

Gemäß Polizeidienstvorschrift (PDV) 100 sind beim Ersten Angriff „neben Maßnahmen der Gefahrenabwehr der Tatort zu sichern und erste wesentliche Feststellungen über den Tathergang zu treffen (Sicherungsangriff) und der Tatbefund zu erheben (Auswertungsangriff)"[124].

Bei Einsatzanlässen im Rahmen häuslicher Gewalt sieht sich die Polizei regelmäßig einer sog. Gemengelage gegenüber. Daher sind – anders als in vielen anderen Einsatzanlässen – gerade im Ersten Angriff gleichermaßen unaufschiebbare Maßnahmen der Gefahrenabwehr und solche der Strafverfolgung zu treffen.

„Mit dem Ersten Angriff werden folgende generellen polizeilichen Ziele verfolgt:
- Abwehr von Gefahren und/oder Unterbindung nicht abgeschlossener Tathandlungen
- Sicherung und Schutz von Beweismitteln
- Feststellung und Dokumentation des Tatortbefundes
- Sicherstellung der Tataufklärung, der Täterergreifung und der strafprozessualen Beweisführung."[125]

Diese leiten sich für den Bereich der Gefahrenabwehr unmittelbar aus den polizeilichen Aufgabenzuweisungen der Polizeigesetze ab[126], für die Strafverfolgung aus dem gesetzlichen Auftrag des § 163 StPO. Mit der bloßen Aufgabenzuweisung sind Eingriffsbefugnisse nicht verbunden.

5.3.2 Sicherungsangriff

5.3.2.1 Eingang der Ereignismeldung

Der Erste Angriff beginnt bereits zu dem Zeitpunkt, zu dem die Polizei Kenntnis von dem polizeilich relevanten Ereignis erhält.

Bereits mit Eingang der Ereignismeldung sind von der mitteilenden Person neben den allgemeinen Angaben wesentliche, für die Beurteilung der Lage erforderliche Informationen zu erheben, um sachgerechte Sofortmaßnahmen treffen zu können, z.B.:
- Ist es zu Gewalttätigkeiten gekommen, dauern diese noch an?
- Ist jemand verletzt, wird ärztliche Hilfe benötigt?
- Hat der Angreifer ein Messer, andere gefährliche Gegenstände oder Waffen?
- Sind mehrere Personen, ggf. Kinder betroffen?
- Ist der Täter noch vor Ort, in der Wohnung oder hat er sich entfernt?

Neben der unverzüglichen Entsendung erster Einsatzkräfte, in aller Regel aus dem Wach- und Wechseldienst, ist frühzeitig über die Alarmierung von Krankenwagen, Notarzt und weiteren Unterstützungskräften sowie die Information von Kriminalwache oder zuständiger Fachdienststelle zu entscheiden.

Geht die Mitteilung über Notruf oder sonst fernmündlich ein, ist sie wenn möglich aufzuzeichnen. Der anrufenden Person können ggf. Verhaltenshinweise gegeben und ihr kann aufgetragen werden, die Telefonverbindung aufrechtzuerhalten.

---
[124] PDV 100, 2012, Nr. 2.2.3.
[125] Ackermann/Clages/Roll, 2011, S. 96.
[126] Für NRW aus § 1 PolG NRW.

Sind die Personalien des Täters bekannt, sind diese in den polizeilichen Informationssystemen zu überprüfen und alle relevanten Informationen den eingesetzten Kräften mitzuteilen.

5.3.2.2 Eintreffen am Ereignisort

Nach Eintreffen der Einsatzkräfte am Ereignisort sind insbesondere bei andauernden Gefahren für Leib oder Leben häufig gleichzeitig Maßnahmen der Gefahrenabwehr und der Strafverfolgung zu treffen. Maßnahmen der Gefahrenabwehr haben im Zweifelsfall Vorrang.

Ist der Ort des Ereignisses eine Wohnung, ist es nach Sachlage erforderlich, diese unverzüglich – ggf. auch nach gewaltsamem Eindringen – zu betreten und nach Sachlage zu durchsuchen.

5.3.2.3 Abwehr von Gefahren

Als vorrangige Maßnahmen der Gefahrenabwehr kommen – nach dem Gewinnen eines ersten Überblicks und unter besonderer Berücksichtigung der Eigensicherung – im ersten Zuge insbesondere
- Trennen von Opfer und Täter bzw. der Konfliktparteien
- Feststellen von Verletzungen und Leisten erster Hilfe
- Alarmierung ärztlicher Hilfe für verletzte Personen
- Suche nach und Sicherstellung von gefährlichen Gegenständen oder eingesetzten Waffen
- ggf. Durchsuchung und Fixierung des Täters
- Separierung mitbetroffener Kinder
- Befragung und erste Anhörung von Opfern, Zeugen und Tatverdächtigen unter Beachtung von Belehrungspflichten

in Betracht.

Nach fortschreitender Erkenntnislage können darüber hinaus bei Vorliegen der rechtlichen Voraussetzungen gegenüber dem Täter aus Gefahren abwehrenden Gründen eine
- Gefährderansprache
- Wohnungsverweisung und ein Rückkehrverbot
- Gewahrsamnahme

erforderlich werden.

Der Abwehr weiterer Gefahren dienen ebenfalls z.B.
- die Befragung des Opfers nach spezifischen Risikofaktoren, um im Rahmen einer Gefährdungsanalyse Anhaltspunkte für das Erfordernis zusätzlicher Schutzmaßnahmen (PDV 129 VS-NfD) zu erhalten
- die Beratung des gefährdeten Opfers über Schutzmöglichkeiten, der Hinweis auf Opferhilfeorganisationen sowie Beratungs-/Interventionsstellen[127] und die Erläuterung rechtlicher Möglichkeiten nach dem Gewaltschutzgesetz zur Erlangung zivilrechtlicher Hilfen
- sofern Kinder betroffen sind, die Feststellung von Anhaltspunkten für eine Gefährdung des Kindeswohls zur Unterrichtung des Jugendamtes.

---

127) Zum Beispiel: WEISSER RING e. V., Frauenhäuser, Trauma-Ambulanzen u. a.

Bei der Umsetzung dieser Maßnahmen ist bereits gegenüber möglicherweise vordringlichen Maßnahmen der Strafverfolgung abzuwägen.

Hat der Täter den Ereignisort bei Eintreffen der Polizei bereits verlassen, ist die Einleitung von Fahndungsmaßnahmen aus Gründen der Gefahrenabwehr und der Strafverfolgung zu prüfen.

5.3.2.4 Schutz und Sicherung des Tatortes

Auch wenn das polizeiliche Handeln im Rahmen der akuten Krisenintervention zunächst vorrangig Maßnahmen erfordert, die der Abwehr von Gefahren für Leib, Leben und Gesundheit der gefährdeten Personen dienen, darf die nach dem Legalitätsprinzip gebotene beweissichere Verfolgung von Straftaten nicht vernachlässigt werden.

Oft werden sich aus der Mitteilung an die Polizei und den ersten Wahrnehmungen der eingesetzten Kräfte am Ereignisort zureichende tatsächliche Anhaltspunkte nach § 152 Abs. 2 StPO dafür ergeben, ob bzw. dass eine Straftat vorliegt. Dabei kann die angetroffene Sachlage außerordentlich vielgestaltig sein.

Dies macht jeweils der Lage angepasste Maßnahmen zum Schutz bzw. zur Sicherung des Tatortes und von Spuren sowie zur Erhebung wesentlicher Feststellungen zum Tathergang erforderlich. Diese unterscheiden sich nach der Schwere des festgestellten Delikts. Weiteren Einfluss darauf hat auch das Verhalten der angetroffenen Personen.

5.3.2.5 Verdacht eines Kapitaldeliktes

Liegen Anhaltspunkte für ein versuchtes oder erkennbar ein vollendetes Tötungsdelikt vor, sind umfangreiche Maßnahmen zur Sicherung des Tatortes eines Kapitaldeliktes erforderlich. Damit steht im Interesse einer beweissicheren Strafverfolgung der Schutz vorhandener Spuren vor äußeren Einflüssen und das Bewahren des Zustandes des Tatortes bei Eintreffen der Polizei im Mittelpunkt des Handelns erster polizeilicher Einsatzkräfte.[128]

Die Maßnahmen zur Strafverfolgung sind in diesen Fällen vorrangig auf
- die Sicherung des Tatortbereichs durch Absperrung
- die möglichst umfassende Vermeidung von Veränderungen am Tatort
- den Schutz gefährdeter Spuren gegen Vernichtung oder Beeinträchtigung, z.B. durch Abdeckung, ggf. Sicherstellung
- die Feststellung, Sicherung und Trennung von Tatbeteiligten, Zeugen und Unbeteiligten
- eine erste informatorische Befragung von Personen unter Beachtung von Belehrungspflichten
- die vorläufige Festnahme von Tatverdächtigen, ggf. das Einleiten von Such- oder Fahndungsmaßnahmen

auszurichten bzw. zu beschränken. Unterstützungskräfte und die zuständigen Fachdienststellen sind unverzüglich hinzuzuziehen sowie getroffene Feststellungen und Maßnahmen zu dokumentieren.

Maßnahmen des Auswertungsangriffs werden in diesen Fällen durch die zuständigen Fachdienststellen getroffen.

---

[128] Ackermann/Clages/Roll, 2011, S. 113.

5.3.2.6 Sonstige Delikte der häuslichen Gewalt

Auch wenn Anhaltspunkte für ein Kapitaldelikt nicht vorliegen, sind in den sonstigen Delikten der häuslichen Gewalt die genannten Maßnahmen des Sicherungsangriffs ebenfalls zu treffen. Ergänzend bedarf es im Rahmen des Auswertungsangriffs einer sachgerechten Feststellung des objektiven und subjektiven Tatbefundes, um eine beweiskräftige Strafverfolgung zu gewährleisten.

In den sonstigen Fällen häuslicher Gewalt sind im Zuge des Sicherungsangriffs grundsätzlich die bereits im vorangehenden Abschnitt genannten Maßnahmen zu Sicherung und Schutz von Tatort und Spuren zu treffen, wenn auch in Teilen mit anderen Schwerpunkten und anderer Intensität.

Hinzu kommen weitere Aufgaben, die der Erhebung des Tatbefundes dienen und vorrangig dem Auswertungsangriff zuzuordnen sind. Gegebenenfalls sind auch bei schwerwiegenderen Fällen der häuslichen Gewalt, z.B. bei Sexualdelikten, die Fachdienststellen der Ermittlungsdienste, z.B. das Fachkommissariat oder der Erkennungsdienst, hinzuzuziehen, um einen sachgerechten Auswertungsangriff zu gewährleisten.

5.3.3 Auswertungsangriff

Die Erhebung des Tatbefundes im Rahmen des Auswertungsangriffs erfordert – sofern nicht bereits im Rahmen des Sicherungsangriffs erfolgt – zunächst eine erste Inaugenscheinnahme des Tatortes sowie der tatbeteiligten Personen, um einen Überblick über das Tatgeschehen zu gewinnen.

Sodann sind eine systematische Suche und Sicherung materieller Spuren zur Erhebung des objektiven Befundes sowie die Befragung von Tatbeteiligten und Zeugen zum Tathergang erforderlich, um auch den subjektiven Befund zu erheben.

5.3.3.1 Objektiver Tatbefund

Zur Aufnahme des objektiven Tatbefundes sind in Fällen häuslicher Gewalt der Lage angepasst insbesondere die

– Feststellung, Beschreibung und fotografische Sicherung von Verletzungen an Opfer und Täter, Zerstörung, Beschädigung oder Verschmutzung von getragener Bekleidung
– Feststellung, Beschreibung und fotografische Sicherung von Zerstörung, Beschädigung oder Verschmutzung von sonstigen Sachen und Gegenständen am Tatort
– Sicherstellung und Asservierung von erkennbaren Tatwerkzeugen sowie von tatrelevanten Bekleidungsstücken, Kommunikationsmitteln und sonstigen Gegenständen
– Durchsuchung des Tatverdächtigen und ggf. von Opfern und Zeugen sowie die Durchsuchung der Wohnung bzw. der Tatörtlichkeit zur Auffindung von Beweismitteln

erforderlich. In spezifischen Fallkonstellationen kann zur Erhebung des objektiven Befundes darüber hinaus die

– Suche und Sicherung von Finger-, Faser- und DNA-Spuren

geboten sein.

Handelt es sich bei dem Tatort um eine gemeinsam von Opfer und Täter bewohnte Wohnung, ist die Suche und Sicherung von Finger- und ggf. DNA-Spuren kriminalistisch ausschließlich an tatrelevanten Gegenständen, z.B. Waffen, oder im Falle von Sexualdelikten an Täter und Opfer sinnvoll. Ist der Tatverdächtige allerdings z.B. als ehemaliger Partner nicht zum Aufenthalt in der Wohnung des Opfers berechtigt, ist eine derartige Spurensuche und -sicherung in größerem Umfang sachgerecht.

Stehen der Tatverdächtige und ggf. auch das Opfer zum Zeitpunkt der Tatbefundaufnahme erkennbar unter Alkoholeinfluss, bedarf es zur objektiven Feststellung der Schuldfähigkeit des Tatverdächtigen sowie der Wahrnehmungs- und Aussagefähigkeit des Opfers einer Feststellung des Alkoholgehaltes im Blut. Dies macht neben einem Test zur Feststellung des Alkoholgehaltes in der Atemluft ggf. die

- körperliche Untersuchung des Beschuldigten zur Entnahme einer Blutprobe, im Einzelfall auch des Opfers,

erforderlich. Die Entnahme einer Blutprobe beim Tatverdächtigen kommt aus gleichen Gründen auch in Betracht, wenn dieser sich zunächst vom Tatort entfernt hat und später aufgegriffen wird.

Ergeben sich im Zuge der Feststellungen Anhaltspunkte für eine im Rahmen der Tathandlungen verübte schwerwiegende Sexualstraftat oder sonstiger Handlungen, die eine ärztliche Untersuchung des Körpers des Opfers erforderlich erscheinen lassen, ist zudem

- die körperliche Untersuchung des Opfers[129] zur Sicherung von Spuren und Beweismitteln durch einen Arzt oder ein rechtsmedizinisches Institut

in Erwägung zu ziehen und zu veranlassen. Dies schließt die Sicherung von DNA-Spuren ein.

Bedarf es der Überführung von Verletzten in ein Krankenhaus, ist möglichst eine polizeiliche Begleitung zu veranlassen, um Vorsorge für die Sicherung von Spuren an Bekleidung oder Person der Verletzten zu treffen.[130]

Je nach Schwere des festgestellten Delikts, den Tatumständen und der Persönlichkeit des Tatverdächtigen kann zur Sicherung des Strafverfahrens die

- vorläufige Festnahme des Tatverdächtigen

als weitere polizeiliche Maßnahme des Ersten Angriffs erforderlich sein.

5.3.3.2 Subjektiver Tatbefund

Parallel zu den Maßnahmen zur Sicherung des objektiven Tatbefundes sind bereits Opfer, Zeugen und Tatverdächtige festzustellen und zum Tathergang zu befragen.

Um unbeeinflusste Angaben der beteiligten Personen zu erhalten, sind ihre frühzeitige Trennung und eine jeweils getrennte Befragung angezeigt. Dabei ist zu beachten, dass zwischen den beteiligten Personen in Fällen häuslicher Gewalt regelmäßig verwandtschaftliche oder sonstige Beziehungen bestehen, die ein Zeugnisverweigerungsrecht nach § 52 StPO zur Folge haben.

---

[129] § 81c StPO.
[130] Ackermann/Clages/Roll, 2011, S. 112.

Zur Erhebung des subjektiven Befundes zum Tatgeschehen sind daher grundsätzlich die
- räumlich getrennte Befragung bzw. Anhörung von Opfern und Zeugen zu Tatgeschehen und Vorgeschichte unter Hinweis auf ggf. bestehende Zeugnisverweigerungsrechte
- Befragung bzw. Anhörung von Beschuldigten zum Tatgeschehen nach Belehrung
- im Falle des Antreffens von Kindern, soweit möglich, eine kindgerechte Befragung und Anhörung unter Beachtung bestehender Zeugnisverweigerungsrechte
- Feststellung und ggf. Befragung unbeteiligter Zeugen

geboten. Der Sicherung des Strafverfahrens dient darüber hinaus die
- Befragung des Opfers zur Aussagebereitschaft im Rahmen des einzuleitenden Strafverfahrens
- Einholung eines Strafantrages des Opfers.

Opfer sind im Zuge ihrer Befragung ausdrücklich darauf hinzuweisen, dass die Polizei in jedem Falle häuslicher Gewalt von Amts wegen eine Strafanzeige vorlegen und ein Strafverfahren einleiten wird.

5.3.4 Dokumentation

Die polizeilichen Maßnahmen und Feststellungen des Ersten Angriffs sind umfassend zu dokumentieren. Dies dient einerseits der nachvollziehbaren Darlegung und Begründung getroffener, Gefahren abwehrender und strafprozessualer Maßnahmen und andererseits einer sachgerechten strafprozessualen Beweissicherung.

Diese Dokumentation ist zudem die Grundlage für die Prüfung und Einleitung weiterer Maßnahmen, die im Zuge der anschließenden Sachbehandlung zum Zwecke der Gefahrenabwehr oder der Fortführung des Strafverfahrens erforderlich sein können.

Regelmäßig werden die Maßnahmen und Feststellungen des Ersten Angriffs im Rahmen der Strafverfolgung in einer Strafanzeige unter Nutzung des dazu gebräuchlichen Formulars und einem Bericht zum erhobenen Tatbefund gemäß PDV 100 dokumentiert. In der PDV 100 heißt es:

„Über den Ersten Angriff ist ein Tatortbefundbericht zu fertigen, der die
- Feststellungen beim Eintreffen am Tatort
- Beschreibung des Tatortes, des Tatobjektes, des Opfers, der Spurensuche und Spurensicherung (objektiver Befund)
- Darstellung von Tathergang, Tatumständen, Zeugenaussagen und eigenen Schlussfolgerungen (subjektiver Befund)
- getroffenen Maßnahmen

enthalten soll."[131]

In Fällen häuslicher Gewalt sind verschiedentlich gesonderte Formulare gebräuchlich, um den bestehenden besonderen Anforderungen an die Dokumentation polizeilicher Maßnahmen Rechnung zu tragen. So ist in NRW u.a. der Vor-

---

[131] PDV 100, Nr. 2.2.3.

druck „Dokumentation über den polizeilichen Einsatz bei häuslicher Gewalt" zu nutzen, in dem neben Angaben über die beteiligten Personen und ihre Beziehung eine zusammenfassende Darstellung des Sachverhaltes, eine Gefahrenprognose sowie, z.T. im Ankreuzverfahren, Angaben zu den getroffenen Maßnahmen niederzulegen sind. Dies bezieht sich insbesondere auch auf die Maßnahmen der Wohnungsverweisung und des Rückkehrverbotes.

Den Anforderungen eines Tatbefundberichts genügt die Nutzung dieses Formulars in aller Regel nicht, sodass wesentliche Feststellungen und Angaben dazu in einem ergänzenden Bericht dokumentiert werden sollten.

Einzelne getroffene Maßnahmen, z.B. die Durchsuchung, Sicherstellung, Gewahrsamnahme oder vorläufige Festnahme, erfordern darüber hinaus die Dokumentation erforderlicher Inhalte in den weiteren dafür vorgesehenen Formularen.

Um der Staatsanwaltschaft bei den Delikten, die Antrags- oder Privatklagedelikte sind, eine sachgerechte Prüfung der Frage zu ermöglichen, ob sie das öffentliche oder besondere öffentliche Interesse zur Erhebung der öffentlichen Klage bejahen kann, ist von besonderer Bedeutung, dass sich aus dem Bericht und der weiteren Dokumentation ergibt, ob bzw. dass

– die Tat offensichtliche Verletzungen wie Blutergüsse oder sichtbare Wunden zur Folge hatte
– es sich um einen Wiederholungsfall der häuslichen Gewalt handelt
– Kinder Zeugen der Tat waren
– Anhaltspunkte dafür bestehen, dass ein Strafantrag des Opfers lediglich aus Angst nicht gestellt oder unfreiwillig zurückgenommen wurde.

Haben Opfer häuslicher Gewalt Strafantrag gestellt, ist dieser gemäß § 158 I, II StPO in schriftlicher Form beizufügen.

5.3.5 Einsatztaktische Grundsätze und Eigensicherung

Einsätze in Fällen häuslicher Gewalt sind Sofortlagen. Sie erfordern in der Regel unverzügliches Handeln auf der Grundlage einer nur eingeschränkten Informationslage in einem unbekannten Umfeld.

Die konkret anzutreffende Einsatzsituation ist weithin unbekannt, allerdings in der Regel geprägt von einer akuten konfliktträchtigen Auseinandersetzung. Für die beteiligten Personen ist dies oft eine Ausnahmesituation, in der sie unter hohem Stress stehen. Ihr Verhalten ist kaum vorhersehbar. Hinzu kommen Gefahren, die für die Einsatzkräfte mit dem Aufenthalt in einer Wohnung der handelnden Personen in räumlicher Enge einhergehen können.

Nach dem Ergebnis einer Studie zur Gewalt gegen Polizeibeamtinnen und Polizeibeamte sind 26,3 % der kritischen Einsätze aus Streitigkeiten entstanden.[132] Als besonders problematisch werden darin neben der Alltagsroutine fehlende Informationen zu handelnden Personen und näheren Umständen des Einsatzes bewertet.[133] Je weniger sich die Einsatzkräfte über mögliche Gefahren informiert gefühlt haben, desto schwerwiegender waren sich in der Einsatzlage entwickeln-

---

[132] Bliesener/Jager/Klatt, 2013, S. 111.
[133] Bliesener/Jager/Klatt, 2013, S. 116.

de tätliche Angriffe.[134] Auch wegen der Solidarisierung unbeteiligter Personen wird die Belastung in derartigen Einsatzlagen von eingesetzten Kräften als hoch empfunden.[135]

In mehr als der Hälfte der Fälle von Einsätzen häuslicher Gewalt stehen tatbeteiligte Personen unter dem Einfluss von Alkohol.[136] Dies erhöht zudem grundsätzlich die Gefahr unberechenbaren und aggressiven Verhaltens.

Der Eigensicherung kommt daher nach Überzeugung von Praktikern in Fällen häuslicher Gewalt und im Umgang mit berauschten Personen höchste Bedeutung zu.[137] Dem tragen die polizeilichen Dienstvorschriften u.a. durch den Hinweis Rechnung, dass die Alkoholisierung von Störern eine erhöhte Eigensicherung der eingesetzten Polizeibeamtinnen und Polizeibeamten erfordert.[138]

Für die erfolgreiche Bewältigung eines Einsatzes aus Anlass der häuslichen Gewalt ist nach alledem die Beachtung nachfolgender Einsatzgrundsätze[139] unumgänglich:

- Bereits während der Einsatzvergabe und Anfahrt zum Einsatzort sollte Verbindung zu der mitteilenden Person gehalten werden.
- Soweit möglich sind weitere Angaben zu Anzahl und Verhalten von Tatbeteiligten und weiteren Personen, zu Örtlichkeit und Raumaufteilung der Wohnung, zu der Anwesenheit von Tieren und ggf. weiteren Besonderheiten zu erfragen.
- Können Personalien von Tatbeteiligten festgestellt werden, sind diese in den polizeilichen Datensystemen[140] und ggf. durch Einsichtnahme in Kriminalakten zu überprüfen.
- Alle Einsatzkräfte sind über aktuelle Lageentwicklungen und gewonnene Personenerkenntnisse umgehend, umfassend und regelmäßig zu informieren.[141]
- Vorbereitend sind Absprachen mit der Streifenpartnerin bzw. dem Streifenpartner über die Aufgabenteilung zu treffen, z.B. zu Gesprächsführung, Sicherungsaufgaben, Zuordnung der Personen.
- Konfliktparteien sind zu trennen und weiter getrennt zu halten.
- Bei allen Maßnahmen ist das Umfeld im Auge zu behalten. Alle Gegenstände in der Nähe von Tatbeteiligten können zu Angriffen genutzt werden.
- Verhaltenshinweise sind klar, verständlich und eindeutig zu geben. Bei der Gesprächsführung sind u.a. das Geschlecht und kulturelle Besonderheiten der tatbeteiligten Personen zu berücksichtigen.

Die einsatzbegleitende Kommunikation gegenüber den beteiligten Personen erweist sich in derartigen Lagen oftmals als erfolgskritisch: Scharfe Reaktionen einschreitender Polizeikräfte auf Provokationen wirken eher eskalierend. Qualität und Außenwirkung des polizeilichen Auftretens hängen in entscheidendem

---

134) Bliesener/Jager/Klatt, 2013, S. 299.
135) Bliesener/Jager/Klatt, 2013, S. 257, 260.
136) Hagemann-White/Kavemann, 2004, S. 20, 108 f.: Trotz aller Unwägbarkeiten einer statistischen Erfassung ist bei den dortigen Untersuchungen bei rund 56 % der Beteiligten eine Alkoholisierung festgestellt worden.
137) Mentzel/Schmitt-Falckenberg/Wischnewski, 2003, S. 23.
138) Leitfaden 371 VS-NfD, Ausgabe 2012, Nr. 4.1.
139) PDV 100, 2012, Nr. 1.6.1.15.
140) Zum Beispiel: INPOL, POLAS, eCebius, Kriminalaktenhaltung.
141) PDV 100, 2012, Nr. 1.6.1.8; Leitfaden 37 „Eigensicherung".

Ausmaß vom Grad der Handlungssicherheit und Einsatzerfahrung, aber auch von persönlichen Einstellungen und Interaktionsweisen mit den Opfern ab.[142]

Empirische Studien aus Bürger- und Opferbefragungen belegen die positive Wirkung eines aufmerksamen, freundlichen und korrekten Beamten. Ironie, belehrendes und kalt wirkendes Gehabe wirken kontraproduktiv.[143]

Das kriminologische Forschungsinstitut Niedersachsen (KFN) hat 2014 in seiner Studie zur Gewalt gegen Polizeibeamte des Einsatz- und Streifendienstes „[...] empirisch belegt, dass die im Leitfaden 371 spezifizierten Verhaltensempfehlungen wirksam sind. Beamte, die sich daran orientieren, weisen je nach Einsatzsituation ein drei- bis fast sechsmal so niedriges Risiko eines Gewaltübergriffs auf als Beamte, die die Empfehlungen – aus welchen Gründen auch immer – in geringerem Maße beachten."[144]

5.3.6 Rechtsgrundlagen der Eingriffsmaßnahmen

5.3.6.1 Doppelfunktionalität von Maßnahmen

Dienen Maßnahmen gleichermaßen Zwecken der Gefahrenabwehr und der Strafverfolgung, wie regelmäßig in Fällen häuslicher Gewalt, ist zu entscheiden, ob sie ihre Rechtsgrundlage im Polizeirecht oder dem Strafprozessrecht finden. Dabei kommt es darauf an, welchem rechtlichen Schwerpunkt der angestrebte Zweck der Maßnahme zuzuordnen ist.[145]

Abzuwägen ist dabei im konkreten Fall zwischen dem gefährdeten Rechtsgut und dem Ausmaß der drohenden Gefahr gegenüber der Schwere des zu verfolgenden Delikts.

Nachfolgend werden die Rechtsgrundlagen der polizeilichen Standardmaßnahmen, wie sie auch in Fällen häuslicher Gewalt erforderlich werden können, nur in kurzer Form skizziert, da sich insoweit Besonderheiten damit nicht verbinden.

Der in Fällen häuslicher Gewalt darüber hinaus relevanten Gefährderansprache, der Gefahrenprognose sowie den Maßnahmen der Wohnungsverweisung und des Rückkehrverbotes sind nachfolgend eigene Abschnitte gewidmet.

5.3.6.2 Betreten der Wohnung

Das Betreten einer Wohnung durch die Polizei im Falle eines Einsatzes der häuslichen Gewalt dient im ersten Zuge vorrangig der Aufklärung über die Gefahrensituation und der Gefahrenabwehr selbst.

Die Polizei ist nach Polizeirecht befugt, eine Wohnung[146] zu betreten – auch zur Nachtzeit –, wenn dies zur Abwehr einer gegenwärtigen Gefahr für Leib, Leben oder Freiheit einer Person oder für Sachen von bedeutendem Wert erforderlich ist.[147] Davon kann bei Alarmierung in einer akuten Gewaltsituation in aller Regel ausgegangen werden.

---

142) Greuel, 2010, S. 7.
143) Hermanutz/Spöcker, 2008, S. 3.
144) Ellrich/Baier, 2014, S. 132.
145) Ackermann/Clages/Roll, 2011, S. 98.
146) Zum Begriff der Wohnung vgl. Tegtmeyer/Vahle, 2014, S. 341.
147) Vgl. für NRW § 41 Abs. 1, 2 PolG NRW; Tegtmeyer/Vahle, 2014, S. 341.

Die präventivpolizeiliche Betretungsbefugnis einer Wohnung ist in allen Bundesländern – auch zur Nachtzeit – so oder ähnlich polizeigesetzlich gegeben.[148]

Ein Betreten der Wohnung mit Einwilligung des Berechtigten stellt zwar keinen Grundrechtseingriff dar, allerdings ist der im Einzelfall entgegenstehende Wille des (Wohnungs-)Mitinhabers zu beachten.[149] In der Konfliktsituation eines Einsatzes wegen häuslicher Gewalt ist grundsätzlich immer vom entgegenstehenden Willen des Täters auszugehen.

Zur Aufklärung über die Gefahrensituation und zur Gefahrenabwehr reicht unter Umständen das bloße Betreten, also das Verweilen in der Wohnung und die Gelegenheit, von Personen, Sachen und Zuständen in der Wohnung Kenntnis zu nehmen, aus.

5.3.6.3 Durchsuchen der Wohnung

In bestimmten Fallkonstellationen wird es erforderlich sein, über das bloße Betreten der Wohnung hinaus zielgerichtet aus Gründen der Gefahrenabwehr in allen Räumen einer Wohnung Nachschau zu halten, z.B. nach verletzten Personen, im Haushalt lebenden Kindern, dem Tatverdächtigen sowie von ihm eingesetzten gefährlichen Gegenständen oder Waffen. Setzt die Maßnahme eine ziel- und zweckgerichtete Suche voraus[150], ist sie als Durchsuchung zu qualifizieren.

Die Durchsuchung einer Wohnung zum Zwecke der Gefahrenabwehr unterliegt den gleichen tatbestandlichen Voraussetzungen wie das Betreten der Wohnung. Sie ist allerdings grundsätzlich an die richterliche Anordnung gebunden.[151]

Dient die Wohnungsdurchsuchung demgegenüber vorrangig der Sicherung von Beweismitteln, z.B. der Sicherstellung eingesetzter Waffen oder relevanter sonstiger Spurenträger und Kommunikationsmittel, oder der Ergreifung eines Tatverdächtigen, richtet sie sich nach den §§ 102 ff. StPO. Bei der strafprozessualen Wohnungsdurchsuchung wird zwischen der Wohnung des Verdächtigen und der Wohnung anderer Personen unterschieden. Welche Rechtsgrundlage heranzuziehen ist, ist nach Sachlage zu entscheiden.

Auch in diesen Fällen bedarf es grundsätzlich der richterlichen Anordnung. Die Durchsuchung ist auch zur Nachtzeit unter den Voraussetzungen der §§ 104, 105 ff. StPO und unter Beachtung wesentlicher Formvorschriften rechtlich zulässig.[152]

Die Polizei kann zur Gefahrenabwehr und zur Strafverfolgung auch ohne richterliche Entscheidung die Durchsuchung anordnen und durchführen, wenn Gefahr im Verzug[153] besteht.

Handelt die Polizei zur Abwehr einer gegenwärtigen Gefahr für ein bedeutsames Rechtsgut, ist das Vorliegen von Gefahr im Verzuge offenkundig begründbar.

---

148) Schenke, 2011, S. 89.
149) Gusy, 2014, S. 139.
150) BVerwG 1 C 17.73, Urteil vom 06.09.1974;
    in: https://www.jurion.de/Urteile/BVerwG/1974-09-06/BVerwG-I-C-1773 (Zugriff am 09.07.2015).
151) Vgl. für NRW § 42 PolG NRW.
152) Ausführlich dazu Averdiek-Gröner/Frings, 2014, S. 37 ff.
153) Vgl. grundlegendes Urteil des BVerfG zur Durchsuchung aus strafprozessualen Gründen, NJW 2001, S. 1121.

Nach der Strafprozessordnung besteht Gefahr im Verzuge, „wenn die richterliche (oder zumindest staatsanwaltschaftliche) Anordnung nicht eingeholt werden kann, ohne dass der Zweck der Maßnahme gefährdet wird."[154] Auch dies kann unter Berücksichtigung der Sachlage und des Verhaltens des Beschuldigten begründet werden.

Die entscheidungserheblichen Umstände, die zur Begründung der Gefahr im Verzug führen, sind nachvollziehbar zu dokumentieren. Wesentliche Formvorschriften sind zu beachten.

5.3.6.4 Durchsuchen von Personen und Sachen

In Fällen häuslicher Gewalt erfordern es die Gesamtumstände regelmäßig, Personen oder Sachen zu durchsuchen.

Einerseits sind Durchsuchungen von Personen oder Sachen den Umständen nach aus Gründen der Eigensicherung[155], zum Schutz der betroffenen Person oder eingesetzter Polizeikräfte erforderlich und zulässig.

Andererseits können sie vorrangig dem Auffinden von Beweismitteln bzw. von Einziehungs- oder Verfallsgegenständen dienen. Dann finden sie ihre Rechtsgrundlage in den §§ 102 ff. StPO.

Die Doppelfunktionalität der Maßnahme erfordert auch hier eine Entscheidung für das dominierende Ziel.[156]

5.3.6.5 Sicherstellen und Beschlagnahme von Gegenständen

Die Polizei kann eine Sache zur Abwehr einer gegenwärtigen Gefahr sicherstellen[157] und in Verwahrung nehmen.[158] Dies können gefährliche Gegenstände oder Sachen sein, von denen eine Eigen- oder Fremdgefährdung festgehaltener oder anderer Personen sowie von Einsatzkräften ausgehen kann.

Sind derartige Gegenstände z.B. bei der körperlichen Auseinandersetzung zwischen Täter und Opfer im Zuge des Gewaltgeschehens als Tatwerkzeuge eingesetzt worden oder sind an ihnen Spuren der Tat, des Beschuldigten oder des Opfers zu erwarten oder festzustellen, sind sie zum Zwecke der Strafverfolgung nach §§ 94 ff. StPO als Beweisgegenstände sicherzustellen oder zu beschlagnahmen.[159]

Einzubeziehen sind hierbei insbesondere in Fällen von Stalking und Bedrohungen die vom Beschuldigten dazu genutzten Kommunikationsmittel.

5.3.6.6 Körperliche Untersuchung und Blutprobe

Von der körperlichen Durchsuchung einer Person ist die körperliche Untersuchung zu unterscheiden.

Während die strafprozessuale Durchsuchung der Person dem Auffinden von Beweismitteln bzw. Einziehungsgegenständen in oder unter der Kleidung bzw. auf der Körperoberfläche dient, ist die Untersuchung auf die Besichtigung des ganz oder teilweise entkleideten Körpers der betroffenen Person mit dem Ziel der In-

---

154) Meyer-Goßner/Schmitt, 2015, § 98 StPO, Rn. 6.
155) Zum Beispiel nach § 39 Abs. 1 oder Abs. 2 PolG NRW, vgl. Tetsch/Baldarelli, 2013, S. 765–773.
156) Averdiek-Gröner/Frings, 2014, S. 43, 44.
157) Für NRW vgl. § 43 PolG NRW.
158) Für NRW vgl. § 44 PolG NRW.
159) Ausführlich dazu Averdiek-Gröner/Frings, 2014, S. 26 ff.

augenscheinnahme der Körperoberfläche auf Tatspuren gerichtet. Sie kann ebenfalls die Entnahme einer Blutprobe oder andere körperliche Eingriffe umfassen, die nur durch einen Arzt durchgeführt werden dürfen. Die Maßnahmen finden ihre Rechtsgrundlage in den §§ 81a, c StPO.

Die Untersuchung eines Opfers ohne seine Einwilligung setzt voraus, dass zur Erforschung der Wahrheit festgestellt werden muss, ob sich an seinem Körper eine bestimmte Spur oder Folge einer Straftat befindet.[160] Sie dient z.B. der Feststellung von Hämatomen am Körper, von Verletzungen durch spitze, stumpfe oder sonstige Gewalt, Würgemalen im Gesicht oder am Hals, Fesselungsmarken oder typischen Abwehrverletzungen.

Die Anordnung der Maßnahme steht auch in diesem Fall grundsätzlich dem Gericht zu, bei „Gefährdung des Untersuchungserfolgs durch Verzögerung" auch der Staatsanwaltschaft und ihren Ermittlungspersonen. Die Gefährdung des Untersuchungserfolgs muss mit auf den Einzelfall bezogenen Tatsachen begründet sein.[161]

Für Fälle häuslicher Gewalt ist von Bedeutung, dass Personen, denen als Angehörigen ein Zeugnisverweigerungsrecht nach § 52 StPO zusteht, aus gleichem Grund eine körperliche Untersuchung oder Blutentnahme verweigern können.[162] Soll eine körperliche Untersuchung an der Ehe- oder Lebenspartnerin bzw. dem Ehe- oder Lebenspartner oder Kindern eines Beschuldigten vorgenommen werden, sind diese darüber zu belehren, welche Maßnahme vorgenommen werden soll und dass sie ohne ihre Einwilligung nicht zulässig ist.

Die Belehrung eines Kindes unterliegt besonderen Anforderungen. Das Kind muss genügend Verstandesreife oder -kraft haben, um Sinn und Tragweite seiner Erklärung zu verstehen.

Die Belehrung eines Kindes kann entfallen, wenn ihm offensichtlich keine genügende Vorstellung von der Bedeutung des Weigerungsrechts vermittelt werden kann.[163] Dann ist allerdings sein gesetzlicher Vertreter zu belehren und dieser hat über die Einwilligung des Zeugen, in der Regel des Kindes, zu befinden.[164] Dies ist jedoch dann rechtlich problematisch, wenn der gesetzliche Vertreter des Kindes selbst der Beschuldigte ist.

In derartigen Fällen ist die Maßnahme im Ersten Angriff zurückzustellen und im Verlauf der weiteren Sachbearbeitung zu prüfen. Gegebenenfalls kann das Familiengericht auf Antrag der Staatsanwaltschaft nach § 1909 BGB einen Ergänzungspfleger bestellen[165], der über die Einwilligung des zu Untersuchenden befindet.

Zu Fragen der ärztlichen Schweigepflicht in den Fallkonstellationen der häuslichen Gewalt wird auf die Anlagen 6 und 7 verwiesen.

5.3.6.7 Freiheitsentziehende Maßnahmen

Der regelmäßige Fall einer Freiheitsentziehung in Fällen häuslicher Gewalt ist zweifelsfrei die Gewahrsamnahme zur Gefahrenabwehr. Sie ist – wie auch die vorläufige Festnahme – eine besonders intensive Form des Eingriffes in Art. 2

---
160) Vgl. § 81c StPO.
161) Meyer-Goßner/Schmitt, 2015, § 81a StPO, Rn. 25.
162) § 81c Abs. 3 StPO.
163) Meyer-Goßner/Schmitt, 2015, § 81c StPO, Rn. 26.
164) Meyer-Goßner/Schmitt, 2015, § 81c StPO, Rn. 26.
165) BGH GSSt 3/58; in: NJW 1959, S. 830.

Abs. 2, Satz 2 GG, für die die zusätzlichen Erfordernisse aus Art. 104 Abs. 2 GG beachtet werden müssen.

Die Gewahrsamnahme ist einerseits zulässig, wenn sie unerlässlich ist, um die unmittelbar bevorstehende Begehung oder Fortsetzung einer Straftat zu verhindern. Dies kann begründet sein, wenn im Zuge eines polizeilichen Einsatzes der Tatverdächtige nicht von Gewalttätigkeiten ablässt, sich als in hohem Maße aggressiv erweist, wiederholt in gleicher Weise straffällig geworden ist oder ggf. unter Alkoholeinfluss steht und Drohungen ausspricht, sodass die Gefahr besteht, dass er nach Beendigung des polizeilichen Einsatzes erneut Gewalttätigkeiten begeht.

Durch die vielfach in den Polizeigesetzen vollzogene Erweiterung des Katalogs der Voraussetzungen der Gewahrsamnahme um die Maßnahmen im Zusammenhang mit der Wohnungsverweisung und dem Rückkehrverbot soll erreicht werden, dass diese zum Schutz vor häuslicher Gewalt – ähnlich wie ein Platzverweis – notfalls auch durch eine Gewahrsamnahme der betroffenen Person durchgesetzt werden können.[166] So kann eine Gewahrsamnahme erfolgen, wenn sie zur Durchsetzung einer Wohnungsverweisung oder eines Rückkehrverbotes unerlässlich ist.[167] Auch in diesem Fall sind die genannten Faktoren oder die Weigerung des Täters, die Wohnung zu verlassen, relevant.

Eine vorläufige Festnahme nach § 127 II StPO zur Sicherung des Strafverfahrens erfordert, dass die Voraussetzungen eines Haftbefehls oder eines Unterbringungsbefehls nach §§ 112 StPO vorliegen. Sie kann damit grundsätzlich nur bei schwerwiegenden Straftaten und Vorliegen eines Haftgrundes in Betracht kommen. In die Prüfung der Voraussetzungen sind neben der Schwere des zugrunde liegenden Delikts auch die Persönlichkeit des Beschuldigten, vorangegangene Straftaten sowie sein Verhalten nach der Tat einzubeziehen. Gegebenenfalls sind konkrete Tatsachen zur Begründung der Haftgründe Fluchtgefahr, Verdunkelungsgefahr oder Wiederholungsgefahr (Deeskalationshaft) heranzuziehen.[168]

5.3.6.8 Unmittelbarer Zwang

Die Durchsetzung der genannten Eingriffsmaßnahmen ist bei Vorliegen der rechtlichen Voraussetzungen auch mit unmittelbarem Zwang möglich.

Die Anwendung unmitttelbaren Zwanges zur Durchsetzung von Maßnahmen zum Zwecke der Gefahrenabwehr richtet sich nach den einschlägigen Regelungen der Polizeigesetze.[169]

Im Rahmen der Strafverfolgung ergibt sich die Zulässigkeit der Anwendung unmittelbaren Zwanges zur Durchsetzung der strafprozessualen Eingriffsmaßnahmen aus dem Sinn und Zweck der durchzusetzenden Anordnung selbst. Über die Art und Weise der Anwendung unmittelbaren Zwanges enthält die StPO keine Regelung. Für sie gelten die polizeirechtlichen Regelungen.[170]

Zwangsanwendungen im Überblick
Anhang "Klausur mit Lösungsbemerkungen und Fallvarianten". 7. Fallvariante

---

166) Landtag NRW, 2001, S. 19.
167) Vgl. z.B. in NRW § 35 Abs. 1 Nr. 4 PolG NRW.
168) Ausführlich dazu Averdiek-Gröner/Frings, 2014, S. 52 ff.
169) Zum Beispiel in NRW nach den §§ 55 ff. PolG NRW.
170) Meyer-Goßner/Schmitt, 2015, Einleitung, Rn. 45 f.

5.3.7 Befragung, Anhörung und Vernehmung

5.3.7.1 Gefahrenabwehr und Strafverfolgung

Treffen Polizeibeamte bei einem Einsatz wegen häuslicher Gewalt am Einsatzort ein, werden ihre ersten Fragen an dort angetroffene Personen in aller Regel der Abklärung der konkreten Gefahrensituation dienen.

So können bei offenkundiger Sachlage im ersten Zuge z.B. Fragen nach verletzten Personen oder ihrem Verbleib, einer noch akuten Bedrohungs- oder Gewaltsituation, dem Verbleib oder einer möglichen Bewaffnung des Tatverdächtigen oder dem Aufenthalt weiterer gefährdeter Personen am Ereignisort im Vordergrund stehen.

Eine derartige Befragung erfolgt damit zum Zwecke der Gefahrenabwehr. Sie findet ihre Rechtsgrundlage in den einschlägigen Regelungen der Polizeigesetze.[171] Belehrungspflichten sind damit nicht verbunden.

Bei unklarer Sachlage kann eine erste informatorische Befragung der Einleitung eines Ermittlungsverfahrens vorgelagert sein und der Gewinnung eines groben Bildes dienen, „ob wirklich der Verdacht einer Straftat besteht und wer als Beschuldigter und als Zeuge in Betracht kommt"[172]. Verpflichtende Belehrungsregelungen der Strafprozessordnung gelten insoweit noch nicht.

Fragen zu einem konkreten Geschehensablauf und dem Handeln beteiligter Personen gehen darüber hinaus. Sie dienen bereits der Feststellung und Aufklärung eines strafrechtlich zu würdigenden Sachverhalts. Sie sind daher der Strafverfolgung zuzurechnen, sodass die einschlägigen Regelungen der Strafprozessordnung greifen.

Jede Befragung von Zeugen oder Beschuldigten zu einem Sachverhalt im Rahmen der Strafverfolgung durch einen Polizeibeamten in amtlicher Funktion ist grundsätzlich als Vernehmung im Sinne der Strafprozessordnung zu qualifizieren. Dies gilt auch, wenn deren Angaben – wie üblicherweise im Rahmen der Maßnahmen des Ersten Angriffs – durch den Polizeibeamten, der die Befragung durchführt, nicht in einem schriftlichen Vernehmungsprotokoll, sondern lediglich in einem Bericht dokumentiert werden.

5.3.7.2 Vernehmung von Zeugen

Die Befugnis zur Vernehmung von Zeugen wird aus § 163 III StPO abgeleitet. Nach dieser Vorschrift bestehen unmittelbare Belehrungspflichten.

Diesem Umstand kommt gerade in Fällen häuslicher Gewalt besondere Bedeutung zu, da zwischen Beschuldigten, Opfern und Zeugen in aller Regel persönliche Zeugnisverweigerungsrechte nach § 52 StPO bestehen. Unterbleibt die Belehrung oder ist sie fehlerhaft, können Beweisverwertungsverbote die Folge sein.

Die Belehrung von Zeugen muss folgende Aspekte umfassen:
– Zeugnisverweigerungsrecht aus persönlichen Gründen
– Ermahnung zur Wahrheit
– Belehrung über strafrechtliche Folgen einer unrichtigen oder unvollständigen Aussage

---

171) In NRW nach § 9 PolG NRW, vergleichbar in den Polizeigesetzen anderer Länder.
172) Meyer-Goßner/Schmitt, 2015, § 163, Rn. 9.

– Hinweis auf das Recht, die Auskunft auf Fragen zu verweigern, deren Beantwortung den Zeugen selbst oder einen Angehörigen der Gefahr der Strafverfolgung aussetzt.

Das Zeugnisverweigerungsrecht aus persönlichen Gründen kommt Ehegatten – auch nach der Scheidung –, eingetragenen Lebenspartnern, Verlobten, Eltern und Kindern sowie weiteren engen Verwandten und Verschwägerten zu.[173]

Sollen Kinder oder Minderjährige als Zeugen befragt und angehört bzw. vernommen werden, ist zu prüfen, ob sie selbst darüber entscheiden können, ob sie Angaben machen oder nicht. Können sie dies und wollen sie Angaben machen, müssen sie in geeigneter Weise zu den gleichen Aspekten belehrt werden wie Erwachsene. Dabei ist ihre körperliche und geistige Reifeentwicklung zu berücksichtigen.

Ob ein Kind selbst über seine Aussage entscheiden kann, hängt von seiner Verstandesreife ab. Nach einer Entscheidung des BGH gehört dazu nicht, dass die minderjährige Auskunftsperson

> „alle Folgen übersehen kann, die sich aus ihrer Aussage für den angeklagten Angehörigen ergeben, wohl aber die Fähigkeit, zu erkennen, dass der Angehörige mit seinem Verhalten etwas Unrechtes getan hat und dass ihm dafür Strafe droht, sowie dass ihre Aussage möglicherweise zu seiner Bestrafung beitragen wird. Dieses Verständnis hat ein noch nicht sieben Jahre altes Kind in der Regel nicht."[174]

Besitzt ein Kind die erforderliche Verstandesreife und das Verständnis nicht, darf es grundsätzlich nur mit Zustimmung des gesetzlichen Vertreters angehört und vernommen werden. Dies sind in der Regel die Eltern. Ist der gesetzliche Vertreter selbst Beschuldigter, darf er über die Ausübung des Zeugnisverweigerungsrechts des Kindes nicht entscheiden.[175] In diesen Fällen sollte die Staatsanwaltschaft möglichst frühzeitig auf die Anordnung einer Ergänzungspflegschaft[176] hinwirken.

Vor diesem Hintergrund empfiehlt es sich, im Zuge des Ersten Angriffs eine Befragung von Kindern, die jünger sind als sieben Jahre oder auch sonst erkennbar nicht über die erforderliche Verstandesreife verfügen, zurückzustellen.

Nicht selten sind Opfer unter dem Eindruck einer akuten Gewalttat zunächst bereit, gegen einen Partner oder Angehörigen Angaben zu machen, auch wenn ihnen ein Zeugnisverweigerungsrecht zusteht.

Regelmäßig werden sich im Zuge des Ermittlungsverfahrens Vorladungen zu Vernehmungen anschließen, in denen die Angaben von Opfern und Zeugen detailliert protokolliert werden. Dabei sind weitere Rechtsvorschriften und kriminaltaktische Grundsätze zu beachten, auf die an dieser Stelle nicht weiter eingegangen wird.[177]

Nicht selten machen Zeugen abweichend von der Bereitschaft zur Aussage unter dem Eindruck eines akuten Gewaltgeschehens im Verlaufe des weiteren Verfahrens von dem Recht zur Zeugnisverweigerung Gebrauch. Dieses Recht steht ihnen während des gesamten Strafverfahrens bis zur Hauptverhandlung zu. Zie-

---

[173] Ausführlich dazu Averdiek-Gröner/Frings, 2014, S. 83 ff.
[174] BGH 2 StR 44/60, Urteil vom 02.03.1960.
[175] § 52 Abs. 2 Satz 2 StPO.
[176] § 1909 Absatz 1 Satz 1 BGB.
[177] Ausführlich dazu Averdiek-Gröner/Frings, 2014, S. 77 ff.

hen zeugnisverweigerungsberechtigte Zeugen eine zunächst gemachte Aussage zurück, darf diese in der Hauptverhandlung grundsätzlich nicht verlesen und in die gerichtliche Würdigung nicht einbezogen werden.

5.3.7.3 Beschuldigtenvernehmung

Wird der Beschuldigte am Einsatzort angetroffen, ist auch er zu befragen bzw. zu vernehmen. Die Rechtsgrundlage wird aus § 163 StPO i.V.m. § 163a IV StPO abgeleitet. Vor einer Befragung zur Sache ist der Beschuldigte nach § 163a IV StPO sowie § 136 StPO zu belehren.

Danach ist dem Beschuldigten zu eröffnen, welche Tat ihm zur Last gelegt wird.

Er ist darauf hinzuweisen, dass es ihm nach dem Gesetz freisteht, sich zu der Beschuldigung zu äußern oder nicht zur Sache auszusagen und jederzeit, auch schon vor seiner Vernehmung, einen von ihm zu wählenden Verteidiger zu befragen.

Der Beschuldigte ist ferner darüber zu belehren, dass er zu seiner Entlastung einzelne Beweiserhebungen beantragen kann.

Ist der Beschuldigte noch minderjährig, ist er seiner sittlichen und geistigen Entwicklung angepasst in gleicher Weise wie ein Erwachsener zu belehren. Erziehungsberechtigte eines minderjährigen Beschuldigten haben nach § 67 JGG grundsätzlich Anspruch auf Unterrichtung und Mitwirkung im Verfahren. Auch sie können z.B. Beweisanträge zur Entlastung des Beschuldigten stellen. Ist ein minderjähriger Beschuldigter aussagebereit, ist ihre Einwilligung allerdings nicht erforderlich.[178]

Diese Konstellation kann in Fällen häuslicher Gewalt z.B. relevant werden, wenn ein minderjähriger Beschuldigter gegenüber einem Partner, Geschwistern oder den Eltern gewalttätig geworden ist.

Vernehmungsmethoden, die die Freiheit der Willensentschließung und der Willensbetätigung des Beschuldigten beeinträchtigen, sind nach § 136a StPO untersagt.

5.3.7.4 Wesentliche Vernehmungsinhalte

Sind Zeugen und Beschuldigte im Zuge des Einsatzgeschehens zu Angaben bereit, kommt es darauf an, wesentliche Informationen zur Tat, ihrer Vorgeschichte, ihrer Bewertung durch die jeweils beteiligten Personen selbst sowie Anhaltspunkte zur Einschätzung der Persönlichkeit des Beschuldigten und seines weiteren Verhaltens zu erlangen.

Bedeutsam sind daher z.B. Angaben zu
- Entstehung und Auslöser der Tat
- dem konkreten Geschehensablauf
- Handlungen der beteiligten Personen und damit verbundenen Absichten
- Einwirkung von Alkohol, Medikamenten oder anderen Rauschmitteln
- Drohungen und Einschätzung ihrer Ernsthaftigkeit
- Zugang zu Waffen
- Geschehensanteilen anderer Personen

---
[178] Ackermann/Clages/Roll, 2011, S. 573.

- Kindern als Zeugen
- Bewertung des Geschehens und Haltung zu der Tat und ihren Folgen,

darüber hinaus zu
- vorangegangenen Bedrohungen und Ereignissen häuslicher Gewalt
- regelmäßigen Auslösern von Streit und Gewalt
- sozialer Situation und persönlichen Stressfaktoren
- Verhältnis zu Partner und Kindern.

Die in diesem Rahmen des Einsatzgeschehens erzielten Informationen bieten neben den objektiven Wahrnehmungen der eingesetzten Kräfte am Tatort wichtige Anhaltspunkte, um die Gefahrensituation sachgerecht zu bewerten und zum Schutz des Opfers und ggf. weiterer Personen ergänzende Maßnahmen der Gefahrenabwehr zu treffen bzw. zu veranlassen.

Darüber hinaus sind diese Informationen wesentliche Grundlage für die weitere Bearbeitung des Strafverfahrens. Sie sind in dem Tatbefundbericht entsprechend zu dokumentieren.

5.4 Gefährderansprache

In deutlich mehr als der Hälfte der Einsätze wegen häuslicher Gewalt wird der Tatverdächtige am Ereignisort angetroffen, sodass er als die Person, von der eine Störung oder Gefahr für andere durch die Verletzung individueller Rechtsgüter ausgegangen ist oder noch ausgeht, als der „Gefährder" im Rahmen der Verhaltens- oder Handlungshaftung[179] der Adressat polizeilicher Maßnahmen ist.

Dies gilt – neben den bereits beschriebenen polizeilichen Standardmaßnahmen mit erkennbarem Eingriffscharakter – auch für die mündliche Aufforderung, bestimmte Handlungen zu unterlassen oder sich in bestimmter Weise zu verhalten, wenn nach Einschätzung der Polizei weiterhin konkrete Gefahren – in der Regel Straftaten – von ihm drohen.

Dabei wird dem Adressaten deutlich gemacht, „dass er im Visier der Polizei steht und mit polizeilichen Maßnahmen bzw. Sanktionen rechnen muss, falls er sich in bestimmter Weise verhält."[180]

Für derartige Gefährderansprachen gibt es keine rechtliche Definition. Dennoch haben sie sich in den zurückliegenden Jahren für spezifische Einsatzsituationen oder Einsatzlagen zunehmend zu einem wichtigen Instrument im polizeilichen Handlungsrepertoire entwickelt, z.B. im Zusammenhang mit der polizeilichen Einflussnahme auf gewaltbereite Hooligans, mit gewaltbereiten, politisch motivierten Straftätern oder im Bereich der häuslichen Gewalt.

Ob in Aufforderungen und Weisungen im Rahmen einer Gefährderansprache bei häuslicher Gewalt ein Grundrechtseingriff vorliegt, hängt davon ab, wie die Polizei im Umfeld des Betroffenen auftritt und welche konkreten Formulierungen sie wählt.

Ist nach der konkreten Ausgestaltung der Gefährderansprache ein Grundrechtseingriff anzunehmen, z.B. bei konkreten Ge- und Verboten, kann dieser auf die polizeiliche Generalklausel[181] als Befugnisnorm gestützt werden.

---
[179] Vgl. § 4 PolG NRW.
[180] Tegtmeyer/Vahle, 2014, zu § 8 PolG NRW, Rn. 26.
[181] Vgl. § 8 PolG NRW.

In Fällen häuslicher Gewalt wird dem tatverdächtigen Gefährder in der Gefährderansprache in der Regel Folgendes verdeutlicht:
- Häusliche Gewalt ist weder Privatsache noch ein Kavaliersdelikt.
- Die Polizei legt in jedem Fall eine Strafanzeige vor.
- Straftaten werden konsequent verfolgt und geahndet.
- „Wer schlägt, der geht."
- Gewalttaten und Drohungen haben zu unterbleiben.
- Eine Fortsetzung oder Wiederholung von Gewalt führt zu härteren Maßnahmen und Sanktionen.
- Die Polizei hat den Gefährder im Visier.

Dabei hängen Form und Intensität der Gefährderansprache sowie die Entscheidung über weitere Maßnahmen insbesondere davon ab, in welchem Maße die eingesetzten Beamten die Gefahr weiterer Gewalttätigkeiten als gegeben ansehen. Dies erfordert eine Gefahrenprognose, die auch Voraussetzung für die Anordnung und Durchsetzung von Wohnungsverweisung und Rückkehrverbot ist.

5.5 Gefahrenprognose

Eine Gefahrenprognose setzt die verständige Würdigung aller zu diesem Zeitpunkt verfügbaren Erkenntnisse voraus. Entscheidend sind tatsächliche Anhaltspunkte, die Rückschlüsse darauf zulassen, dass es zu Gewalttaten im häuslichen Bereich kommen wird.[182]

Grundlage der Gefahrenprognose sind die polizeilichen Feststellungen aus der Erhebung des objektiven und subjektiven Befundes, z.B. zu dem aktuellen Tatgeschehen, seiner Vorgeschichte und ggf. vorangegangenen Delikten, konkreten Drohungen gegenüber der geschädigten Person, Kindern oder anderen, dem Verhalten des Tatverdächtigen während des Einsatzes sowie polizeilichen Erkenntnissen zu seiner Person.

Wesentliche Anhaltspunkte bieten zunächst Zustand und Verhalten der betroffenen Personen, insbesondere auch das Verletzungsbild des Opfers und weiterer Personen, sowie der Zustand der Wohnung. Mit Blick auf die Person des Täters sind u.a. Hilfeleistungen gegenüber dem Opfer, erkennbare Einsicht und Reue oder andererseits das Leugnen und Verharmlosen der Tat, Uneinsichtigkeit, Aggressivität, Beleidigungen und Übergriffe auf anwesende Personen sowie ein erkennbarer Zustand unter Alkohol- oder Drogeneinfluss zu bewerten. Auch die Einlassungen Dritter wie Nachbarn, Verwandte und Melder sind einzubeziehen.

Darüber hinaus liefern die Ergebnisse von Datenabfragen in den polizeilichen Informationssystemen[183] oder die Einsicht in Kriminalakten weitere wesentliche Informationen, z.B. über zurückliegende Gewalttaten und Verurteilungen sowie über Zuwiderhandlungen gegen aktuelle oder zurückliegende polizeiliche Wohnungsverweisungen oder gerichtliche Schutzanordnungen.

Von Relevanz sind ebenfalls die unter Abschnitt 4.3 beschriebenen wissenschaftlichen Erkenntnisse über die erhöhte Gefahr wiederholter Gewalttaten in dauerhaften Gewaltbeziehungen, bei wiederkehrenden groben Misshandlungen und

---
[182] VG Aachen 6 L 190/10, Beschluss vom 18.05.2010; in: http://openjur.de/u/146840.html (Zugriff am 29.04.2016).
[183] In NRW z.B. eCebius, POLAS.

sexueller Gewalt sowie die Gefahr der Konflikteskalation im Zusammenhang mit einer angekündigten oder vollzogenen Trennung.

Schwere Gewalttaten, die in erheblichem Maße mit körperlichen Verletzungen einhergehen, lassen mit erhöhter Wahrscheinlichkeit die wiederholte Begehung von Taten der häuslichen Gewalt erwarten.

Das Vorliegen einer fortbestehenden Gefahr ist ebenfalls bei ernst zu nehmenden Drohungen der betroffenen Person gegenüber dem Opfer anzunehmen. Dabei muss die Einschätzung der Ernsthaftigkeit einer Drohung stets am konkreten Einzelfall orientiert erfolgen. Sie ist nicht schematisch leistbar.

Oft können die potenziellen Opfer die Ernsthaftigkeit einer Drohung in Kenntnis der Persönlichkeit des Täters sehr realistisch einschätzen. Gehen sie davon aus, dass eine Drohung gegen ihre Gesundheit oder das Leben einen ernsthaften Hintergrund hat, so sollte diese Einschätzung in der polizeilichen Bewertung wesentliche Berücksichtigung finden.

Andererseits sollten widersprüchliche oder entlastende Einlassungen des Opfers, die mit den objektiven Feststellungen eines Gewaltgeschehens, z.B. dem Verletzungsbild des Opfers oder dem Einsatz von gefährlichen Gegenständen oder Waffen, nicht im Einklang stehen, Zweifel an dem geschilderten Hergang auslösen. Das Opfer könnte aus Angst vor dem Peiniger oder aus Gründen einer bereits stabilisierten Gewaltbeziehung im Einzelfall nicht mehr die Kraft zu einer wahrheitsgemäßen und damit belastenden Aussage gegenüber der betroffenen Person aufbringen.[184]

Auch ist ein den weiteren polizeilichen Maßnahmen, z.B. der Wohnungsverweisung, entgegenstehender Wille des Opfers für die Polizei grundsätzlich unbeachtlich: Opfer einer über längere Dauer unterhaltenen Gewaltbeziehung können dazu neigen, das Geschehen zu verharmlosen und die betroffene Person aus Angst vor einer späteren Bestrafung wegen belastender Aussagen oder aus einer emotionalen Abhängigkeit bis hin zur Hörigkeit zu schützen.[185]

Daher steht es nicht zur Disposition des Opfers, ob und wie der Staat in einem solchen Fall seinem aus Art. 2 Abs. 2 GG folgenden Schutzauftrag für Leben und körperliche Unversehrtheit nachkommt.[186] Bei erheblichen Gefahren für Leib und Leben hat der staatliche Schutzauftrag Vorrang.[187]

Die unmittelbar beteiligten Personen, Täter und Opfer, sagen nicht selten widersprüchlich aus oder schildern das Geschehen gegenläufig. Bisweilen kommt es in einem Gewaltgeschehen auch zu wechselseitiger Gewaltausübung. Dies kann die Bewertung des Geschehens und die abzuleitende Gefahrenprognose erschweren.

Dennoch ist festzuhalten:
Die Gefahrenprognose trifft alleine die Polizei aufgrund einer summarischen Prüfung der Faktoren, die sich aus dem Täter-, dem Opferverhalten sowie dem Um- oder Vorfeld ergeben. Die Gefahrenprognose muss plausibel sein.[188] Sie muss auf der einen Seite alle erkennbaren und ohne wesentlichen Verzug ermit-

---

184) Lisken/Denninger, 2012, S. 449 (mit weiteren Nachweisen).
185) Kay, 2003, S. 523.
186) VG Aachen 6 L 190/10, Beschluss vom 18.05.2010; in: http://openjur.de/u/146840.html (Zugriff am 29.04.2016).
187) VG Aachen 6 L 555/04, Beschluss vom 22.06.2004; in: http://www.justiz.nrw.de/nrwe/ovgs/vg_aachen/j2004/6_L_555_04beschluss20040622.html (Zugriff am 29.04.2016).
188) OVG Mecklenburg-Vorpommern 3 M 33/04, Beschluss vom 11.02.2004.

telbaren Umstände einschließen; auf der anderen Seite verbietet es die spärlich zur Verfügung stehende Zeit, überspannte Anforderungen an die Ermittlungstiefe zu stellen.[189]

> **Gefahrenprognose**
> (vgl. Innenministerium Nordrhein-Westfalen 2007)
>
> – Grundsätzliche Erkenntnisse zur Phänomenologie der häuslichen Gewalt als Wiederholungstat
> – Polizeiliche Erkenntnisse über die gewalttätige Person (z.B. aus Kriminalakten oder vorausgegangenen Einsätzen)
> – Feststellungen zur grundsätzlichen Gewaltbereitschaft der gewalttätigen Person, wie z.B. Erkenntnisse über:
>   ⇨ Wiederholte Gewaltanwendung oder Drohungen mit oder ohne Bezug zum aktuellen Sachverhalt
>   ⇨ Aggressionen unter Alkohol- oder Drogeneinfluss
>   ⇨ Sucht und Abhängigkeit
> – Feststellungen zu Art und Intensität der Gewalt (z.B. zu Dauer, Art und Umfang sowie Schwere der Verletzungen, Tatwerkzeugen und -waffen)
> – Aussagen von gefährdeten Personen, Zeuginnen und Zeugen zu der aktuellen Tat sowie zu zurückliegenden Taten
> – Feststellungen zum physischen und psychischen Zustand anwesender Kinder
> – Feststellungen zum Zustand der Tatwohnung (z.B. zu Sachschäden und Verwahrlosung)
> – Informationen über aktuelle oder ehemalige gerichtliche Schutzanordnungen
> – Zuwiderhandlung gegen polizeiliche Wohnungsverweisungen und Rückkehrverbote

5.6 Wohnungsverweisung und Rückkehrverbot

5.6.1 Ziele

Mit der Schaffung von Ermächtigungsgrundlagen zu Wohnungsverweisung und Rückkehrverbot in Fällen häuslicher Gewalt für die Polizei sind die Landesgesetzgeber ihrem Schutzauftrag aus Art. 2 und 6 GG nachgekommen.[190]

Die polizeilich zulässigen Maßnahmen sollen – so hat es der nordrhein-westfälische Gesetzgeber formuliert – den durch das Gewaltschutzgesetz verbesserten zivilrechtlichen Schutz flankieren, um der Gefahr einer erneuten Gewaltanwendung im Interesse der Opfer bereits vor dem gerichtlichen Schutz entgegenzuwirken. Die vor dem Inkrafttreten der Gesetzesänderung bisher möglichen Standardmaßnahmen wie der Platzverweis und die Gewahrsamnahme des Störers hatten sich wegen der engen zeitlichen Begrenzung als nicht geeignet erwiesen.[191]

Die durch die Polizei ausgesprochene Wohnungsverweisung soll verbunden mit dem befristeten Rückkehrverbot dem Opfer eine angemessene Bedenkzeit über

---
189) Faußner, 2009, S. 84 (mit weiteren Nachweisen).
190) BVerfG 1 BvR 300/02, Beschluss vom 22.02.2002; in: NJW 2002, S. 2225 [S. 2226].
191) Landtag NRW, 2001, S. 1.

die Beantragung zivilgerichtlichen Schutzes einräumen und zudem auch den Zeitraum erfassen, den das angerufene Gericht im Falle einer Beantragung zur Entscheidung benötigt.[192] So hat die polizeiliche Wohnungsverweisung im Hinblick auf die familiengerichtlichen Anordnungen einen vorläufigen Charakter.

Der Verwaltungsrichter, Dr. Frederik Rachor, umschreibt die Zielrichtung der Wohnungsverweisung wie folgt:

„Sie ermöglicht der Behörde eine erste kurzfristige Krisenintervention mit dem Ziel, akute Auseinandersetzungen mit Gefahren für Leib, Leben und Freiheit einer Person zu entschärfen, den Beteiligten Wege aus der Krise zu eröffnen und ihnen die Möglichkeit zu verschaffen, in größerer Ruhe und ohne das Risiko von Gewalttätigkeiten Entscheidungen über ihre künftige Lebensführung sowie gegebenenfalls die Inanspruchnahme gerichtlichen Rechtsschutzes nach Maßgabe des Gewaltschutzgesetzes zu treffen."[193]

5.6.2 Rechtsgrundlagen der Länder

Korrespondierend zum Gewaltschutzgesetz haben alle Landesgesetzgeber bis auf Bayern sukzessive spezielle gesetzliche Befugnisnormen zu Wohnungsverweisung und Rückkehrverbot geschaffen. In etwa der Hälfte der Länder[194] geschah dies durch Einfügung eines eigenständigen Paragraphen in das jeweilige Polizeigesetz, in den anderen Ländern[195] wurde in der Regel die Rechtsgrundlage des Platzverweises um ergänzende Regelungen erweitert.

Wie sich in den Ländern der Begriff der häuslichen Gewalt und die darunter subsumierten Delikte in unterschiedlicher Weise entwickelt haben, so unterscheiden sich auch die Rechtsgrundlagen zu Wohnungsverweisung und Rückkehrverbot in den Landesgesetzen in ihrer inhaltlichen Ausgestaltung.

So sind etwa die tatbestandlichen Voraussetzungen, die zu den Maßnahmen berechtigen, unterschiedlich formuliert und die Dauer der Rechtsfolgen ist nicht einheitlich festgelegt. In einzelnen Ländern geben zudem ergänzende Regelungsinhalte der Polizei, den Betroffenen oder eingeschalteten Gerichten darüber hinausgehende Handlungsverpflichtungen auf, die sich in der überwiegenden Zahl der Vorschriften nicht wiederfinden.

Die wesentlichen Regelungsinhalte der Befugnisnormen der Länder sowie ihre Unterschiede lassen sich komprimiert wie folgt zusammenfassen:
- In Bayern ist die Grundlage der Wohnungsverweisung und des Rückkehrverbotes die bereits vorher bestehende Befugnis zur Platzverweisung[196]. Danach kann die Polizei zur Abwehr einer Gefahr eine Person vorübergehend von einem Ort verweisen oder ihr vorübergehend das Betreten des Ortes verbieten. Eine Rahmenvorgabe des Staatsministeriums des Innern konkretisiert ergänzend, dass die Wohnungsverweisung befristet ist und mehrere Tage oder Wo-

---

[192] Landtag NRW, 2001, S. 9.
[193] Lisken/Denninger, 2012, S. 445 (Rn. 473).
[194] Berlin (§ 29a ASOG Bln), Brandenburg (§ 16a BbgPolG), Bremen (§ 14a BremPolG), Hamburg (§ 12b SOG), Nordrhein-Westfalen (§ 34a PolG NRW), Schleswig-Holstein (§ 201a LVwG), Thüringen (§ 18 Abs. 2 PAG).
[195] Baden-Württemberg (§ 27a PolG), Hessen (§ 31 Abs. 2 HSOG), Mecklenburg-Vorpommern (§ 52 Abs. 2 SOG M-V), Niedersachsen (§ 17 Abs. 2 Nds.SOG), Rheinland-Pfalz (§ 13 Abs. 4 POG), Saarland (§ 12 Abs. 2 SPolG), Sachsen (§ 21 Abs. 3 SächsPolG), Sachsen-Anhalt (§ 36 Abs. 3 SOG LSA).
[196] § 16 PAG.

chen umfassen kann, bis die bestehende Gefahr abgewehrt ist. Flankierend kann auf der Grundlage der Generalklausel ein Kontaktverbot erlassen werden.

- Nach der ganz überwiegenden Anzahl der neu geschaffenen speziellen Befugnisnormen sind die Wohnungsverweisung und das Rückkehrverbot zulässig, wenn sie zur Abwehr einer gegenwärtigen Gefahr für Leib, Leben oder Freiheit einer Person bzw. konkret von Bewohnern derselben Wohnung erforderlich ist.[197] In anderen Ländern bedarf es der Gegenwärtigkeit der Gefahr für diese Rechtsgüter nicht[198], in einem Land[199] ist eine unmittelbar bevorstehende erhebliche Gefahr als Voraussetzung ausreichend.
- In zwei Ländern[200] ist als weiteres geschütztes Rechtsgut ausdrücklich die sexuelle Selbstbestimmung genannt.
- Der räumliche Bereich, auf den sich Wohnungsverweisung und Rückkehrverbot beziehen, kann nach der überwiegenden Zahl der Landesregelungen auch den unmittelbar an die Wohnung angrenzenden Bereich umfassen.[201] Die Regelungen in wenigen Ländern geben konkret vor, den räumlichen Bereich nach dem Erfordernis eines wirkungsvollen Schutzes der gefährdeten Person zu bestimmen und genau zu bezeichnen.[202]
- Einige Landesregelungen enthalten ergänzend für Fälle der Gewalt in engen sozialen Beziehungen explizite Regelungen zu einem Kontakt- oder Näherungsverbot[203].
- In sechs Landesregelungen ist die Dauer der Maßnahme auf grundsätzlich zehn Tage[204] befristet, in den anderen acht auf grundsätzlich 14 Tage[205]. In einigen dieser Länder[206] ist jeweils eine Verdoppelung der gesetzlichen Frist möglich, wenn ein zivilrechtlicher Antrag auf Erlass einer einstweiligen Anordnung zum Schutz vor Gewalt oder Nachstellungen nach dem Gewaltschutzgesetz gestellt worden ist. In einem Land[207] enthält die gesetzliche Regelung keine konkrete Befristung.

---

197) Brandenburg (§ 16a Abs. 1 BbgPolG), Bremen (§ 14a Abs. 1 BremPolG), Mecklenburg-Vorpommern (§ 52 Abs. 2 SOG M-V), Hessen (§ 31 Abs. 2 HSOG), Niedersachsen (§ 17 Abs. 2 Nds.SOG), Nordrhein-Westfalen (§ 34a Abs. 1 PolG), Rheinland-Pfalz (§ 13 Abs. 2 POG), Sachsen (§ 21 Abs. 3 SächsPolG), Sachsen-Anhalt (§ 36 Abs. 3 SOG LSA), Schleswig-Holstein (§ 201a Abs. 1 LVwG), Thüringen (§ 18 Abs. 2 PAG).
198) Hamburg (§ 12b Abs. 1 SOG), Saarland (§ 12 Abs. 2 SPolG); Berlin mit an die Regelungen des Gewaltschutzgesetzes angepasster anderer Formulierung (§ 29a Abs. 1 ASOG Bln).
199) Baden-Württemberg (§ 27a Abs. 3 PolG).
200) Niedersachsen (§ 17 Abs. 2 Nds.SOG), Thüringen (§ 18 Abs. 2 PAG).
201) Baden-Württemberg (§ 27a Abs. 3 PolG), Berlin (§ 29a Abs. 1 ASOG Bln), Brandenburg (§ 16a Abs. 1 BbgPolG), Bremen (§ 14a Abs. 1 BremPolG), Hamburg (§ 12b Abs. 1 SOG), Hessen (§ 31 Abs. 2 HSOG), Mecklenburg-Vorpommern (§ 52 Abs. 2 SOG M-V), Nordrhein-Westfalen (§ 34a Abs. 1 PolG), Saarland (§ 12 Abs. 2 SPolG), Sachsen (§ 21 Abs. 3 Sächs.PolG), Sachsen-Anhalt (§ 36 Abs. 3 SOG LSA), Thüringen (§ 18 Abs. 2 PAG).
202) Nordrhein-Westfalen (§ 34a Abs. 1 Satz 2 PolG), Schleswig-Holstein (§ 201a Abs. 1 Satz 3 LVwG).
203) Baden-Württemberg (§ 27a Abs. 3 Satz 2 PolG), Berlin (§ 29a Abs. 1 Satz 3 ASOG Bln), Hamburg (§ 12b Abs. 3 SOG), Rheinland-Pfalz (§ 13 Abs. 4 POG), Schleswig-Holstein (§ 201a Abs. 1 Satz 2 LVwG).
204) Brandenburg (§ 16a Abs. 5 BbgPolG), Bremen (§ 14a Abs. 4 BremPolG), Hamburg (§ 12b Abs. 1 Satz 2 SOG), Nordrhein-Westfalen (§ 34a Abs. 5 PolG), Saarland (§ 12 Abs. 2 Satz 3 SPolG), Thüringen (§ 18 Abs. 2 Satz 2 PAG).
205) Baden-Württemberg, bei Anordnung durch den Polizeivollzugsdienst vier Tage (§ 27a Abs. 4 PolG), Berlin (§ 29 Abs. 3 ASOG Bln), Hessen (§ 31 Abs. 2 Satz 3 HSOG), Mecklenburg-Vorpommern (§ 52 Abs. 2 Satz 3 SOG M-V), Niedersachsen (§ 17 Abs. 2 Satz 2 Nds.SOG), Sachsen (§ 21 Abs. 3 Sächs.PolG), Sachsen-Anhalt (§ 36 Abs. 3 Satz 3 SOG LSA), Schleswig-Holstein (§ 201a Abs. 1 Satz 1 LVwG).
206) Baden-Württemberg (§ 27a Abs. 4 Satz 3 PolG), Brandenburg (§ 16a Abs. 5 BbgPolG), Bremen (§ 14a Abs. 4 BremPolG), Hamburg (§ 12b Abs. 1 Satz 3 SOG), Hessen (§ 31 Abs. 2 Satz 3 HSOG), Nordrhein-Westfalen (§ 34a Abs. 5 Satz 2 PolG).
207) Rheinland-Pfalz (§ 13 Abs. 4 POG).

In einem Teil der Länder sehen die Regelungen darüber hinaus jeweils ausdrücklich vor, dass die Polizei
- der von der Wohnungsverweisung betroffenen Person Gelegenheit zu geben hat, dringend benötigte Gegenstände des persönlichen Bedarfs aus der Wohnung mitzunehmen[208]
- die betroffene Person aufzufordern hat, eine Anschrift oder zustellungsbevollmächtigte Person zum Zwecke der Zustellung behördlicher oder gerichtlicher Entscheidungen zu benennen[209]
- die gefährdete Person unverzüglich über die Dauer der Maßnahme in Kenntnis zu setzen hat[210]
- bzw. das Gericht verpflichtet ist, die Polizei über die in dem Verfahren nach dem Gewaltschutzgesetz ergangenen Entscheidungen in Kenntnis zu setzen.[211]

Nur in wenigen Ländern ist der Polizei darüber hinaus gesetzlich aufgegeben,
- die gefährdete Person auf die Möglichkeit der Beantragung zivilrechtlichen Schutzes und auf die Möglichkeit der Unterstützung durch geeignete Beratungsstellen hinzuweisen[212]
- die personenbezogenen Daten der gefährdeten Person zwingend[213] oder mit deren Zustimmung[214] einer Beratungsstelle zum Zwecke der Kontaktaufnahme zu übermitteln.

In Nordrhein-Westfalen besteht abschließend die gesetzliche Verpflichtung für die Polizei,

„die Einhaltung eines Rückkehrverbotes [...] mindestens einmal während seiner Geltungsdauer zu überprüfen."[215]

Eine „Übersicht der Befugnisnormen in den Polizeigesetzen der Länder zu Wohnungsverweisung und Rückkehrverbot", aus der sich Gemeinsamkeiten und Unterschiede der Landesregelungen detailliert ergeben, enthält Anlage 3.

Im länderübergreifenden Abgleich erweist sich die gesetzliche Regelung des Landes Nordrhein-Westfalen zu Wohnungsverweisung und Rückkehrverbot insbesondere durch die ergänzende Normierung von Melde-, Informations- und Kontrollpflichten als in besonderer Weise detailliert. Sie stellt damit auch Anforderungen an die polizeiliche Aufgabenwahrnehmung in Fällen der häuslichen Gewalt, die sich aus den gesetzlichen Befugnisnormen in anderen Ländern nicht unmittelbar ergeben.

Vor diesem Hintergrund wird den weiteren Ausführungen zu Abschnitt 5.6 – Wohnungsverweisung und Rückkehrverbot – die Rechtsgrundlage nach dem

---

208) Brandenburg (§ 16a Abs. 2 BbgPolG), Bremen (§ 14a Abs. 2 BremPolG), Niedersachsen (§ 17 Abs. 2 Satz 3 Nds.SOG), Nordrhein-Westfalen (§ 34a Abs. 2 PolG), Thüringen (§ 18 Abs. 2 Satz 4 PAG).
209) Berlin (§ 29a Abs. 2 Satz 1 ASOG Bln), Brandenburg (§ 16a Abs. 3 BbgPolG), Bremen (§ 14a Abs. 3 BremPolG), Nordrhein-Westfalen (§ 34a Abs. 3 PolG).
210) Berlin (§ 29a Abs. 2 Satz 2 ASOG Bln), Brandenburg (§ 16a Abs. 6 Satz 2 BbgPolG), Nordrhein-Westfalen (§ 34a Abs. 6 Satz 2 PolG), Thüringen (§ 18 Abs. 2 Satz 5 PAG).
211) Baden-Württemberg (§ 27a Abs. 5 PolG), Brandenburg (§ 16a Abs. 6 BbgPolG), Hamburg (§ 12b Abs. 1 Satz 3 SOG), Mecklenburg-Vorpommern (§ 52 Abs. 2 Satz 6 SOG M-V), Niedersachsen (§ 17 Abs. 3 Satz 2 Nds.SOG), Nordrhein-Westfalen (§ 34a Abs. 6 Satz 1 PolG), in Bremen auf Anfrage der Polizei (§ 14a Abs. 5 BremPolG).
212) Brandenburg (§ 16a Abs. 4 BbgPolG), Nordrhein-Westfalen (§ 34a Abs. 4 PolG).
213) Schleswig-Holstein (§ 201a Abs. 3 LVwG).
214) Nordrhein-Westfalen (§ 34a Abs. 4 PolG), Thüringen (§ 18 Abs. 2 Satz 6 PAG).
215) § 34a Abs. 7 PolG NRW.

nordrhein-westfälischen Polizeigesetz zugrunde gelegt, die im Wortlaut wie folgt formuliert ist:

§ 34a PolG NRW
Wohnungsverweisung und Rückkehrverbot zum Schutz vor häuslicher Gewalt

(1) Die Polizei kann eine Person zur Abwehr einer von ihr ausgehenden gegenwärtigen Gefahr für Leib, Leben oder Freiheit einer anderen Person aus einer Wohnung, in der die gefährdete Person wohnt, sowie aus deren unmittelbaren Umgebung verweisen und ihr die Rückkehr in diesen Bereich untersagen. Der räumliche Bereich, auf den sich Wohnungsverweisung und Rückkehrverbot beziehen, ist nach dem Erfordernis eines wirkungsvollen Schutzes der gefährdeten Person zu bestimmen und genau zu bezeichnen. In besonders begründeten Einzelfällen können die Maßnahmen nach Satz 1 auf Wohn- und Nebenräume beschränkt werden.

(2) Der Person, die die Gefahr verursacht und gegen die sich die polizeilichen Maßnahmen nach Absatz 1 richten (betroffene Person), ist Gelegenheit zu geben, dringend benötigte Gegenstände des persönlichen Bedarfs mitzunehmen.

(3) Die Polizei hat die betroffene Person aufzufordern, eine Anschrift oder eine zustellungsbevollmächtigte Person zum Zweck von Zustellungen behördlicher oder gerichtlicher Entscheidungen, die zur Abwehr einer Gefahr im Sinne des Absatzes 1 ergehen, zu benennen.

(4) Die Polizei hat die gefährdete Person auf die Möglichkeit der Beantragung zivilrechtlichen Schutzes hinzuweisen, sie über Beratungsangebote zu informieren, ihr eine Inanspruchnahme geeigneter, für diese Aufgabe qualifizierter Beratungseinrichtungen nahe zu legen und anzubieten, durch Weitergabe ihres Namens, ihrer Anschrift und ihrer Telefonnummer einen Kontakt durch die in der polizeilichen Einsatzdokumentation näher bezeichneten Beratungseinrichtung zu ermöglichen.

(5) Wohnungsverweisung und Rückkehrverbot enden außer in den Fällen des Satzes 2 mit Ablauf des zehnten Tages nach ihrer Anordnung, soweit nicht die Polizei im Einzelfall ausnahmsweise eine kürzere Geltungsdauer festlegt. Stellt die gefährdete Person während der Dauer der gemäß Satz 1 verfügten Maßnahmen einen Antrag auf zivilrechtlichen Schutz mit dem Ziel des Erlasses einer einstweiligen Anordnung, enden die Maßnahmen nach Absatz 1 mit dem Tag der gerichtlichen Entscheidung, spätestens jedoch mit Ablauf des zehnten Tages nach Ende der gemäß Satz 1 verfügten Maßnahmen. Die §§ 48, 49 des Verwaltungsverfahrensgesetzes bleiben unberührt.

(6) Das Gericht hat der Polizei die Beantragung zivilrechtlichen Schutzes sowie den Tag der gerichtlichen Entscheidung unverzüglich mitzuteilen; die §§ 18 bis 22 des Einführungsgesetzes zum Gerichtsverfassungsgesetz bleiben unberührt. Die Polizei hat die gefährdete und die betroffene Person unverzüglich über die Dauer der Maßnahmen nach Absatz 1 in Kenntnis zu setzen.

(7) Die Einhaltung eines Rückkehrverbotes ist mindestens einmal während seiner Geltung zu überprüfen.

Die Maßnahmen der Wohnungsverweisung und des Rückkehrverbotes sind in Nordrhein-Westfalen ausschließlich der Polizei vorbehalten.[216] Die Ordnungsbehörde ist dazu nicht befugt, da § 34a PolG NRW nicht in den Katalog der nach § 24 OBG NRW auch für die Ordnungsbehörden geltenden polizeilichen Befugnisnormen aufgenommen ist.

5.6.3 Grundrechtseingriffe

Wird eine Person einer Wohnung verwiesen oder ihr die Rückkehr in eine Wohnung verboten, so stellt dies einen Eingriff in das Grundrecht auf Freizügigkeit nach Art. 11 Abs. 1 GG dar, also das Recht, an einem selbst gewählten Ort Aufenthalt und Wohnsitz zu nehmen. Die betroffene Person muss über mehrere Tage einem elementaren Bereich ihres Lebens fernbleiben. Wegen der Eingriffsintensität der Maßnahme und wegen des qualifizierten Gesetzesvorbehalts nach Art. 11 Abs. 2 GG bedarf es einer spezialgesetzlichen Ermächtigungsgrundlage, wie sie in § 34a PolG NRW bzw. in den sonstigen Polizeigesetzen der Länder gegeben ist.[217]

Maßnahmen der Polizei in Fällen häuslicher Gewalt betreffen in aller Regel auch das Grundrecht auf Unverletzlichkeit der Wohnung nach Art. 13 Abs. 1 GG, also das Recht auf Privatsphäre in räumlicher Hinsicht oder schlicht das Recht des Einzelnen, in seinen Wohnräumen in Ruhe gelassen zu werden.[218]

Ein Eingriff in das Grundrecht auf Unverletzlichkeit der Wohnung liegt offenkundig bereits vor, wenn Polizeikräfte eine Wohnung gegen den Willen der betroffenen Person betreten oder durchsuchen, z.B. um die Voraussetzungen einer Wohnungsverweisung zu klären oder sie zwangsweise durchzusetzen. Als substanzieller Eingriff ist allerdings auch zu werten, wenn die Wohnung der Verfügung und Benutzung des Inhabers ganz oder teilweise entzogen wird und dadurch die Privatheit der Wohnung ganz oder teilweise aufgehoben wird.[219] Derartige Eingriffe sind zur Abwehr einer Lebensgefahr für einzelne Personen oder aufgrund der gesetzlichen Befugnisnormen zulässig.

Daneben ist durch eine Wohnungsverweisung das Recht auf Eigentum aus Art. 14 GG tangiert, dessen Schutzbereich auch das Besitzrecht des Mieters einer Wohnung erfasst.[220] Inhalt und Schranken des Eigentumsrechts werden durch die Gesetze bestimmt, hier also z.B. durch § 34a PolG NRW.

Das Interesse der von einer Wohnungsverweisung betroffenen Person an der Nutzung der Wohnung tritt hinter die Gewährleistung der Grundrechte des Opfers auf Leben, körperliche Unversehrtheit und Freiheit zurück. Die normierten Eingriffsvoraussetzungen und die zeitliche Beschränkung der Wohnungsverweisung und des Rückkehrverbotes sind auf einen Ausgleich der Grundrechtssphären ausgerichtet.[221]

---

216) Landtag NRW, 2001, Art. 2.
217) Das in die Landeskompetenz fallende Recht der Gefahrenabwehr ist von der Bundeskompetenz nach Art. 73 Abs. 1 Nr. 3 GG auszunehmen; VGH Mannheim 1 S 2801/03, Beschluss vom 22.07.2004; in: NJW 2005, S. 88, 89.
218) BVerfG 1 BvR 994/76, Beschluss vom 03.04.1979; in: NJW 1979, S. 1539.
219) BVerfG 1 BvR 208/93, Beschluss vom 26.05.1993; in: NJW 1993, S. 2035 ff. [2037]
220) BVerfG 1 BvR 208/93, Beschluss vom 26.05.1993; in: NJW 1993, S. 2035, VG Gelsenkirchen 17 L 117/02, Beschluss vom 29.01.2002; in: NWVBl. 2002, S. 361, 362.
221) OVG Münster 5 B 278/02, Beschluss vom 15.02.2002; in: NJW 2002, S. 2195.

Auch das Recht auf Ehe und Familie nach Art. 6 GG wird unter der Maßgabe berührt, dass die im Einsatz betroffenen Personen durch die Wegweisung des Angreifers im Einzelfall nicht mehr selbstverantwortlich und frei über das eheliche Zusammenleben bzw. die familiäre Gemeinschaft in gemeinsamer Verantwortlichkeit und Rücksicht entscheiden können.[222] Dies ist in Abwägung zu den konkurrierenden Grundrechten hinnehmbar.

Im Einzelfall kann auch ein Eingriff in das Recht auf Berufsausübung nach Art. 12 GG vorliegen, wenn z.B. durch die Wohnungsverweisung die berufliche Tätigkeit der aus der Wohnung verwiesenen Person in der Weise beeinträchtigt ist, dass ihr der Zugang zu Arbeitsräumen oder der Zugriff auf technische oder sonstige für die Berufsausübung erforderliche Ausstattung nicht mehr möglich ist.

Eine entsprechende Beeinträchtigung ist jedoch grundsätzlich hinzunehmen, da der Schutz einer gefährdeten Person vor den von der weggewiesenen Person ausgehenden Gefahren in einer Interessenabwägung überwiegt. „Dies ist eine Konsequenz, die der Gesetzgeber gesehen und im Interesse höherrangiger Rechtsgüter hingenommen hat."[223] Die Zulässigkeit so getroffener Regelungen zur Ausübung des Berufes ist im Rahmen einfachen Gesetzesvorbehaltes des Art. 12 Abs. 1 Satz 2 GG zu beurteilen. Der Stufentheorie des BVerfG folgend rechtfertigen „ausreichende Gründe des Gemeinwohls" den Eingriff, soweit sie verhältnismäßig sind.[224]

Es bleibt der weggewiesenen Person zudem unbenommen, sich an die Polizei zu wenden und unter Aufsicht von Beamten die zur Ausführung seiner Berufsausübung notwendigen Geräte und Unterlagen zu holen.

5.6.4 Tatbestandliche Voraussetzungen

5.6.4.1 Häusliche Gewalt

Die Vorschrift des § 34a PolG NRW ist mit „Wohnungsverweisung und Rückkehrverbot zum Schutz vor häuslicher Gewalt" überschrieben. Sie setzt eine Situation voraus, in der zwei oder mehrere Personen in einer Wohnung leben, eine häusliche Gemeinschaft bilden und es im Rahmen dieser Beziehung von mindestens einer Person gegenüber einer anderen Person zu gewalttätigen Handlungen kommt. Eine Legaldefinition häuslicher Gewalt enthält die Vorschrift nicht.

Die Verwaltungsvorschrift zu § 34a PolG NRW verweist allerdings ausdrücklich auf die Broschüre „Häusliche Gewalt und polizeiliches Handeln – Information für die Polizei und andere Beteiligte" als zu beachtende verbindliche Handlungsanweisung.[225] Damit ist die umfassende Begriffsbestimmung häuslicher Gewalt, wie sie dort wiedergeben ist, Grundlage der weiteren Bewertung.

„Häusliche Gewalt wird angenommen, wenn es in einer häuslichen Gemeinschaft
- ehelicher oder unabhängig von der sexuellen Orientierung – nicht ehelicher Art oder
- sonstiger Art (z.B. Mutter/Sohn; Seniorenwohngemeinschaft)

---

222) Faußner, 2009, S. 49 (mit weiteren Nachweisen).
223) VG Düsseldorf 18 L 3785/02, Beschluss vom 24.09.2002; in: http://www.jusmeum.de/urteil/vg_duesseldorf/e6c0ce200f4de7bf1c108958e1910d0ef0cceb39e0fd82aff6786f71a4eae542?page=3 (Zugriff am 29.04.2016).
224) BVerfG 1 BvR 3262/07, Urteil vom 30.07.2008; in: NJW 2008, S. 2409–2422 [2411].
225) VV PolG NRW Nr. 34a.0.

die entweder
- noch besteht (z.B. Täter und Opfer leben in einer gemeinsamen Wohnung oder verfügen bei bestehender Lebensgemeinschaft über unterschiedliche Meldeanschriften)

oder
- in Auflösung befindlich ist (z.B. Beginn eines Trennungsjahres mit oder ohne Auszug aus der gemeinsamen Wohnung; auch bei nichtehelicher Beziehung mit oder ohne Auszug aus der gemeinsamen Wohnung)

oder
- seit einiger Zeit aufgelöst ist (z.B. laufendes Trennungsjahr mit getrennten Wohnungen, wobei gewisse Gemeinsamkeiten oder Kontakte noch fortbestehen; gemeinsames Sorgerecht für Kinder, geschäftliche Abwicklungen bereits geschiedener Eheleute, die vor rechtskräftigem Abschluss des Verfahrens noch Kontakte unterhalten, ohne in einer gemeinsamen Wohnung zu leben),

zur Gewaltanwendung kommt.

Häusliche Gewalt setzt nicht die Tatbegehung in der gemeinsamen Wohnung voraus. Tatorte können auch Geschäftsräume oder der öffentliche Raum sein.

In Zweifelsfällen wird die Polizei häusliche Gewalt annehmen."

Kein Fall des § 34a PolG NRW liegt demnach vor, wenn ein Besucher gegenüber dem Gastgeber gewalttätig wird. Dies gilt ebenfalls bei Gewalthandlungen im Zusammenhang mit einem One-Night-Stand, da regelmäßig eine häusliche Gemeinschaft nicht angenommen werden kann.

Der Ort, an dem es zu Gewalthandlungen gekommen ist, kann auch außerhalb der Wohnung liegen, z.B. eine Auseinandersetzung der Lebenspartner auf dem Parkplatz eines Verbrauchermarktes. Ob die Auseinandersetzung der Konfliktparteien unmittelbar im häuslichen Bereich selbst oder aber auch bzw. ausschließlich außerhalb des häuslichen Bereichs stattfindet, ist nicht maßgeblich.[226]

5.6.4.2 Gegenwärtige Gefahr für Leib, Leben oder Freiheit einer Person

Eine gegenwärtige Gefahr ist grundsätzlich bei einer konkreten Gefahr mit zeitlicher Steigerung anzunehmen. Soweit der Schadenseintritt also jederzeit eintreten kann oder bereits verwirklicht wurde (Störung) und durch den Zustand weiterer Schaden droht (Schadensausweitung), besteht eine gegenwärtige Gefahr.

Nach § 34a PolG NRW muss eine gegenwärtige Gefahr für Leib, Leben oder Freiheit einer Person vorliegen, d.h., es muss ein Angriff auf die aufgeführten Rechtsgüter stattfinden oder zu befürchten sein.[227]

Leben, Gesundheit und Freiheit sind hochrangige Rechtsgüter. Sind hochrangige Rechtsgüter gefährdet, so sind die Anforderungen an die Wahrscheinlichkeit des Eintritts eines Schadens um so geringer.[228]

Im Falle der Alarmierung der Polizei aus Anlass einer akuten Gewaltsituation im Rahmen häuslicher Gewalt hat sich die Gefahr für hochrangige Rechtsgüter in aller Regel bereits in Straftaten realisiert. Die gegenwärtige Gefahr für neuerliche Verletzungen der Rechtsgüter Leben, Gesundheit und Freiheit von Personen besteht aber oftmals fort.

---
226) VG Aachen 6 L 503/14, Beschluss vom 04.08.2014.
227) Tegtmeyer/Vahle, 2014, S. 301.
228) BVerwG 6 C 12/11, Urteil vom 28.03.2012; in: NJW 2012, S. 2676 ff. [2677, Nr. 27].

Konkrete Anhaltspunkte, die eine fortbestehende gegenwärtige Gefahr für Leib, Leben und Freiheit eines Opfers häuslicher Gewalt begründen können, ergeben sich insbesondere – wie unter Abschnitt 5.5 zur Gefahrenprognose dargelegt – aus den polizeilichen Feststellungen zu dem aktuellen Tatgeschehen, seiner Vorgeschichte und ggf. vorangegangenen Delikten, konkreten Drohungen gegenüber der geschädigten Person, Kindern oder anderen, dem Verhalten des Tatverdächtigen während des Einsatzes sowie polizeilichen Erkenntnissen zu seiner Person.

Körperliche Übergriffe, Misshandlungen, sexualisierte Gewalttaten und massive Drohungen unter Ausnutzung der häuslichen Schutzsphäre lassen gerade, wenn sie nicht als wesensuntypische Einzeltaten der betroffenen Person gelten müssen, eine erneute Wiederholung und Fortsetzung befürchten. Bei der Mehrheit von Opfern häuslicher Gewalt, die Verletzungen aufwiesen, stehen diese im Kontext wiederkehrender Übergriffe.[229]

Eine Gewalttat im Rahmen häuslicher Gewalt ist danach häufig kein einmaliges Ereignis, sondern vielmehr Teil eines dauerhaften, sich entwickelnden Geschehens. In einer von wiederholter Gewalt geprägten Beziehung sind Übergriffe auf das Opfer in zunehmend kürzeren Abständen und gesteigerter Gewaltintensität zu erwarten. Vielfach entstehen Gewaltbeziehungen dabei im Verlauf von Monaten und Jahren, ohne dass die Polizei oder andere Institutionen davon Kenntnis erlangen. Auch eine erste bekannt gewordene Tat ist insoweit nicht zwangsläufig ein isoliertes Einzelereignis.

5.6.5 Rechtsfolgen

5.6.5.1 Wohnungsverweisung

Entsprechend dem Schutzgedanken der Vorschrift des § 34a PolG NRW müssen Wohnungsverweisung und Rückkehrverbot gleichzeitig angeordnet werden, wenn sich die davon betroffene Person beim Einschreiten der Polizei in der Wohnung aufhält, in der die gefährdete Person wohnt.

Die Polizei kann eine Person zur Abwehr einer von ihr ausgehenden gegenwärtigen Gefahr bei Vorliegen der weiteren Voraussetzungen aus einer Wohnung sowie aus deren unmittelbaren Umgebung verweisen, in der die gefährdete Person wohnt, und ihr die Rückkehr in diesen Bereich untersagen.

Dabei handelt es sich zunächst grundsätzlich um eine mündliche polizeiliche Verfügung, die dazu dient, den Schutz der gefährdeten Person zu gewährleisten. Sie kann durch weitere mündliche Verfügungen unterstützt werden.

Der Wohnungsbegriff im Sinne dieser Vorschrift umfasst Wohn- und Nebenräume wie Einfamilienhäuser, Etagenwohnungen, Behelfsheime, Wohnmobile und Zelte, schließt aber auch grundsätzlich Arbeits-, Betriebs- und Geschäftsräume ein.[230] Für Letztere können sich allerdings Besonderheiten ergeben.

Die Eigentums- und Besitzverhältnisse an der Wohnung sind für die Maßnahme nach § 34a PolG NRW unbeachtlich. Ein selbstständiges Besitzrecht des Opfers an der Wohnung, in der es wohnt, ist für die Wegweisung der Person, von der die Gefahr ausgeht, nicht erforderlich. Wegweisung und Rückkehrverbot können sich auch gegen den alleinigen Eigentümer einer Wohnung richten. Der Gesetzgeber

---

[229] Schröttle, 2012, S. 12.
[230] Tegtmeyer/Vahle, 2014, S. 300.

hat für den Tatbestand des § 34a PolG NRW lediglich darauf abgestellt, dass es sich um eine Wohnung handeln muss, „in der die gefährdete Person wohnt".[231]

Nach § 34a Abs. 1 Satz 2 PolG NRW ist der räumliche Bereich, auf den sich die Wohnungsverweisung und das damit einhergehende Rückkehrverbot beziehen, nach dem Erfordernis eines wirkungsvollen Schutzes der gefährdeten Person zu bestimmen und genau zu bezeichnen. Der räumliche Bereich ist von der Polizei vor dem Hintergrund des aggressiven Verhaltens der betroffenen Person und dem Schutzinteresse des Opfers genau festzulegen.[232] Dieser Bereich kann auch das zur Wohnung gehörende befriedete Besitztum umfassen.

Zur Durchsetzung der Wohnungsverweisung und des Rückkehrverbotes kann die Polizei weitere Maßnahmen ergreifen bzw. veranlassen, etwa die Herausgabe von Haus- und Wohnungsschlüsseln fordern, erforderlichenfalls auf der Grundlage der polizeirechtlichen Befugnisnormen die Sicherstellung der Schlüssel nach vorangehender körperlicher Durchsuchung. In Betracht kommt auch der Wechsel des Türschlosses bzw. Schlüsselzylinders.[233]

Weigert sich die betroffene Person trotz ergangener Wohnungsverweisung beharrlich, die Wohnung zu verlassen, kann zur Durchsetzung der Maßnahme ihre Gewahrsamnahme nach § 35 Abs. 1 Nr. 4 PolG NRW unerlässlich sein.

5.6.5.2 Rückkehrverbot

Die alleinige Erteilung eines Rückkehrverbotes beschränkt sich auf die Fälle, in denen die betroffene Person die Wohnung bereits verlassen hat und sich ausreichende Anhaltspunkte für die Annahme ergeben, dass dem Opfer in Zukunft gewalttätige Übergriffe drohen.[234]

Wohnungsverweisung und Rückkehrverbot enden nach § 34a Abs. 5 PolG NRW mit Ablauf des 10. Tages nach ihrer Anordnung, soweit nicht die Polizei im Einzelfall ausnahmsweise eine kürzere Geltungsdauer festlegt. Insoweit besteht ein gewisses Ermessen, wenn nach konkreter Sachlage im Einzelfall Gründe für eine kürzere Festlegung der Geltungsdauer geltend gemacht werden können.

In der Frist von 10 Tagen hat die gefährdete Person die Möglichkeit, nach Überlegung und Beratung einen Antrag auf zivilrechtlichen Schutz nach dem Gewaltschutzgesetz mit dem Ziel des Erlasses einer einstweiligen Anordnung zur Überlassung der Wohnung sowie zu Kontakt- und Annäherungsverboten zu stellen. Die Frist endet grundsätzlich mit dem Tag der gerichtlichen Entscheidung. Stellt die gefährdete Person einen Antrag auf zivilrechtlichen Schutz, kann die 10-tägige Dauer der Wohnungsverweisung gemäß § 34a Abs. 5 Satz 2 PolG NRW um weitere 10 Tage verlängert werden.

Vorrangig soll der gefährdeten Person die Möglichkeit eröffnet werden, sich auf diese Weise aus einer von Gewalt geprägten Beziehung zu lösen. Andererseits ist nach Auffassung des Verwaltungsgerichts Aachen die 10-tägige Frist des Rückkehrverbotes „so bemessen, dass nicht von einer erheblichen Gefahr ausgegangen

---

231) VG Aachen 6 L 190/10, Beschluss vom 18.05.2010; in: http://openjur.de/u/146840.html (Zugriff am 29.04.2016), auch: VG Aachen 6 L 49/11, Beschluss vom 08.02.2011.
232) VG Gelsenkirchen 17 L 2079/03, Beschluss vom 19.08.2003; in: http://www.justiz.nrw.de/nrwe/ovgs/vg_gelsenkirchen/j2003/17_L_2079_03beschluss20030819.html (Zugriff am 29.04.2016).
233) Landtag NRW, 2001, S. 14.
234) Landtag NRW, 2001, S. 13.

werden kann, der Täter werde nachhaltig und dauerhaft aus seinem sozialen Umfeld gerissen." [235]

5.6.5.3 Adressat

Wohnungsverweisung und Rückkehrverbot richten sich gegen die betroffene Person, von der die Gefahr ausgeht. Nur im extremen Ausnahmefall ist denkbar, dass stattdessen eine anderweitige Unterbringung des Gewaltopfers in Betracht kommen kann. Ein solcher Ausnahmefall könnte z.b. vorliegen, wenn sich der Verbleib des Gewalttäters in der Wohnung wegen schwerwiegender gesundheitlicher Beeinträchtigungen als notwendig herausstellt.

Haben wechselseitige Gewalttätigkeiten stattgefunden, ist Adressat der Maßnahme die Person, die stärkere Tatbeiträge erbracht hat und sich offensichtlich als die Person erweist, von der die Gefahrenlage grundsätzlich ausgeht. Müssen beide Personen als Störer angesehen werden, kann in Ausübung des Auswahlermessens unter der Fragestellung aus den Bedingungen des Einzelfalles entschieden werden, wem nach dem Prinzip der gerechten Lastenverteilung oder Zumutbarkeit die Wohnungsverweisung am ehesten auferlegt werden kann. [236]

5.6.6 Ergänzende Regelungen

5.6.6.1 Mitnahme dringend benötigter Gegenstände

Im Zuge der Wohnungsverweisung hat die Polizei nach § 34a Abs. 2 PolG NRW der betroffenen Person bei oder nach der Wohnungsverweisung Gelegenheit zur Mitnahme dringend benötigter Gegenstände des persönlichen Bedarfs, z. B. von Kleidungsstücken, Hygieneartikeln und Papieren, zu geben. Damit soll einerseits dem mit der befristeten Wohnungsverweisung verbundenen Eingriff aus Art. 14 GG ein Teil seiner Härte genommen werden, andererseits dient diese Regelung dem Schutz des Opfers, da dies noch in Gegenwart der Polizeikräfte geschieht.

Auch die Möglichkeit eines späteren Zutritts zur Wohnung, um dringend benötigte persönliche Gegenstände abzuholen, ist der betroffenen Person nur bei glaubhaft dargelegtem Anspruch und in Gegenwart der Polizei gestattet; das Opfer wird zuvor davon in Kenntnis gesetzt. [237]

5.6.6.2 Feststellung des Aufenthalts der betroffenen Person

Nach § 34a Abs. 3 PolG NRW hat die Polizei die betroffene Person aufzufordern, eine Anschrift oder eine zustellungsbevollmächtigte Person zum Zwecke von Zustellungen behördlicher oder gerichtlicher Entscheidungen zu benennen.

Die Kenntnis einer Adresse der betroffenen oder einer bevollmächtigten Person ist für die rechtswirksame Zustellung gerichtlicher Folgeentscheidungen oder Ladungen erforderlich, ebenfalls für die Zustellung einer schriftlichen Bestätigung der polizeilichen Anordnung der Wohnungsverweisung, wenn diese verlangt und nachträglich erstellt wird.

Die neue Kontaktadresse sollte auch für die Zustellung der sonstigen Post dienen, um auszuschließen, dass die betroffene Person unter dem Vorwand, Post unter der Anschrift des Opfers abholen zu müssen, die Wohnung, in der die ge-

---

[235] VG Aachen 6 L 503/14, 2, redaktioneller Leitsatz; in: https://www.jurion.de/Urteile/VG-Aachen/2014-08-04/6-L-503_14, auch: VG Aachen 6 L 190/10, Beschluss vom 18.05.2010 (Zugriff am 29.04.2016).
[236] Schoch, 2012, S. 685, 690.
[237] Landtag NRW, 2001, S. 14.

fährdete Person wohnt, aufsuchen und eine Kontaktaufnahme mit dem Opfer versuchen kann.

5.6.6.3 Beratung und Aufklärung der gefährdeten Person

Der Polizei obliegen nach § 34a Abs. 4 PolG NRW umfangreiche Hinweis- und Aufklärungspflichten gegenüber der gefährdeten Person. So hat sie diese auf die Möglichkeiten zivilrechtlichen Schutzes hinzuweisen, über Beratungsangebote zu informieren, ihr die Inanspruchnahme geeigneter Beratungsstellen nahezulegen und anzubieten, mit Einverständnis der geschädigten Person über die Weitergabe von Name, Telefonnummer und Adresse den Kontakt zu einer Beratungseinrichtung herzustellen.

Die Information über Hilfe- und Beratungsmöglichkeiten sowie die Unterstützung bei der Kontaktaufnahme mit Beratungsstellen soll der geschädigten Person den Anstoß geben, qualifizierte Beratung und Hilfe in Anspruch zu nehmen.

„Der Begriff ‚geeignete Beratungsstellen' ist vor dem Hintergrund bewusst weit gefasst; er umfasst sowohl die Möglichkeit, anwaltliche Hilfe zur Beantragung zivilrechtlichen Rechtsschutzes als auch das Beratungsangebot öffentlicher und nichtöffentlicher Stellen in Anspruch zu nehmen, deren spezielle Aufgabe es ist, Opfern häuslicher Gewalt in Form von intervenierender Sozialarbeit unterstützend zur Seite zu stehen und gemeinsam mit ihnen Lösungen zu finden, um die persönliche Situation zu verbessern und die Gewaltbeziehung zu beenden."[238]

Die Einwilligung der gefährdeten Person in die Übermittlung ihrer Daten an eine Beratungsstelle bedarf als eine Datenübermittlung der Polizei an Personen oder Stellen außerhalb des öffentlichen Bereiches nach § 29 PolG NRW[239] grundsätzlich einer schriftlichen Einwilligungserklärung, allerdings lässt der Gesetzgeber eine andere Form der Einwilligung bei besonderen Umständen zu.[240] In der Einsatzdokumentation der Polizei sollte daher auf eine mündlich eingeholte Einwilligung hingewiesen werden.

Während der nordrhein-westfälische Gesetzgeber eine Beratung ohne oder gegen den Willen der gefährdeten Person ablehnt, da eine aufgedrängte Beratung einer Entmündigung des Opfers gleichkäme[241], wird in Österreich die proaktive Beratung des Opfers, im Einzelfall auch gegen den ausdrücklichen Willen, im Verbund mit polizeilichen und justiziellen Maßnahmen bereits seit 1997 betrieben.[242]

5.6.6.4 Mitteilungen des Gerichts und der Polizei

Beantragt die geschädigte Person gerichtlichen Schutz, so hat das Gericht dies sowie den Tag der gerichtlichen Entscheidung unverzüglich der Polizei mitzuteilen.[243]

Dies ist erforderlich, da die Polizei nach § 34a Abs. 6 Satz 2 PolG NRW ihrerseits verpflichtet ist, die gefährdete und die betroffene Person unverzüglich über die

---

238) Landtag NRW, 2001, S. 15.
239) https://recht.nrw.de/lmi/owa/br_text_anzeigen?v_id=3120071121100036031#det317652 (Zugriff am 29.04.2016).
240) https://recht.nrw.de/lmi/owa/br_text_anzeigen?v_id=3520071121100436275#det251226 (Zugriff am 29.04.2016).
241) Landtag NRW, 2001, S. 16.
242) Hagemann-White, 2012, S. 115, mit weiteren Nachweisen.
243) Hagemann-White/Kavemann, 2004, nur in NRW, zwischenzeitlich auch in anderen Ländern, S. 41.

dadurch veränderte Dauer der Wohnungsverweisung und des Rückkehrverbotes in Kenntnis zu setzen.

5.6.6.5 Überprüfung des Rückkehrverbotes

Nach § 34a Abs. 7 PolG NRW ist die nordrhein-westfälische Polizei verpflichtet, die Einhaltung des Rückkehrverbotes mindestens einmal während seiner Geltung zu überprüfen. Eine entsprechende Verpflichtung ist in anderen Bundesländern nicht in das Gesetz aufgenommen worden.[244]

Nach Erfahrungen in Österreich werden Verbote nur von jedem zwölften Täter, aber meist in den ersten drei Tagen missachtet, Überprüfungen sollten daher zeitnah erfolgen.[245]

Welche polizeiliche Dienststelle die Einhaltung des Rückkehrverbotes überprüft, ist nicht landeseinheitlich festgelegt. Doch sollen alle Polizeibeamtinnen und Polizeibeamten über die jeweils in ihrem Zuständigkeitsbereich aktuellen Rückkehrverbote informiert werden.[246]

5.6.6.6 Aushändigung von Unterlagen

Begleitend zu der mündlichen Information über Beratungsstellen werden der gefährdeten Person durch die Polizei entsprechende Informations- und Merkblätter mit der Erreichbarkeit von Beratungsstellen aus der näheren Umgebung sowie den Unterstützungsmöglichkeiten durch Opferhilfeorganisationen, Frauenhäuser usw. ausgehändigt.

Die geschädigte Person erhält darüber hinaus in NRW eine Durchschrift der ausgefüllten „Dokumentation über den polizeilichen Einsatz bei häuslicher Gewalt", die neben den erforderlichen Angaben zu Person, Einsatzanlass, -zeit und -ort die wesentlichen Feststellungen wie Verletzungen, Zustand der Wohnung, getroffene Maßnahmen, wiederholte Einsätze usw. festhält. Sie dient der Glaubhaftmachung des Anspruches auf Erlass einer einstweiligen Anordnung und kann ggf. für den Antrag auf Gewährung zivilrechtlichen Schutzes sowie zur Überprüfung der Rechtmäßigkeit der polizeilichen Maßnahmen genutzt werden.[247]

Der betroffenen Person wird das polizeilich ausgefüllte Formular „Schriftliche Bestätigung der Wohnungsverweisung mit Rückkehrverbot" ausgehändigt, das entsprechend den verwaltungsrechtlichen Anforderungen[248] die getroffene Maßnahme bezeichnet und begründet, die Anhörung vermerkt und für den Fall der Zuwiderhandlung ein Zwangsgeld androht.

Beide Formulare sind als Anlage 4 und Anlage 5 beigefügt.

5.6.7 Weitere Handlungspflichten

5.6.7.1 Unterbringung der gefährdeten Person

Macht die gefährdete Person im Verlauf des Einsatzgeschehens deutlich, dass sie, ggf. mit ihren Kindern, selbst die bisher bewohnte Wohnung verlassen will

---

244) Hagemann-White/Kavemann, 2004, S. 35.
245) Landtag NRW, 2001, S. 19.
246) Innenministerium NRW, 2007.
247) Landtag NRW, 2001, S. 18.
248) Vgl. dazu Abschnitt 5.6.8.

und eine anderweitige Unterbringung, z.B. in einem Frauenhaus, anstrebt, so ist sie bei einem derartigen Ortswechsel durch die Polizei zu unterstützen.

Dabei kann die oder der Opferschutzbeauftragte der Polizeibehörde eingebunden werden.

5.6.7.2 Kinder als Opfer und Zeugen

Sind Kinder als Zeugen oder Opfer von häuslicher Gewalt betroffen, ist ihrem Schutzbedürfnis und ihrer psychischen Situation bei der Durchführung der polizeilichen Maßnahmen in besonderer Weise Rechnung zu tragen.

Werden Kinder angetroffen, kommt im Interesse des Kindeswohls in diesen Fällen der Polizei stets die Aufgabe zu, zu prüfen, ob diese selbst Opfer geworden sind oder Gewalttätigkeiten miterlebt haben. Darüber hinaus ist Wert auf die Feststellung zu legen, ob Kinder angemessen versorgt erscheinen oder Anzeichen für eine Verwahrlosung sichtbar sind.

In allen Fällen ist regelmäßig das Jugendamt zu verständigen, um weitere Maßnahmen im Interesse des Kindeswohls zu prüfen.

5.6.7.3 Obdachlosigkeit oder Betreuung der betroffenen Person

Zeichnet sich im Zusammenhang mit einer Wohnungsverweisung ab, dass die betroffene Person kurzfristig oder eigenständig eine vorübergehende Unterbringung für sich nicht organisieren kann oder mittellos ist, ist die Information der Ordnungsbehörde erforderlich, um die Unterbringung der betroffenen Person zu ermöglichen.

Handelt es sich bei der von einer Wohnungsverweisung betroffenen Person um eine jugendliche Person, bedarf es der Einschaltung des Jugendamtes, um eine Unterbringung und die erforderliche Betreuung zu gewährleisten.

In jedem Fall sind bei Obdach- oder Mittellosigkeit der betroffenen Personen in geeigneter Weise eine anderweitige Unterbringung und erforderliche Betreuung zu gewährleisten. Obdachlosenheime verweigern allerdings zur Gewährleistung der Nachtruhe in der Regel die Aufnahme stark alkoholisierter Personen oder anderweitige Aufnahmen während der Nachtzeit.[249]

5.6.8 Verwaltungsverfahrensrechtliche Aspekte

5.6.8.1 Wohnungsverweisung und Rückkehrverbot als Verwaltungsakte

Wohnungsverweisung und Rückkehrverbot sind Verwaltungsakte im Sinne des § 35 Satz 1 VwVfG NRW. Sie können mündlich, schriftlich oder in anderer Weise erlassen werden. Ein schriftlicher Verwaltungsakt muss eine Begründung enthalten.

Dem Adressaten des Verwaltungsaktes steht ein Recht auf Anhörung zu. Diese kann unterbleiben, wenn eine sofortige Entscheidung wegen Gefahr im Verzuge notwendig erscheint.

5.6.8.2 Verwaltungsakt mit Dauerwirkung

Eine Verfügung auf der Grundlage des § 34a Abs. 1 Satz 1 PolG NRW ist ein Verwaltungsakt mit Dauerwirkung. „Damit wird dem Adressaten für die gesam-

---

[249] Zum Beispiel: Düsseldorf, Don Bosco-Haus, Schützenstr. 29, Aufnahmezeiten werktags 8–18 Uhr.

te Geltungsdauer der Verfügung ein bestimmtes Verhalten aufgegeben, Ge- und Verbot aktualisieren sich ständig. Auch die Regelung des § 34a Abs. 5 Satz 3 PolG NRW, wonach die §§ 48, 49 VwVfG unberührt bleiben, zeigt, dass die tatbestandlichen Voraussetzungen der Ermächtigungsgrundlage nicht nur bei Erlass der Maßnahme, sondern bis zu ihrer zeitlichen Beendigung erfüllt sein müssen, die gegenwärtige Gefahr also während der gesamten Geltungsdauer fortdauern muss." [250]

Damit ist der Verwaltungsakt während seiner Geltung auf seine weitergehende Gültigkeit zu prüfen. Neue Gesichtspunkte, die sich während seiner Geltungsdauer ergeben, sind zu berücksichtigen. Ergeben sich Umstände, die zur vorzeitigen Beendigung der Maßnahme führen können, z.B. eine auf Falschaussagen oder die Annahme unzutreffender Umstände begründete Gefahrenprognose, ist der Verwaltungsakt aufzuheben.

5.6.8.3 Bestimmtheit des Verwaltungsaktes

Die angeordnete Maßnahme muss gemäß § 37 Abs. 1 VwVfG NRW hinreichend bestimmt sein. Danach muss der Adressat einer Anordnung sicher, klar und unzweideutig erkennen können, was ihm die Behörde zur Gefahrenabwehr auferlegt hat.

Nach § 34a Abs. 1 Satz 2 PolG NRW ist der räumliche Bereich, auf den sich Wohnungsverweisung und Rückkehrverbot beziehen, nach dem Erfordernis eines wirkungsvollen Schutzes der gefährdeten Person zu bestimmen und genau zu bezeichnen. Regelmäßig genügt die Angabe der genauen Anschrift einer Wohnung diesem Erfordernis[251], es sei denn, besondere räumliche oder sonstige Bedingungen machen eine detaillierte Beschreibung des geschützten räumlichen Bereichs nötig.[252]

In jedem Fall sind Zweifel an der räumlichen Reichweite durch Angabe der Straße, des Grundstückes, des Gebäudes und der Wohnung auszuräumen. Beurteilungsmaßstab ist die Auffassungsgabe eines verständigen Empfängers, nötigenfalls können Handskizzen die Eindeutigkeit bestimmen.

5.6.8.4 Schriftlichkeit des Verwaltungsaktes

Wohnungsverweisung und Rückkehrverbot können nach § 37 Abs. 2 VwVfG NRW als Verwaltungsakte in Gegenwart der betroffenen Person mündlich mitgeteilt werden. Sie sind nach der gleichen Vorschrift schriftlich zu bestätigen und zu begründen, wenn hieran ein berechtigtes Interesse besteht oder die betroffene Person dies verlangt.

In NRW wird regelmäßig der Vordruck über die „Schriftliche Bestätigung der Wohnungsverweisung mit Rückkehrverbot" (Anlage 5), der diesem Erfordernis Rechnung trägt, ausgefüllt und der betroffenen Person, sofern sie anwesend ist, ausgehändigt. Eine Anordnung der sofortigen Vollziehung nach § 80 Abs. 2 Satz 1 Nr. 4 VwGO ist nicht erforderlich, da es sich um unaufschiebbare Anordnungen

---

250) VG Münster 1 K 2338/08, Urteil vom 11.12.2009; in: http://www.justiz.nrw.de/nrwe/ovgs/vg_muenster/j2009/1_K_2338_08urteil20091211.html (Zugriff am 29.04.2016).
251) VG Minden 11 L 117/03, Beschluss vom 29.01.2003; in: http://openjur.de/u/94630.html (Zugriff am 29.04.2016).
252) VG Gelsenkirchen 17 L 2079/03, Beschluss vom 19.08.2003; in: http://www.justiz.nrw.de/nrwe/ovgs/vg_gelsenkirchen/j2003/17_L_2079_03beschluss20030819.html (Zugriff am 29.04.2016).

und Maßnahmen von Polizeivollzugsbeamten handelt. Somit entfällt die aufschiebende Wirkung einer Anfechtungsklage.[253]

5.6.8.5 Wirksamkeit des Verwaltungsaktes

Der Verwaltungsakt wird gemäß § 43 Abs. 1 VwVfG NRW mit der Bekanntgabe gegenüber der betroffenen Person wirksam. Dabei reicht die mündliche Bekanntgabe aus. Ist die betroffene Person in erheblichem Maße alkoholisiert oder steht sie unter dem Einfluss sonstiger berauschender Mittel, können Zweifel an seiner Wirksamkeit begründet sein. Allerdings stellt der Gesetzgeber bei der Beurteilung dieses Umstandes auf die Handlungsfähigkeit ab, die mit der allgemeinen Geschäftsfähigkeit einhergeht.

Geschäftsunfähig ist gemäß § 104 Nr. 2 BGB, wer sich in einem die freie Willensbildung ausschließenden, nicht nur vorübergehenden Zustand krankhafter Störung der Geistestätigkeit befindet. Davon kann auch bei einer stark alkoholisierten Person grundsätzlich nicht ausgegangen werden.

Insofern bedarf es einer Einzelfallprüfung, ob die betroffene Person in der Lage ist, den Regelungsinhalt des Verwaltungsaktes wahrzunehmen und zu verstehen.

5.6.8.6 Anhörung der betroffenen Person

Vor Anordnung der Wohnungsverweisung und des Rückkehrverbotes ist der betroffenen Person nach § 28 VwVfG NRW Gelegenheit zu geben, sich zu den für die Entscheidung erheblichen Tatsachen zu äußern.

Die Anhörung der betroffenen Person zu einer Wohnungsverweisung kann bei ihrer Abwesenheit oder in Fällen der Gefahr im Verzug bei einem entsprechenden Einsatzverlauf zunächst unterbleiben, z.B. wenn der Adressat sich nicht mehr in der Wohnung aufhält oder aufgrund seiner Erregung bzw. seines Rauschzustandes nicht handlungsfähig ist.[254] Die Anhörung ist jedoch nach § 45 Abs. 1 VwVfG NRW nachzuholen. Die dabei gewonnenen Erkenntnisse müssen in die Bewertung der Rechtslage neu einfließen.[255]

Angesichts des Gewichts des Grundrechtseingriffs erfüllt die bloße Mitteilung der beabsichtigten Wohnungsverweisung und des Rückkehrverbotes durch die Polizeibeamten nicht die an eine Anhörung zu stellenden Anforderungen, zumal praktisch auch nur die unmittelbare Gelegenheit zur Stellungnahme des Betroffenen die Möglichkeit eröffnen kann, der gefährdeten Person Vorhaltungen zu machen und dadurch den Wahrheitsgehalt ihrer Angaben zu überprüfen und zu hinterfragen.[256]

Die Tatsache der Anhörung und ihr Inhalt sind in dem Vordruck „Schriftliche Bestätigung der Wohnungsverweisung mit Rückkehrverbot" zu dokumentieren. Ebenfalls ist darin zu dokumentieren, wenn und aus welchen Gründen eine Anhörung nicht möglich war oder von ihr abgesehen wurde.

---
253) Landtag NRW, 2001, S. 14, der Widerspruch ist als Rechtsmittel in Nordrhein-Westfalen vorläufig außer Kraft gesetzt: § 110 JustizG NRW.
254) BVerwG 3 C 16.11, Urteil vom 22.03.2012 zur Frage der Gefahr im Verzug; in: http://www.bverwg.de/entscheidungen/entscheidung.php?ent=220312U3C16.11.0 (Zugriff am 29.04.2016).
255) VG Köln 20 K 3142/06, Urteil vom 19.06.2008; in: http://www.justiz.nrw.de/nrwe/ovgs/vg_koeln/j2008/20 _K_3142_06urteil20080619.html RN 28 (Zugriff am 29.04.2016).
256) VG Köln 20 K 4987/07, Urteil vom 25.09.2008; in: http://www.justiz.nrw.de/nrwe/ovgs/vg_koeln/j2008/20 _K_4987_07urteil20080925.html (Zugriff am 29.04.2016).

5.6.8.7 Zustellung der schriftlichen Verfügung

Sind der Aufenthalt der betroffenen Person oder eines Vertreters oder Zustellungsbevollmächtigten nicht bekannt, sollte das Rückkehrverbot durch schriftlichen Verwaltungsakt im Rahmen einer Ersatzzustellung nach § 1 LZG NRW [257] in Verbindung mit § 10 VwZG NRW [258] erteilt werden. [259]

5.6.8.8 Zwangsgeldverfahren

Der Vordruck „Schriftliche Bestätigung der Wohnungsverweisung mit Rückkehrverbot" (Anlage 5) sieht die Androhung von Zwangsgeld für den Fall der Zuwiderhandlung gegen das Rückkehrverbot vor.

Die gemäß § 112 des Justizgesetzes des Landes Nordrhein-Westfalen kraft Gesetzes sofort vollziehbare Zwangsgeldandrohung steht im Einklang mit den gesetzlichen Bestimmungen der §§ 50, 51, 53, 56 PolG NRW. [260]

Die Höhe des anzudrohenden Zwangsgeldes ist nach pflichtgemäßem Ermessen von den eingesetzten Polizeibeamten vor Ort festzulegen. Dabei sind „Dauer und Umfang des pflichtwidrigen Verhaltens (erster Verstoß oder Wiederholungsfall), die finanzielle Leistungsfähigkeit der betroffenen Person und die Bedeutung der Angelegenheit zu berücksichtigen." [261]

In den beschriebenen Fallgruppen kann von nachfolgenden Richtwerten ausgegangen werden:

- unterdurchschnittliche wirtschaftliche Verhältnisse
  und

geringe bis mittlere Gewaltintensität	500,00 €,
mittlere bis schwere Gewaltintensität	1.000,00 €,

- überdurchschnittliche wirtschaftliche Verhältnisse
  und

geringe bis mittlere Gewaltintensität	1.000,00 €,
mittlere bis schwere Gewaltintensität	1.500,00 €,
schwere Gewaltintensität	2.000,00 €.

Die Bewertung der Gewaltintensität kann sich insbesondere an der Schwere der festgestellten Verletzungen sowie der Häufigkeit gewalttätiger Übergriffe in der Vergangenheit orientieren. Für die Zuordnung zu der jeweiligen Fallgruppe reicht der Augenschein. In Zweifelsfällen können auch Zwischenstufen festgelegt werden.

Sofern jemandem bereits zum wiederholten Mal ein Rückkehrverbot erteilt wird, sollte die Androhung des Zwangsgeldes für jeden Fall der Wiederholung um 500,00 € bis zum zulässigen Höchstwert von 2.500,00 € erhöht werden.

---

[257] Landeszustellungsgesetz; in: https://recht.nrw.de/lmi/owa/br_text_anzeigen?v_id=10000000000000000050#det288999 (Zugriff am 29.04.2016).

[258] Ersatzzustellung bei Nichtantreffen des Empfängers: https://beck-online.beck.de/default.aspx?vpath=bibdata%2fkomm_pdk%2fPdK-NW-A18NW%2fVwZG%2fcont%2fPdK-NW-A18NW.VwZG.p11.htm (Zugriff am 29.04.2016).

[259] Landtag NRW, 2001, S. 13.

[260] VG Aachen 6 L 503/14, Beschluss vom 04.08.2014; in: http://www.justiz.nrw.de/nrwe/ovgs/vg_aachen/j2014/6_L_503_14_Beschluss_20140804.html (Zugriff am 29.04.2016).

[261] Nr. 53.1 VV PolG NRW; in: https://recht.nrw.de/lmi/owa/br_text_anzeigen?v_id=10000000000000000353 (Zugriff am 29.04.2016).

Für den Fall der Uneinbringbarkeit des Zwangsgeldes, etwa wenn die Beitreibung bereits ohne Erfolg war oder wenn offensichtlich ist, dass sie keinen Erfolg haben wird [262], kann nach § 54 PolG NRW auf Antrag der Polizei die Ersatzzwangshaft durch das Verwaltungsgericht angeordnet werden. Sie beträgt höchstens zwei Wochen.

5.6.9 Übersicht

Formelle Rechtmäßigkeit

Sachliche Zuständigkeit

> **Polizei:**
> §§ 10, 11 Abs. 1 Nr. 1 POG NRW
> § 1 Abs. 1 Satz 1, 2 PolG NRW
> (nicht unumstritten: vgl. Abschnitt 5.6.1, die Ordnungsbehörde hat keine Ermächtigung zur Wohnungsverweisung!)

Verfahren/allgemeine Form- und Verfahrensvorschriften

> **Wohnungsverweisung ist ein (Dauer-)Verwaltungsakt (§ 35 Satz 1 VwVfG NRW)**
> - Anhörungspflicht (§ 28 VwVfG NRW)
> - (örtliche und zeitliche) hinreichende Bestimmtheit (§ 37 Abs. 1 VwVfG NRW)
> - Begründung (§ 39 VwVfG NRW)
> - wirksame Mitteilung (§ 41 VwVfG NRW)

Materielle Rechtmäßigkeit

Tatbestandsvoraussetzungen

> „Häusliche Gewalt"

Gegenwärtige Gefahr für Leib, Leben und Freiheit einer Person	Gefahrenprognose

Ergänzende Regelungen (§ 34a Abs. 2 ff. PolG NRW)

> - genaue Bezeichnung des räumlichen Bereiches
> - unverzügliche Information der gefährdeten und betroffenen Person über die Dauer der Maßnahmen
> - Mitnahme dringend benötigter Gegenstände des persönlichen Bedarfs
> - Erreichbarkeit für justizielle Entscheidungen gewährleisten
> - Hinweis an die gefährdete Person zur Beantragung zivilgerichtlicher Schutzanweisungen und zu Beratungsangeboten
> - Einverständnis zur Weitergabe persönlicher Daten der gefährdeten Person an die Beratungsstellen einholen

---

[262] Nr. 54.1 VV PolG NRW.

- Überprüfung der Einhaltung des Rückkehrverbotes während seiner Geltung mindestens einmal durch die Polizei
- Das Gericht teilt der Polizei die Beantragung zivilrechtlichen Schutzes sowie den Tag der gerichtlichen Entscheidung mit.
- Dauer des Rückkehrverbotes bis zu 10 Tagen, im Fall der Beantragung zivilgerichtlichen Schutzes bis zu 20 Tagen

Adressat
- betroffene Person:
Person, von der die Gefahr ausgeht
(§ 34a Abs. 2 PolG NRW)

Ermessen (§ 3 PolG NRW)

bei Leib- und Lebensgefahr
Reduzierung des Entschließungs- und Auswahlermessens (§ 3 PolG NRW) auf null:
- Verpflichtung der Ermittlung näherer Umstände aus der Zielrichtung des § 34a PolG NRW und
- i.d.R. wird keine bloße Gefährderansprache (§ 8 Abs. 1 PolG NRW) ausreichen

Verhältnismäßigkeit (§ 2 PolG NRW)
- Geeignetheit durch längerfristige Trennung der Konfliktparteien
- Erforderlichkeit:
Die Tat ist i.d.R. kein isoliertes Einzelereignis, sondern steht regelmäßig im Kontext eines Gewaltkreislaufes, der unterbrochen werden muss. Die Frist des Rückkehrverbotes muss der gefährdeten Person frei von jeglicher physischer und/oder psychischer Einflussmöglichkeit durch den Störer einerseits den nötigen Raum verschaffen, in Ruhe über einen möglichen Antrag auf zivilrichterlichen Schutz zu entscheiden, und andererseits die Zeit bieten, den Antrag auch tatsächlich stellen zu können. Die wiederholt anzutreffende Beschönigung oder Verharmlosung des Verhaltens des Störers durch das Opfer ist eher ein Indiz für das bestehende, über längere Zeit gewachsene Abhängigkeitsverhältnis des Opfers vom Störer.
- Angemessenheit/Verhältnismäßigkeit im engeren Sinne:
Die gegenwärtige Gefahr für Leib und Leben einer Person entspricht der „dringenden Gefahr" aus Art. 13 Abs. 7 GG. Zweifel an der Angemessenheit der Wohnungsverweisung sind regelmäßig nicht begründet.

6 Polizeiliche Sachbearbeitung

6.1 Öffentliches Interesse an der Strafverfolgung

Straftaten der häuslichen Gewalt sind ganz überwiegend Privatklagedelikte nach § 374 StPO und zugleich Antragsdelikte. Damit erfordert eine Strafverfolgung grundsätzlich einen Strafantrag und die Beschreitung des Privatklageweges durch die geschädigte Person.

Viele Opfer häuslicher Gewalt haben allerdings nicht die Kraft und das Durchsetzungsvermögen, ein Strafverfahren gegen einen Beziehungspartner auf dem Privatklageweg anzustrengen und durchzustehen, zumal häufig ein Sühneversuch erforderlich ist. Einen ebenfalls erforderlichen Strafantrag stellen sie oftmals nicht, sodass in diesen Fällen eine Strafverfolgung unterbleibt, sofern nicht das öffentliche Interesse bzw. das besondere öffentliche Interesse an der Strafverfolgung durch die Staatsanwaltschaft festgestellt wird.

Um deutlich zu machen, dass Straftaten der häuslichen Gewalt nicht Privatsache sind, sondern eine breite gesellschaftliche Ächtung erfahren, sind die Ermittlungen der Strafverfolgungsbehörden darauf auszurichten, durch eine hinreichende Erkenntnislage die Voraussetzungen für die Begründung des öffentlichen Interesses bei Privatklagedelikten nach Nr. 86 RiStBV sowie für das besondere öffentliche Interesse an der Strafverfolgung von Körperverletzungsdelikten nach Nr. 234 RiStBV zu belegen.

Nach diesen Vorschriften soll einerseits durch die Staatsanwaltschaft der Verweis auf den Privatklageweg bei entsprechenden Delikten im öffentlichen Interesse unterbleiben, wenn der verletzten Person aufgrund ihrer persönlichen Beziehung zum Täter nicht zuzumuten ist, die Privatklage zu erheben[263], andererseits besteht bei Körperverletzungsdelikten ein besonderes öffentliches Interesse an der Strafverfolgung auch ohne Strafantrag, wenn der Täter einschlägig vorbestraft ist, roh oder besonders leichtfertig gehandelt hat oder durch die Tat eine erhebliche Verletzung verursacht hat.

Ziel der Sachbearbeitung muss daher auch sein, festzustellen, ob bzw. dass diese Voraussetzungen erfüllt sind, damit von der Staatsanwaltschaft die öffentliche Klage erhoben werden kann.

6.2 Spezialisierte Aufgabenwahrnehmung

Das polizeiliche Handeln in einer Einsatzlage der häuslichen Gewalt als Sofortlage ist in der Regel Aufgabe und Zuständigkeit des Wach- und Wechseldienstes. Je nach Sachlage werden bereits in diesem Stadium weitere Dienststellen eingebunden.

Die Sachbearbeitung eines Falles der häuslichen Gewalt obliegt anschließend in der Regel einer spezialisierten Fachdienststelle. Dies ist sachgerecht, um den spezifischen Anforderungen an die weitere Aufgabenwahrnehmung zu genügen.

Auch in der Sachbearbeitung ist das polizeiliche Augenmerk gleichermaßen auf die Aufgaben einer wirksamen Gefahrenabwehr und einer beweiskräftigen Strafverfolgung zu richten. Deshalb knüpfen polizeiliche Ziele und Maßnahmen unmittelbar an das Handeln in der Einsatzlage an.

Im Rahmen der weiteren Sachbearbeitung ist daher zu prüfen, ob bzw. welche weiteren Maßnahmen zur Beweissicherung im Strafverfahren oder zu Schutz und Betreuung des Opfers erforderlich sind. Dringlichkeit und Priorität der ggf. zu veranlassenden Maßnahmen sind nach der konkreten Sachlage zu beurteilen.

6.3 Strafprozessuale Maßnahmen

Liegt dem Sachverhalt eine schwerwiegende Gewalttat zugrunde, ist zu prüfen, ob es einer zeitnahen ergänzenden Sicherung von Spuren an Tatort, Täter oder Opfer der Gewalttat bedarf. In Betracht kommen insbesondere

- eine körperliche Untersuchung von Beschuldigtem oder Opfer nach §§ 81a, c StPO; auf die weiteren Ausführungen dazu in Abschnitt 5.3.6.6 wird Bezug

---
263) RiStBV, Nr. 86, II.

genommen, zu Fragen der ärztlichen Schweigepflicht wird auf die Anlagen 6 und 7 verwiesen, und

– die erkennungsdienstliche Behandlung des Beschuldigten nach § 81b StPO.

Daneben ist die Auswertung vorhandener Spuren, z.B. an Tatkleidung, Tatwerkzeugen und ggf. an Kommunikationsmitteln, zu veranlassen.

Weitere Maßnahmen dienen der ergänzenden Erhebung des subjektiven Befundes. Dabei sind nach Bedarf Dolmetscher hinzuzuziehen.

Befindet sich der Beschuldigte z. B. noch infolge einer polizeilichen Gewahrsamnahme nach § 35 PolG NRW oder einer vorläufigen Festnahme nach § 127 II StPO in Verbindung mit §§ 112, 112a StPO (im Falle der Wiederholungsgefahr nach Tatbeständen des § 238 II, III StPO die Untersuchungshaft als Deeskalationshaft) in polizeilicher Obhut, ist es zweckmäßig, unmittelbar seine

– Vernehmung als Beschuldigter gemäß § 163 StPO i.V.m. § 163a IV StPO

vorzunehmen; auf die weiteren Ausführungen zu den Belehrungspflichten in Abschnitt 5.3.7.3 wird Bezug genommen.

Kriminaltaktisch sinnvoll ist es in diesem Fall, zu diesem Zeitpunkt bereits auf ergänzende formelle

– Vernehmungen von Geschädigten und ggf. Zeugen nach § 163 III StPO

mit den in Abschnitt 5.3.7.4 dargelegten Vernehmungsinhalten zugreifen zu können.

Vernehmungen weiblicher Opfer sollten möglichst durch eine Polizeibeamtin erfolgen. Opfer können sich dabei durch eine Person ihres Vertrauens begleiten lassen. Auf die besondere Problematik bestehender Zeugnisverweigerungsrechte von Opfern und mitbetroffenen Kindern und die in Abschnitt 5.3.7.2 dargelegte eingeschränkte Möglichkeit von Kindern, eigenständig über ihre Aussagebereitschaft zu entscheiden, wird in diesem Zusammenhang noch einmal Bezug genommen.

Sind formelle Vernehmungen von Beschuldigtem, Opfern und Zeugen nicht in unmittelbarem zeitlichen Zusammenhang mit dem Gewaltereignis möglich, werden die betreffenden Personen nach § 163a StPO in der Regel schriftlich zur Vernehmung vorgeladen.

Erfahrungsgemäß machen allerdings Beschuldigte sowie insbesondere zunächst aussagebereite zeugnisverweigerungsberechtigte Opfer und Zeugen im Zuge des Verfahrens in einer nicht unerheblichen Zahl von Fällen von ihrem Zeugnisverweigerungsrecht Gebrauch, sodass eine beweiskräftige Überführung des Beschuldigten in Frage steht.

Ist ein zeugnisverweigerungsberechtigtes Opfer aussagebereit und ist seine Aussage das wesentliche Beweismittel im Ermittlungsverfahren, empfiehlt es sich daher, die

– richterliche Vernehmung des Opfers nach § 162 StPO

zu beantragen. Zwar darf nach § 252 StPO auch eine richterliche Vernehmung in der Hauptverhandlung grundsätzlich nicht verlesen werden, wenn der Zeuge dort von seinem Zeugnisverweigerungsrecht Gebraucht macht.[264] Doch ist dann die Vernehmung des Richters als Verhörsperson zulässig.[265]

---

264) Meyer-Goßner/Schmitt, 2015, § 252 StPO, Rn. 1.
265) Meyer-Goßner/Schmitt, 2015, § 252 StPO, Rn. 14.

Auch hindert die Geltendmachung des Zeugnisverweigerungsrechts in der Hauptverhandlung einen Zeugen nicht, die Verwertung einer nicht-richterlichen Aussage zu gestatten.[266]

6.4 Opferbetreuung

Es empfiehlt sich für die Sachbearbeitung, möglichst frühzeitig mit dem Opfer häuslicher Gewalt und ggf. seinen Angehörigen und unterstützenden Personen persönlichen Kontakt aufzunehmen.

In diesem Kontext kann ein Opfer insbesondere darin bestärkt werden, Hilfe- und Unterstützungsangebote von Beratungsstellen und Organisationen der Opferhilfe bzw. rechtsanwaltliche Hilfe in Anspruch zu nehmen, um seine Lebenssituation zu überdenken und zu ändern sowie sich über rechtliche Ansprüche und Positionen zu informieren. Dazu können dem Opfer auch durch die Sachbearbeitung ergänzend Informationsbroschüren ausgehändigt oder mit seinem Einverständnis der Kontakt zu Institutionen und Einrichtungen hergestellt werden.

Kinder als Opfer, Betroffene und Zeugen häuslicher Gewalt verdienen in besonderer Weise Schutz und Betreuung. Auch für sie können spezielle Hilfeangebote und therapeutische Maßnahmen vermittelt werden.

In jedem Fall ist das Jugendamt zu verständigen, wenn nach Sachlage das Kindeswohl gefährdet erscheint. Davon ist in aller Regel bei schwerwiegenden Fällen häuslicher Gewalt auszugehen. Das Jugendamt wird unter Beteiligung des ebenfalls von Gewalt betroffenen Erziehungsberechtigten weitere Maßnahmen im Interesse des Kindeswohls prüfen und abstimmen.

Je mehr Hilfe, Schutz und Sicherheit ein Opfer gerade durch die polizeilichen Maßnahmen empfindet, um so mehr wird es stabilisiert und in der Lage sein, auch ein Strafverfahren zu bewältigen.

Alle Opferkontakte der Sachbearbeitung dienen auch dazu, Erkenntnisse für die Beurteilung einer fortdauernden Gefahrensituation zu gewinnen und die Notwendigkeit erforderlicher weiterer polizeilicher Schutzmaßnahmen zu prüfen.

6.5 Gefahrensituation und Gefährderansprache

Zu den Aufgaben der Sachbearbeitung gehört es ebenfalls, die fortbestehende Gefahrensituation zu bewerten. Dazu sind die Dokumentationsunterlagen und Berichte über den vorliegenden polizeilichen Einsatz häuslicher Gewalt auszuwerten. Soweit erforderlich, sind ergänzende Feststellungen zu treffen, z.B. durch Befragung der eingesetzten Kräfte und weiterer Auskunftspersonen sowie die Beiziehung und Auswertung ergänzender Unterlagen wie Kriminalakten, Durchschriften von Ermittlungsverfahren und vorangegangene gerichtliche Entscheidungen.

Anhaltspunkte für eine fortbestehende Gefahrensituation können sich auch aus der Überprüfung, ggf. den Überprüfungen des Rückkehrverbotes oder aus Hinweisen auf Zuwiderhandlungen ergeben.

Jeder persönliche Kontakt der Sachbearbeitung mit dem Beschuldigten, z.B. in der Vernehmung, wie auch die Kontakte mit Opfern im Rahmen der Opferbetreuung sollten dazu genutzt werden, das Bild über das zugrunde liegende Geschehen, die Persönlichkeit sowie Verfassung und Verhalten des Beschuldigten zu

---

266) Meyer-Goßner/Schmitt, 2015, § 252 StPO, Rn. 16a.

komplettieren sowie die daraus resultierende Bewertung der Gefahrensituation sicherer zu machen, fortzuschreiben oder zu korrigieren.

Ergeben sich Anhaltspunkte für eine fortbestehende oder sich entwickelnde hohe Gefährdung des Opfers und ggf. mitbetroffener Kinder oder anderer Personen, bedarf es weiterer Ermittlungsmaßnahmen im Umfeld des Täters und der gefährdeten Personen sowie erforderlicher Schutzmaßnahmen.

Ohne Zeitverzug ist dem Beschuldigten in einer erneuten standardisierten Gefährderansprache nachhaltig und konfrontativ zu verdeutlichen, dass Drohungen, Nachstellungen und Gewalttaten zu unterbleiben haben sowie konsequent verfolgt und geahndet werden. Dies sollte mit der Ankündigung weiterer Kontroll- und Überprüfungsmaßnahmen verbunden werden, um auf das Verhalten des Beschuldigten im Sinne einer Gefahrenminderung einzuwirken.

6.6 Maßnahmen in Hochrisikofällen

Verschiedentlich können sich Anhaltspunkte für eine hochgradige Gefährdung des Opfers mit der konkreten Gefahr eines Tötungsdeliktes ergeben, sodass von einem Hochrisikofall ausgegangen werden muss.

Bei der Gefährdungsbewertung sollte in Anlehnung an die Definition des Berichts „Management von Hochrisikofällen häuslicher Gewalt und Stalking"[267] insbesondere berücksichtigt werden, ob

- sich die gefährdete Person und ihre Kinder bzw. ihr neuer Lebenspartner mit dem Tode bedroht fühlen,
- der Gefährder konkrete und ernst zu nehmende Todesdrohungen gegenüber der Betroffenen bzw. Dritten offenbart hat,
- sich die Gefahr konkludent aus der Art und Intensität aktueller oder früherer Handlungen ergibt,

oder aus Sicht der in den Fall involvierten Behörden und Institutionen sonstige tatsächliche Anhaltspunkte für diese Bedrohung vorliegen.

Bei entsprechenden Anhaltspunkten für das Vorliegen eines Hochrisikofalles bedarf es einer umfassenderen Gefährdungs- und Risikoanalyse. Hierbei sind konkrete Risikofaktoren zugrunde zu legen, die aus Sicht landesspezifischer Handlungshilfen und Bewertungssysteme für Gefährdungssachverhalte geeignet sind, die Definition weiter zu präzisieren und auszulegen.

Relevante Risikofaktoren, aus denen sich nach übereinstimmender Einschätzung länderspezifischer Bewertungssysteme im Einzelfall eine erhöhte Tötungsgefährdung des Opfers ableiten lässt, können z.B. einschneidende familiäre Belastungsmomente sein, insbesondere

- die Ankündigung oder akute Umsetzung einer Trennung, in Verbindung damit die gewünschte oder zugestandene „letzte Aussprache",
- anstehende Termine im Streit um das Sorgerecht für gemeinsame Kinder,
- die aus Sicht des Täters nicht hinnehmbare Kränkung durch einen neuen Beziehungspartner,

daneben aber auch

---

267) Innenministerkonferenz, 2015.

- Statusbeeinträchtigungen und selbstwertbelastende Ereignisse wie z.B. Demütigungen und Erniedrigungen,
- soziale Desintegration und Suizidandrohungen,
- Arbeitsplatzverlust oder -aufgabe, massive berufliche Probleme.

Die Risikofaktoren im Kontext von Trennung und Scheidung können gerade bei Beteiligten mit Migrationshintergrund aufgrund von durch die Kultur der Herkunftsländer geprägten traditionellen Werten und Rollenbildern zu einer erhöhten Gefährdung führen.

Weitere gefahrenrelevante Umstände können sich aus der Persönlichkeit des Täters ergeben, z.B. der Neigung zu starken Stimmungsschwankungen, Impulsivität, Erregungszuständen. Einzubeziehen sind auch eine Abhängigkeit von Suchtstoffen oder der mögliche Zugriff auf Waffen.

Ein ähnlicher Ansatz für eine präzisierende „Standardisierte Gefährdungsanalyse" wird im Rahmen des Forschungsprojektes „Gewalteskalation in Paarbeziehungen"[268] vertreten. Ausgangspunkt der Feststellung relevanter Indikatoren ist danach die Prüfung nachfolgender Fragestellungen:

- Ist die Beziehung die einzige selbstwertrelevante Ressource?
- Geht die aktuelle Krise mit einer tiefen Selbstwerterschütterung einher?
- Ist der Gefährder in hohem Maße auf die Beziehung fixiert?
- Gibt es Anzeichen für eine psychische Destabilisierung (Depressivität, Misstrauen, Verzweiflung), für eine kognitive Einengung bzw. zunehmende Fixierung auf die (Ex-)Partnerin, für einen sozialen Rückzug (z. B. Abbruch von Sozialkontakten, Kündigung der Arbeit)
- Gibt es Leaking-Verhalten und/oder indirekte Vorbereitungshandlungen?
- Gibt es Anzeichen für vermehrten Alkoholkonsum?

Besondere Risikofaktoren

- familiäre Belastungsmomente
    - ⇨ persönliche Beziehungen, familiäre Bindungen
    - ⇨ Trennung vollzogen bzw. bevorstehend
    - ⇨ bevorstehende Entscheidungen (Gerichtstermine usw.)
    - ⇨ „letzte" Aussprache
- Todesbedrohung des Opfers
- Existenzängste, Suiziddrohungen
- aggressive Handlungen
- Persönlichkeit des Gefährders
- Migrationshintergrund/kulturelle Lebensumstände
- Erkenntnisse (Kriminalakte, zurückliegende Fälle aus HGVP/IGVP)
- Hinweise auf Bewaffnung
- tatsächliche Möglichkeit der Tatbegehung

---

[268] Greuel, 2009, S. 13.

In die Gefährdungsanalyse sind, soweit möglich, auch Informationen und Erkenntnisse anderer Behörden, Institutionen und Einrichtungen einzubeziehen, z.B. von Jugendämtern, Beratungsstellen oder Gerichten. Dazu können ggf. behörden- und institutionsübergreifende Fallkonferenzen geeignet sein.

Für die sachgerechte polizeiliche Bewältigung eines akuten Hochrisikofalles bedarf es innerhalb der polizeilichen Organisation eines vorbereitend abgestimmten Handlungskonzeptes, in dem Zuständigkeiten, wesentliche Arbeitsschritte, Informations- und Verfahrensabläufe sowie Maßnahmen festgelegt sind. Deshalb wird die Bewältigung von Hochrisikofällen in den meisten Polizeibehörden durch Dienstanweisungen geregelt.

Diese sehen in aller Regel neben einer erneuten konsequenten, strukturierten Gefährderansprache weitere Maßnahmen zum Schutz der gefährdeten Person oder Personen vor.

So sind etwa gemeinsam mit der gefährdeten Person ggf. ein kurzfristiger Ortswechsel wie die Unterbringung bei Bekannten, Verwandten oder im Frauenhaus sowie Möglichkeiten des Selbstschutzes durch technische Vorkehrungen abzustimmen und umzusetzen. Darüber hinaus sind Maßnahmen des Personen- und Objektschutzes gemäß PDV 129 zu prüfen.

Im Hinblick auf die Person des Gefährders kommen je nach sich zuspitzender Gefährdungslage auch Fahndungsmaßnahmen, Durchsuchungen und sonstige Eingriffsmaßnahmen in Betracht.

Letztlich sind Fälle denkbar, die als Bedrohungslage im polizeitaktischen Sinn gemäß PDV 100 zu qualifizieren und zu bewältigen sein werden.

6.7 Perspektiven

Aufgrund der Empfehlungen der Ständigen Konferenz der Innenminister und -senatoren der Länder zum Einschreiten bei Gewalt in engen sozialen Beziehungen und insbesondere nach Bedrohungen im Jahr 2005 haben die Polizeien der Länder ergänzend zu dem bis dahin etablierten Eingriffsrepertoire insbesondere zeitnahe Situations- und Gefährdungsanalysen sowie darauf fußende konsequente Gefährderansprachen[269] in die landesweiten Handlungskonzepte integriert. Diese wurden anschließend in den Ländern unter Berücksichtigung der jeweils landesspezifischen polizeilichen Organisations- und Zuständigkeitsregelungen in Dienstanweisungen und Verfügungen der einzelnen Polizeibehörden umgesetzt.

Im Interesse einer sachgerechten Bewältigung von Einsätzen und Straftaten der häuslichen Gewalt sind darin grundlegende Bewertungsindikatoren, Ablaufregelungen, Checklisten und detaillierte Dokumentationspflichten niedergelegt. Diese geben Handlungssicherheit, haben sich aber nach Auffassung der Praxis auch als aufwändig erwiesen. Sie führen zu einer nicht unerheblichen zeitlichen Bindung der ersteingesetzten Einsatzkräfte für auch administrative Aufgaben.

Der durch die Innenministerkonferenz im Dezember 2015 zur Kenntnis genommene Bericht „Management von Hochrisikofällen häuslicher Gewalt und Stalking"[270] empfiehlt den Ländern nunmehr auf der Grundlage einer einheitlichen Definition des Hochrisikofalles weitergehende Handlungsschritte.

So wird in den polizeilichen Handlungsfeldern z.B. vorgeschlagen,

---

[269] Innenministerkonferenz, 2015.
[270] Innenministerkonferenz, 2015.

- spezifische Lagebilder und eine Beschreibung der Kasuistik von Hochrisikofällen zu erstellen,
- die Definition eines Hochrisikofalles unter Beteiligung von zuständigen Behörden, Institutionen und der Wissenschaft durch identifizierte Risikofaktoren zu präzisieren und zu prüfen, ob diese für das Erkennen eines Hochrisikofalles von häuslicher Gewalt und Stalking geeignet sind,
- das Bewusstsein der polizeilichen Sachbearbeiter für die Differenziertheit der Fälle und die tatsächlichen Einwirkungsmöglichkeiten der Institutionen zu stärken und bestehendem Fortbildungsbedarf in der Anwendung der Handlungshilfen Rechnung zu tragen,

sowie

- die Einführung eines noch systematischeren Fallmanagements von Hochrisikofällen, z.B. durch den Ausbau von auch behördenübergreifenden Fallkonferenzen und -besprechungen,
- ergänzende täter- und opferbezogene Maßnahmen und
- eine regelmäßige behördeninterne Nachbereitung von zumindest vollendeten Tötungsdelikten mit Bezug zu häuslicher Gewalt und Stalking

zu prüfen.

Um die polizeiliche Erkenntnislage zu verbessern, soll die AG Kripo ergänzend die zentrale Bereitstellung von Informationen zu allen Tötungsdelikten im bundesweiten Auswerteverbund (PIAV-operativ) und die Einführung eines personengebundenen oder ermittlungsunterstützenden Hinweises „Hochrisikotäter Häusliche Gewalt/Stalking" im INPOL-Verbundsystem prüfen.

Darüber hinaus bittet die Innenministerkonferenz die Ministerkonferenzen der zuständigen Ressorts um Prüfung, ob eine klarstellende Regelung geschaffen werden sollte, „dass in bestimmten Anwendungsbereichen – wie etwa in Hochrisikofällen von häuslicher Gewalt und Stalking – die Weitergabe von Sozialdaten auch an nicht öffentliche Stellen zulässig ist. Sie sieht hierin eine wichtige Voraussetzung zur weiteren Professionalisierung des Managements von Hochrisikofällen von Häuslicher Gewalt und Stalking." [271]

Es ist davon auszugehen, dass die Anregungen der Innenministerkonferenz in den Ländern zu einer neuerlichen Überprüfung und Fortschreibung von polizeilichen Handlungskonzepten insbesondere für die Bewältigung von Hochrisikofällen der häuslichen Gewalt führen werden.

Auch unabhängig davon werden in den Ländern immer wieder Aktionspläne, Handlungskonzepte, und Leitlinien zur Bewältigung von Fällen häuslicher Gewalt überprüft und auf der Grundlage der Auswertung wissenschaftlicher Erkenntnisse sowie behördeninterner Regelungen und Praxiserfahrungen fortgeschrieben. So ist gegenwärtig z.B. in NRW eine landesweite Arbeitsgruppe „Häusliche Gewalt" damit befasst, Vorschläge zur Fortentwicklung des polizeilichen Handlungskonzeptes vorzulegen.

---

[271] Innenministerkonferenz, 2015, TOP 8.

7 Exkurs: Gewalt in der häuslichen Pflege

Ein anderes Themenfeld als die bisher hier behandelte häusliche Gewalt in Paarbeziehungen ist die Gewalt in der häuslichen Pflege. Dieses Thema gewinnt gerade infolge der demografischen Entwicklung zunehmend an gesellschaftlicher Relevanz.

Gewalt in der häuslichen Pflege ist gewiss kein Kernthema der polizeilichen Arbeit, zumal vorrangig andere Akteure gefordert sind. Doch können auch Polizeibeamte im Rahmen ihrer Aufgabenwahrnehmung auf Situationen und Sachverhalte stoßen, die Anhaltspunkte für das Vorliegen von Misshandlung oder Vernachlässigung gegenüber Pflegebedürftigen im häuslichen Umfeld nahelegen. Dafür soll dieser Exkurs sensibilisieren.

Nach den in Bund und Ländern vereinzelt verwendeten Begriffsbestimmungen bzw. Phänomenbeschreibungen kann Gewalt im sozialen Nahraum auch Gewalt in Pflegeverhältnissen, am Arbeitsplatz und anderen sozialen Bezügen umfassen, auch wenn der Begriff mehrheitlich allein auf Paarbeziehungsgewalt Anwendung findet.[272] Dabei sind Fallkonstellationen vorrangig in der Gewaltanwendung gegenüber Pflegebedürftigen, aber auch von Pflegebedürftigen gegenüber Helfern denkbar.

Der demografische Wandel wird zu steigenden Zahlen von Pflegebedürftigen führen. Selbst unter begünstigenden Annahmen zunehmend gesünderer Lebensstile wird die Zahl der Pflegebedürftigen nach Schätzungen der Statistischen Ämter des Bundes und der Länder bis 2020 auf 2,72 Millionen und bis 2030 auf 3,0 Millionen anwachsen.[273]

7.1 Gewaltgefährdung

Die Pflege älterer Menschen findet bislang überwiegend zu Hause statt. Mit der Pflege befasst sind regelmäßig Angehörige und in wachsendem Maße ambulante Pflegedienste.

Über das Ausmaß der Gefährdung gerade älterer Menschen, Opfer von Gewalt in der häuslichen Pflege zu werden, liegen verlässliche Daten nicht vor. Die PKS bildet derartige Sachverhalte nur im Einzelfall ab, in Opferbefragungen werden Pflegebedürftige kaum erreicht.[274]

Dennoch zeigen Ergebnisse einer durch das BMFSFJ geförderten Studie „Kriminalitäts- und Gewalterfahrungen im Leben älterer Menschen"[275], dass Fälle der Misshandlung und Vernachlässigung in häuslichen Pflegekonstellationen weit verbreitet sind.

Pflegebedürftige gehören zu einer verletzbaren Personengruppe. Pflege im häuslichen Umfeld ist den Blicken der Öffentlichkeit weitgehend entzogen. Das schafft vielfältige Tatgelegenheitsstrukturen und Verdeckungsmöglichkeiten. Pflegebedürftige sind zudem oft nicht in der Lage, sich zur Wehr zu setzen oder Hilfe durch andere zu initiieren.

Im Rahmen der o.g. Studie berichten mehr als die Hälfte der befragten pflegenden Angehörigen mindestens ein kritisches Vorkommnis aus der familiären Pflegesi-

---

272) Innenministerkonferenz, 2005.
273) Görgen, 2012, S. 50, 51.
274) Görgen, 2012, S. 51.
275) Görgen, 2006.

tuation des letzten Jahres. Dabei handelt es sich überwiegend um Fälle verbaler Aggression oder psychischer Misshandlung. „Immerhin ein knappes Fünftel der Befragten berichtet auch Vorfälle körperlicher Gewaltanwendung." [276]

Die weiteren Befunde der Studie [277] belegen u.a. folgende Aspekte:

- In der häuslichen Pflege kann aus der Kombination von physischer Nähe, Machtunterschieden, Leiden der gepflegten und Belastungen der pflegenden Person sowie eingeschränkter Rationalität in einer sich entwickelnden Beziehungsdynamik ein nicht unerhebliches Gewaltpotenzial erwachsen.
- Die Gefährdung Pflegebedürftiger ergibt sich vielfach im Kontext der Pflege, wenn Widerstand gegen eine als notwendig erachtete Pflegehandlung überwunden werden soll, ohne dass eine Schädigung beabsichtigt ist. Verbale Aggression oder körperliche Gewalt können sich dann aus einer unmittelbar eskalierenden Konfliktsituation und einer Überforderung des Pflegenden entwickeln. Andererseits ist aber auch das Ausleben von Machtbedürfnissen zu verzeichnen.
- Fehlendes Wissen um Krankheitsbilder, die „pflegerische Belastung bei gleichzeitig ungünstiger Interpretation des Verhaltens Pflegebedürftiger, ungeeignete Strategien der Belastungsbewältigung, schwierige ökonomische Rahmenbedingungen, welche die Nutzung externer Hilfen erschweren, sowie aggressives bzw. als aggressiv erlebtes Verhalten des Pflegebedürftigen" [278] kommen als weitere Risikofaktoren hinzu.

Folgen einer Vernachlässigung durch unterlassene Pflegemaßnahmen lassen sich häufig nur an Spätfolgen erkennen.

Nach alledem ist von einem beträchtlichen Dunkelfeld auszugehen. [279]

7.2 Gewaltprävention

Einer wirksamen Gewaltprävention kommt in diesem Zusammenhang besondere Bedeutung zu, zumal sich Gewalt in der Pflege in ihren Entstehungsbedingungen und der Motivation von den klassischen Formen der Gewaltdelinquenz deutlich unterscheidet.

So haben das Bundesfamilienministerium und die Deutsche Hochschule der Polizei von 2008 bis 2012 ein Aktionsprogramm „Sicher leben im Alter" (SiliA) mit dem Ziel aufgelegt, Ansätze für den sicherheitsbezogenen Handlungsbedarf zum Schutz alter Menschen vor Misshandlung und Vernachlässigung durch Angehörige in der familiären Pflege zu entwickeln. [280]

Im Zentrum der Überlegungen zur Gewaltprävention stehen dabei ambulante Pflegekräfte und Pflegedienste, die in der häuslichen Pflege gleichsam ein „Fenster zur Öffentlichkeit" [281] bilden und in ihrer begleitenden Arbeit Anzeichen für Misshandlung oder Vernachlässigung von Pflegebedürftigen durch Angehörige wahrnehmen können.

---

276) Görgen, 2012, S. 51.
277) Görgen, 2012, S. 53 f.
278) Görgen, 2012, S. 53.
279) Görgen, 2012, S. 54.
280) BMFSFJ, 2013b.
281) Görgen, 2012, S. 55.

Die vorgeschlagenen Maßnahmen zielen vorrangig darauf ab, diese Pflegekräfte und Pflegedienste durch Informationen über Erscheinungsformen, Indikatoren und Risikofaktoren von Gewalt zu unterstützen und ihnen bewusst zu machen, dass es auch zu ihren Aufgaben gehört, in Verdachtslagen, die eine Intervention erforderlich machen, die Initiative zu ergreifen. Außerdem sind ihnen für diese Fälle Handlungssicherheit und Handlungsroutinen zu vermitteln, etwa in der Einschaltung von Beratungseinrichtungen und Pflegestützpunkten, aber ggf. auch von Polizei und Justiz.[282] Infolge des Aktionsprogramms sind für die Zielgruppe entsprechende Materialien entstanden.

Weitere Maßnahmen müssen sich direkt an pflegende Angehörige richten, um auch ihnen Information und Beratung zu bieten, eine Stärkung ihrer Kompetenz zu bewirken sowie Möglichkeiten der Entlastung und Krisenintervention aufzuzeigen.

Polizeilich kann den Formen von Gewalt in der häuslichen Pflege letztlich nur im Netzwerk mit anderen Professionen und Institutionen, wie z.B. Gesundheits-, Pflege- und Altenhilfesystemen sowie kommunalen und gemeinnützigen Beratungs- und Kriseninterventionsstrukturen, präventiv begegnet werden.

Eine strafrechtliche Intervention ist infolge polizeilicher Kenntnisnahme eines relevanten Sachverhaltes auch vor dem Hintergrund des Legalitätsprinzips im Einzelfall geboten, im Hinblick auf die Motivation der Handelnden und die möglichen Folgen einer Intervention jedoch „oftmals nur bedingt sinnvoll."[283]

---

[282] Görgen, 2012, S. 56.
[283] Görgen, 2012, S. 56 f.

Anhang

Klausur mit Lösungsbemerkungen und Fallvarianten, auch zur zwangsweisen Durchsetzung von Maßnahmen

Sachverhalt

Der 37-jährige Wilhelm A. (A) ist Hauptmieter eines Einzimmerappartements in Düsseldorf, Rethelstr. 74.

Seit einigen Monaten wohnt die 38-jährige Sabine B. (B) bei ihm.

Probleme im Beruf und die Ungewissheit über die Heilungschancen seiner Leukämie stürzen A in eine Lebenskrise. Frühere Beziehungen mit anderen Frauen scheiterten bereits an seiner dominanten Art, mit Problemen umzugehen, und ggf. auch gewalttätig zu werden.

Aus Angst, die Freundschaft von B zu verlieren, schließt er sie wiederholt bei Verlassen der Wohnung in der 4. Etage des Hauses ein und schüchtert sie bei seiner Rückkehr ein, indem er sie mehrfach ohrfeigt.

Nachdem ein Polizeieinsatz wegen nächtlicher Ruhestörung in der Nacht zum 05.06. zunächst bei den eingesetzten Polizeibeamten keinen Hinweis auf die tätlichen Übergriffe des A zum Nachteil der B erbracht hatte, führten am 14.06. gegen 02:35 Uhr Mitbewohner des Hauses erneut über Notruf bei der Einsatzleitstelle der Polizei Klage über lautes Geschrei aus der Wohnung des A, Hilferufe der B und polternde Geräusche, als wenn jemand öfter zu Boden gegangen sei.

POK'in C und PK D werden eingesetzt.

A öffnet nach Aufforderung durch POK'in C bereitwillig die Wohnungstür. B kauert auf dem Sofa, ihr Gesicht wirkt verquollen, über dem rechten Auge ist ein Hämatom.

Auf Befragen gibt B an, gefallen zu sein. A wirkt überfreundlich und bietet den eingesetzten Polizeibeamten Getränke an und bittet sie, doch Platz zu nehmen.

Die Bestuhlung der Wohnung ist ungeordnet, eine hölzerne Stuhllehne liegt zersplittert am Schuhschrank, der Flachbildschirm ist aus einem Regal gefallen und zerbrochen.

Nachdem POK'in C die B im Flur getrennt von A nach den Umständen befragen kann, räumt B das erlittene Martyrium von A ein: ständige Erniedrigungen, unbegründete Vorwürfe und Kritik an ihrem Verhalten sowie Schläge und Tritte, auch wenn sie bereits nach vorangegangenen Fausthieben zu Boden gegangen war. In einem Auszug aus der Wohnung sieht sie allerdings für sich keine Lösung.

C verweist A trotz heftigen Protestes seiner Wohnung und verbietet ihm die Rückkehr für 10 Tage.

Hat C rechtmäßig gehandelt?

Lösungsskizze (auf der Grundlage des nordrhein-westfälischen Polizeigesetzes)

Zu begutachten sind die Rechtmäßigkeit der Wohnungsverweisung und des Rückkehrverbotes.

I. Vorbemerkungen

1. Eingriff

Zu prüfen ist zunächst eine nicht ganz unwesentliche Beeinträchtigung des Schutzbereiches eines Grundrechtes.

A kann durch die Verfügung der C für 10 Tage nicht mehr seinen Wohnsitz frei wählen, Art. 11 GG lässt diese Beeinträchtigung u.a. nur zur Verhinderung strafbarer Handlungen zu.

Da hier Körperverletzungsdelikte (§§ 223 ff. StGB) und Freiheitsberaubung (§ 239 StGB) zum Nachteil der B zu befürchten sind, berücksichtigt C die Tatbestandsvoraussetzungen aus Art. 11 Abs. 2 GG.

Weiterhin ist ein Eingriff in Art. 13 GG zu prüfen. Grundsätzlich besteht der Schutzbereich in der Privatheit, nicht dem Recht auf Wohnung.

Fraglich ist, ob für die Annahme des streitigen Eingriffes die verfassungsrechtlichen Voraussetzungen aus Art. 13 Abs. 7 GG vorliegen, daher ist eine dringende Gefahr zu prüfen.

Mit dringender Gefahr wird eine Gefahr für Schäden besonders wichtiger Güter oder eine Gefahr, die einen besonders großen Schaden erwarten lässt, bezeichnet. Hier liegen Gefahren für Leib, Leben und Freiheit der B vor, mithin hat C sich verfassungskonform verhalten.

A kann nach der Wohnungsverweisung nicht mehr über seine Wohnung verfügen, ein Eingriff in das Besitzrecht des Mieters, welches auch durch Art. 14 GG geschützt wird, ist anzunehmen.

2. Zielrichtung

C handelte zur Abwehr von Gefahren für Leib, ggf. Leben und Freiheit der B und zur Verhütung weiterer Straftaten durch A, somit auch zur Abwehr von abstrakten Gefahren für die Sicherheitsgüter der Allgemeinheit, der Integrität der Rechtsordnung, also zur Gefahrenabwehr.

3. Handlungsform

C erließ einen Dauerverwaltungsakt (§ 35 Satz 1 VwVfG NRW).

II. Formelle Rechtmäßigkeit

1. Örtliche Zuständigkeit

Von der örtlichen Zuständigkeit ist auszugehen (§ 7 POG NRW).

2. Sachliche Zuständigkeit

Fraglich ist die subsidiäre Zuständigkeit der Kreispolizeibehörde zur Gefahrenabwehr.

§ 24 OBG ermächtigt grundsätzlich die Ordnungsbehörden zum Vollzug polizeilicher Standardmaßnahmen. Allerdings wurde § 34a PolG NRW ausdrücklich aus diesem Katalog herausgenommen, die Ordnungsbehörde hat keine Befugnis zu Wohnungsverweisung und Rückkehrverbot. Der polizeirechtliche Grundsatz, nicht von der Aufgabe der Gefahrenabwehr zugleich auf die Befugnis schließen zu dürfen, gilt allerdings auch hier. Der Gesetzgeber ging bei der Einführung der Wohnungsverweisung und des Rückkehrverbotes davon aus, dass die Polizei aufgrund ihrer Ausbildung und Ausstattung ohnehin die einzige Behörde sei, die den Ansprüchen der effektiven Intervention in der akuten Krise streitender Konfliktparteien genügt. Unabhängig von der Eilfallzuständigkeit der Polizei (§ 1 Abs. 1 Satz 3 PolG NRW) ergeben sich also praktisch keine Unterschiede.

Die sachliche Zuständigkeit der C als Amtswalterin für das PP Düsseldorf ergibt sich aus §§ 1 Abs. 1 Satz 1 und Satz 2 PolG NRW i.V.m. §§ 10, 11 Abs. 1 Nr. 1 POG NRW.

A verletzt mit seinem Verhalten Schutzgüter der öffentlichen Sicherheit, hier die subjektiven Rechtsgüter der Einzelperson B in ihrem Recht auf Leib, Leben und Gesundheit. Außerdem verletzt A durch die Begehung von Straftaten wie Körperverletzungsdelikte zum Nachteil der B (§§ 223 ff. StGB) auch die Einhaltung der in der objektiven Rechtsordnung begründeten Verhaltenspflichten (objektive Rechtsordnung als kollektives Schutzgut).

Die Polizei ist originär zur Verhütung weiterer Straftaten des A zuständig (§ 1 Abs. 1 Satz 2 PolG NRW).

3. Allgemeine Form- und Verfahrensvorschriften

A ist anzuhören (§ 28 VwVfG NRW, Ausnahmetatbestände aus Abs. 2 sind nicht erkennbar).

C muss ihre Verfügung hinreichend bestimmt, also nach Örtlichkeit und Dauer genau bezeichnet, verfassen (§ 37 VwVfG NRW) und wirksam mitteilen (§ 41 VwVfG NRW).

Grundsätzlich wird die als mündliche Anordnung erlassene Wohnungsverweisung schriftlich mit entsprechendem Vordruck bestätigt und begründet (§§ 37 Abs. 2 Satz 2, 39 Abs. 1 Satz 1 VwVfG NRW).

Die Wohnungsverweisung und das Rückkehrverbot sind formell rechtmäßig.

III. Materielle Rechtmäßigkeit

1. Ermächtigung

§ 34a PolG NRW schützt die Bewohner einer Wohnung, hier B, vor Übergriffen von anderen Bewohnern.

1.1 Häusliche Gewalt

Zunächst müsste es sich um einen Fall „häuslicher Gewalt" handeln. Der Bezug erklärt sich in Nordrhein-Westfalen aus der Überschrift des § 34a PolG. NRW. A ist zwar alleiniger Mieter der Wohnung, faktisch wohnt seine Freundin B jedoch bereits einigen Monaten bei ihm. Es handelt sich also um eine auf gewisse Dauer ausgerichtete Lebensgemeinschaft in einer gemeinsam genutzten häuslichen Umgebung. Das Appartement lässt auch räumlich keine getrennte, persönlich zu nutzende Sphäre zu.

In jedem Fall ist von einem Fall häuslicher Gewalt auszugehen.

1.2 Gegenwärtige Gefahr/Gefahrenprognose

Weiterhin ist eine gegenwärtige Gefahr für Leib, Leben und Freiheit der B zu prüfen. Die gegenwärtige Gefahr kennzeichnet eine Sachlage, bei der die Einwirkung des schädigenden Ereignisses bereits begonnen hat oder in allernächster Zeit mit an Sicherheit grenzender Wahrscheinlichkeit bevorsteht.

B hat bereits sichtbare Verletzungen erlitten und der Streit dauert im Rahmen der sich stetig verfestigenden Gewaltbeziehung fort.

Bei den hier anzunehmenden schwerwiegenden Gesundheitsgefahren lässt die Rechtsprechung sogar die entfernte Wahrscheinlichkeit des Schadenseintrittes in zeitlicher und tatsächlicher Hinsicht zu. In ungünstigen Verläufen einer heftigen tätlichen Auseinandersetzung ist eine Lebensgefahr der B zu befürchten.

Die Gründe für die Annahme der Wiederholungsgefahr sind in diesem Fall:
- mehrfache und wiederholte Übergriffe des A zum Nachteil der B trotz eines bereits erfolgten Einsatzes der Polizei
- B will A trotzdem noch vor staatlichen Interventionen schützen.
- B hat trotzdem weiterhin Angst vor A.
- B sieht keinen Ausweg, erst recht nicht die Möglichkeit, selbst die Wohnung zu verlassen.

Die 10-tägige Rückkehrverbotsfrist entspricht dem gesetzlichen Regelfall.

2. Besondere Verfahrensvorschriften

2.1 Mitnahme dringend benötigter persönlicher Gegenstände

A ist Gelegenheit zu geben (§ 34a Abs. 2 PolG NRW), dringend benötigte persönliche Gegenstände mitzunehmen. Dazu gehören z.B. Hygieneartikel, Kleidung zum Wechseln, nötige Medikamente, Kreditkarte, Portemonnaie, wichtige Unterlagen.

2.2 Bezeichnung des räumlichen Bereiches

Über das allgemeine Bestimmtheitserfordernis des Verwaltungsaktes hinaus ist der räumliche Bereich, auf den sich die Wohnungsverweisung und das Rückkehrverbot beziehen, genau zu bezeichnen (§ 34a Abs. 1 Satz 2, 3 PolG NRW).

Die Ausdehnung ist von dem Schutzinteresse der gefährdeten Person bestimmt und bezieht sich hier auf den gesamten Wohnbereich des A.

2.3 Erreichbarkeit der betroffenen Person

C muss A auffordern, den künftigen Aufenthaltsort zu nennen (§ 34a Abs. 3 PolG NRW). Die neue Erreichbarkeit soll im Interesse des Opfers ggf. u. a. die Zustellung ggf. beantragter gerichtlicher Entscheidungen erleichtern.

2.4 Informations- und Beratungspflichten gegenüber der gefährdeten Person

B muss auf die Möglichkeit einer Beantragung zivilrechtlichen Schutzes und die Beratung durch geeignete Stellen hingewiesen werden (§ 34a Abs. 4 PolG NRW).

Die Übermittlung der personenbezogenen Daten des Opfers bedarf seiner Einwilligung. Die besonderen Umstände der Einsatzsituation als akute Krisenintervention lassen eine mündliche Form der Einwilligung zu (§ 4 Abs. 1 Satz 3 DSG NRW).

2.5 Weitere Informationspflichten
A und B müssen unverzüglich über die Dauer der Maßnahme informiert werden (§ 34a Abs. 6 Satz 2 PolG NRW).

2.6 Überprüfung des Rückkehrverbotes
Das Rückkehrverbot ist mindestens einmal während der Geltung zu überprüfen (§ 34a Abs. 7 PolG NRW).

3. Adressat
Die polizeirechtliche Verantwortlichkeit ist hier spezialgesetzlich geregelt. Es handelt sich um die „betroffene Person", also die Person, von der die Gefahr ausgeht (§ 34a Abs. 1 Satz 1 PolG NRW), hier A. B selbst hat nach den Umständen jedenfalls keine eigene Verantwortung hinsichtlich der Übergriffe.

4. Ermessen
§ 34a Abs. 1 Satz 2 und Abs. 5 PolG NRW lassen Ermessen (§ 3 PolG NRW) in räumlicher und zeitlicher Hinsicht zu.

Wegen der bestehenden Gefahr für Leib und Leben der B und der Schutzpflicht des Staates aus Art. 2 Abs. 2 Satz 1 GG ist das Entschließungsermessen auf Null reduziert.

Im Rahmen des Auswahlermessens handelte C im Schutzinteresse der B vor Übergriffen des A mit dem 10-tägigen Rückkehrverbot richtig.

5. Verhältnismäßigkeit
Polizeiliche Maßnahmen müssen geeignet, erforderlich und verhältnismäßig im engeren Sinne sein (§ 2 PolG NRW).

5.1 Geeignetheit
Mit der Wohnungsverweisung und dem Rückkehrverbot des A werden einerseits die Konfliktparteien getrennt und Tatgelegenheiten für körperliche Übergriffe in der Wohnung ausgeschlossen, andererseits erhält B Gelegenheit, sich frei von jeglicher physischer und psychischer Beeinflussung durch A zu einem Auszug und ggf. zur Beantragung zivilgerichtlicher Hilfen zu entschließen.

5.2 Erforderlichkeit
Die 10-Tagesfrist war auch zur Administration ggf. beantragter zivilgerichtlicher Hilfen erforderlich.

Eine bloße Gefährderansprache hätte in einer gefestigten Gewaltbeziehung bestenfalls nur eine momentane Wirkung. Eine Ingewahrsamnahme (§ 35 PolG NRW) wäre ebenfalls nur zeitlich bis zum Ablauf des Folgetages begrenzt, ein Platzverweis (§ 34 PolG NRW) scheitert an den Tatbestandsvoraussetzungen.

5.3 Verhältnismäßigkeit im engeren Sinne

Die Eingriffe in die Grundrechte des A stehen in keinem erkennbaren Missverhältnis zu den höherwertigen Grundrechten der B auf Leib, Leben, Gesundheit und Freiheit.

Das Interesse des A an der Nutzung seiner Mietwohnung muss aus den genannten Gründen zurücktreten.

IV. Ergebnis

Die Wohnungsverweisung und das 10-tägige Rückkehrverbot waren rechtmäßig, C hat rechtmäßig gehandelt.

Ergänzende Hinweise zu möglichen Fallvarianten und rechtlichen Problemstellungen in einer Klausur:

1. Umgang mit dem Wohnungsschlüssel
2. Betretungsverbote außerhalb einer Wohnung
3. Sofortige Unterbringung nach dem PsychKG
4. Vorläufige Festnahme zur Vorbereitung der „Deeskalationshaft"
5. Betreten von Wohnungen
6. Datenübermittlung
7. Zwangsanwendungen

1. Wohnungsschlüssel

Fraglich ist zunächst die Intensität des Eingriffes, ggf. den Wohnungsschlüssel herauszugeben. Sofern nach den Umständen damit für die betroffene Person keine zusätzliche Belastung verbunden ist, ist von einem von der Wohnungsverweisung typischerweise verbundenen Begleiteingriff auszugehen. Das Rückkehrverbot ist zwangsläufig mit dem Verbot verbunden, während der Frist die Wohnung betreten zu dürfen, mithin den Wohnungsschlüssel zu benutzen.

Eine zusätzliche Belastung kann z.B. durch die Übergabe des Wohnungsschlüssels an die geschädigte Person entstehen.

Die Ermächtigung für diesen weitergehenden Eingriff könnte sich aus § 43 Nr. 1 PolG NRW ergeben.

Eine gegenwärtige Gefahr liegt zweifelsfrei vor.

Die zulässige Rechtsfolge ist die Beschränkung der Verfügungsmöglichkeit über den Schlüssel und die grundsätzliche Begründung eines öffentlich-rechtlichen Verwahrungsverhältnisses an dem Schlüssel.

Die Verwahrung durch einen Dritten ist im Einzelfall nicht zu beanstanden (§ 44 Abs. 1 Satz 3 PolG NRW). Wenn dadurch jedoch ein Mietverhältnis zivilrechtlich verändert wird, ist der Umfang der eingetretenen Rechtsfolge nicht mehr von der Ermächtigung gedeckt und die Aushändigung des Schlüssels an B wäre rechtswidrig. Die Schlüsselübergabe kann im Einzelfall den endgültigen Willen des Mieters zur Aufgabe des Besitzes an der Wohnung bedeuten.[284]

Sofern der Schlüssel bei der Polizei mit der Maßgabe der Abholmöglichkeit nach Ablauf der Frist des Rückkehrverbotes verwahrt wird, sind grundsätzlich keine rechtlichen Bedenken gegeben.

2. Betretungsverbote außerhalb der Wohnung

Ein Betretungsverbot von Bereichen außerhalb der Wohnung ist nach den Umständen des Einzelfalles noch als zwangsläufiger Begleiteingriff der Wohnungsverweisung zu bewerten (z. B. ein Betretungsverbot für den Bereich außerhalb des Hauses bis zur Garage, in der der PKW der geschädigten Person steht und der für die Berufsausübung täglich genutzt werden muss).

Die Ausweitung des Betretungsverbotes auf einen weiteren Umkreis ist ein intensiverer und nicht mehr von § 34a PolG NRW gedeckter Eingriff.

§ 34 Abs. 1 PolG NRW lässt grundsätzlich nur kurzfristige Platzverweise zu, die Beurteilung einer Gefahr außerhalb der Wohnung hängt von den Umständen des Einzelfalles ab, die Besonderheit der Tatbegehung unter Ausnutzung der häuslichen Sphäre ist jedoch nur schwer zu begründen.

Aufenthaltsverbote (§ 34 Abs. 2 PolG NRW) sind ausdrücklich nur in den Bereichen möglich, in denen die betroffene Person keine Wohnung unterhält (§ 34 Abs. 2 Satz 1 Hs. 2 PolG NRW).

Der Rückgriff auf die Generalklausel (§ 8 PolG NRW) ist wegen der Schwere des Grundrechtseingriffs und der dazu ergangenen spezialgesetzlichen Regelungen gehindert.

Dieser Platzverweis ist aus den genannten Gründen rechtswidrig.

3. Sofortige Unterbringung nach dem PsychKG

Eine Unterbringung liegt vor, wenn Betroffene gegen ihren Willen oder gegen den Willen Aufenthaltsbestimmungsberechtigter oder im Zustand der Willenlosigkeit in ein psychiatrisches Fachkrankenhaus, eine psychiatrische Fachabteilung eines Allgemeinkrankenhauses oder einer Hochschulklinik (Krankenhaus) eingewiesen werden und dort verbleiben (§ 10 Abs. 2 PsychKG NRW).

Sofern krankheitsbedingt gegenwärtig eine erhebliche Gefährdung bedeutender Rechtsgüter anderer oder eine Selbstgefährdung besteht und die Gefahr nicht anders abgewehrt werden kann, kann die Unterbringung erfolgen. Die fehlende Bereitschaft, sich behandeln zu lassen, rechtfertigt allein keine Unterbringung (§ 11 PsychKG NRW).

Zu den Krankheiten zählen behandlungsbedürftige Psychosen, behandlungsbedürftige psychische Störungen und Abhängigkeitserkrankungen von vergleichbarer Schwere.

Über die Unterbringung entscheidet das Amtsgericht auf Antrag der örtlichen Ordnungsbehörde (§ 12 PsychKG NRW). Im Fall der Notwendigkeit einer sofortigen Unterbringung kann die örtliche Ordnungsbehörde ohne vorherige richterliche Entscheidung die Unterbringung vornehmen, wenn ein ärztliches Zeugnis über den Befund vorliegt, der nicht älter als vom Vortag ist (§ 14 Abs. 1 PsychKG NRW).[285]

---

284) §§ 546, 546a BGB, Kammergericht Berlin 8 U 192/10, Urteil vom 30.01.2012; in: https://openjur.de/u/286051.html (Zugriff am 29.04.2016).
285) Tegtmeyer/Vahle, 2014, S. 317 (Rn. 22 und 23).

Das OLG Hamm[286] erkennt eine gegenwärtige Gefahr i.S.d. § 11 Abs. 2 PsychKG NRW in einer gesundheitlichen Gefährdung einer Person, die auf krankheitsbedingte, unablässige, gezielte Stalking-Attacken der Betroffenen zurückzuführen ist:

Von einer gegenwärtigen Gefahr nach dem PsychKG ist dann auszugehen, wenn das schadensstiftende Ereignis unmittelbar bevorsteht oder sein Eintritt zwar unvorhersehbar, wegen der besonderen Umstände jedoch jederzeit zu erwarten ist. Die gefährdeten Rechtsgüter müssen von erheblichem Gewicht und die drohende Gefahr erheblich sein. Die Voraussetzung der erheblichen Gefahr für die öffentliche Sicherheit erfordert eine Prognose anhand tatsächlicher Feststellungen. Hierfür maßgeblich sind insbesondere

– die Persönlichkeit des Betroffenen
– sein früheres Verhalten und
– seine zu erwartenden Lebensumstände.

4. Vorläufige Festnahme zur Vorbereitung der „Deeskalationshaft"

Sofern der Beschuldigte dringend verdächtig ist, ein nach § 238 II oder III StGB qualifiziertes Delikt begangen zu haben, und die Gefahr besteht, dass er vor rechtskräftiger Aburteilung weitere erhebliche Straftaten begehen wird (§ 112a I Nr. 1 StPO), kann gegen ihn Untersuchungshaft angeordnet werden (vorläufige Festnahme durch Beamte des Polizeidienstes nach §§ 127 II, 112, 112a StPO).

Der vom Gesetzgeber erhoffte verbesserte Opferschutz[287] wird in der Literatur als „polizeiliche Sicherungshaft" im Gewand der verfahrenssichernden Untersuchungshaft kritisiert.[288]

5. Betreten von Wohnungen

Die Einwilligung des Inhabers einer Wohnung (z.B. der Ehefrau, die wegen der tätlichen Übergriffe ihres Ehemannes über Notruf die Polizei um Hilfe gebeten hat) ist zur Beurteilung eines Eingriffes in den Schutzbereich der Privatsphäre der Wohnung (Art. 13 GG) unbeachtlich, wenn der Willen weiterer Inhaber der Wohnung, z.B. des renitenten Ehemanns, dem Betreten der Wohnung entgegensteht.

Das Betreten der Wohnung, also der bloße Aufenthalt in der Wohnung mit der Maßgabe, durch Inaugenscheinnahme der Situation und handelnder Personen Daten zu erheben, ist von der Durchsuchung einer Wohnung, also der ziel- und zweckgerichteten Suche nach Personen und/oder Gegenständen in der Wohnung, etwa durch Nachschau in Schränken und geschlossenen Behältnissen, abzugrenzen.

In Fällen häuslicher Gewalt reicht regelmäßig das Betreten der Wohnung (§ 41 PolG NRW) zur Bewältigung des Einsatzes aus. Eine richterliche Anordnung ist hier entbehrlich (§ 42 PolG NRW).

---

286) OLG Hamm 15 W 54, 64/08, Beschluss vom 13.03.2008; in: NJW 2008, S. 2859.
287) Bundestagsdrucksache 16/1030, S. 7:
„Nach den Erfahrungen der Praxis kann dem Opfer in gravierenden Fällen des „Stalking" oftmals nur dann geholfen werden, wenn der durch den Täter in Gang gesetzte Terror durch dessen Inhaftierung unterbrochen wird. Jedoch liegen die Voraussetzungen des § 112 zumeist nicht vor, weil es sich beim Täter um eine ansonsten strafrechtlich noch nicht in Erscheinung getretene Person in geordneten sozialen Verhältnissen handelt. Die zeitlich begrenzte Ingewahrsamnahme nach Polizeirecht bietet gleichfalls keine effektive Handhabe. Dementsprechend sind in der Vergangenheit Fälle aufgetreten, in denen der in Freiheit befindliche Täter das Opfer während laufender Strafverfahren körperlich schwer geschädigt oder gar getötet hat. Dies erscheint unerträglich."
288) Mitsch, 2007, S. 1241, 1242.

Auch zur Nachtzeit (§ 104 III StPO) ist wegen der bereits aus § 34a PolG NRW erforderlichen Tatbestandsvoraussetzung einer gegenwärtigen Gefahr für Leib, Leben oder Freiheit einer Person das Betreten der Wohnung zugelassen (§ 41 Abs. 1 Nr. 4, Abs. 2 PolG NRW).

Die Verfügung „Öffnen Sie die Tür!" ist von der Grundmaßnahme des Betretens einer Wohnung (§ 41 PolG NRW) erfasst.

Die zwangsweise Öffnung einer Wohnungstür ist rechtlich alternativ zu beurteilen: Während die Öffnung der Tür durch einen Schlüsseldienst bei Einwirkung auf den Schließmechanismus und ordnungsgemäßer Betätigung des Türöffners als vertretbare Handlung gilt und mit dem Zwangsmittel der Ersatzvornahme (§ 52 PolG NRW) rechtlich zu begutachten ist, ist die körperliche Einwirkung auf die Tür, etwa für den Fall des Zudrückens auf der Gegenseite, unmittelbarer Zwang gegen eine Person (§§ 55, 58 Abs. 1, 2 PolG NRW).

Wird bloß auf die Tür und nicht auf eine dahinterstehende Person eingewirkt und die Substanz der Tür verletzt, etwa bei Eintreten der Tür durch Beschädigung des Türblattes und des -rahmens, liegt unmittelbarer Zwang gegen Sachen vor.

In allen Fällen ist das Verwaltungsvollstreckungsverfahren nach §§ 50 ff. PolG NRW als Fall der zwangsweisen Durchsetzung eines vorausgegangenen Verwaltungsaktes (§ 50 Abs. 1 PolG NRW) oder des Sofortvollzugs (§ 50 Abs. 2 PolG NRW) zu begutachten.

Für den Fall der zwangsweisen Durchsetzung von strafprozessualen Maßnahmen ist der Verfahrensweg der §§ 57 ff. PolG NRW zu prüfen.

6. Datenübermittlung
Sofern Kinder einer weiteren Betreuung bedürfen, erfolgt die Übermittlung der personenbezogenen Daten (Personalien und Umstände des Einzelfalles als schützenswerte Individualmerkmale, Schutzbereich des Rechts auf informationelle Selbstbestimmung aus Art. 2 Abs. 1 i.V.m. 1 Abs. 1 GG) an das Jugendamt aufgrund von § 28 Abs. 2 PolG NRW. Die Zweckbindung (§ 26 Abs. 1 Satz 1 PolG NRW) ist zu beachten. Die Verantwortlichkeit liegt bei der übermittelnden Behörde (§ 26 Abs. 3 Satz 1, 2 PolG NRW).

7. Zwangsanwendungen
Zwangsweise Durchsetzung von Maßnahmen in nordrhein-westfälischen Bezügen
(Überblick zu §§ 50, 51, 55, 57, 58, 60, 61, 62 PolG NRW)

Lesehinweise:

– Zwang nach vorausgegangenem Verwaltungsakt (§ 50 Abs. 1 PolG NRW) findet sich in farblichen ▨▨▨▨ Spalten und Zeilen,

– Zwang im Sofortvollzug (§ 50 Abs. 2 PolG NRW) in Spalten und Zeilen ▨▨▨▨ und

– Zwang zur Durchsetzung strafprozessualer Maßnahmen in Spalten und Zeilen ▨▨▨▨.

– Inhalte von Zeilen ohne farbliche Füllung gelten für alle drei Anwendungsfälle.

Zwangsanwendung zur Durchsetzung eines vorausgegangenen VA (§ 50 Abs. 1 PolG NRW)	Sofortvollzug, also Zwangsanwendung zur Durchsetzung eines fiktiven VA (§ 50 Abs. 2 PolG NRW)	Zwangsanwendung zur Durchsetzung strafprozessualer Maßnahmen (auch bei der Verfolgung von OWis – vgl. §§ 46, 53 OWiG) (§ 57 PolG NRW)
	**Vorbemerkungen**	
	GR-Eingriff: in der Regel – Freiheitsrecht (Art. 2 Abs. 2 Satz 2 GG) – Körperliche Unversehrtheit (Art. 2 Abs. 2 Satz 1 GG) – Eigentum (Art. 14 GG) – Freie Entfaltung der Persönlichkeit (Art. 2 Abs. 1 GG)	
Handlungsform – Androhung ist VA (§ 35 VwVfG NRW) – Vollzug ist Realakt		– Androhung Justiz-VA (§ 23 EGGvG) – Vollzug ist Justizrealakt
	**Formelle Rechtmäßigkeit**	
	– Verweis auf vorausgegangene Prüfung der „Grundmaßnahme" – Verzicht auf vorherige Anhörung (§ 28 Abs. 2 Nr. 5 VwVfG NRW)	
	**Materielle Rechtmäßigkeit**	
§ 50 Abs. 1 PolG NRW – **befehlender VA** (VA auf Vornahme einer Handlung, Dulden oder Unterlassen) **wurde nicht beachtet** – **Wirksamkeit des vorausgegangenen VAs:** Er muss bekannt gegeben worden sein und darf nicht nichtig sein (§ 43 VwVfG NRW), ist also rechtmäßig – **Unanfechtbarkeit des VAs** bzw. Rechtsmittel haben keine aufschiebende Wirkung: = > entfalten **Widerspruch** und **Anfechtungsklage** aufschiebende Wirkung (§ 80 Abs. 1 VwGO) = > Ausnahme: **Widerspruch ist ausgesetzt** – vgl. §§ 110, 112 JustizG NRW = > die **aufschiebende Wirkung** von Rechtsmitteln, aktuell nur noch die **Anfechtungsklage**, **entfällt generell bei unaufschiebbaren Maßnahmen von PVB** (§ 80 Abs. 2 Nr. 2 VwGO)	§ 50 Abs. 2 PolG NRW – gegenwärtige Gefahr – Erforderlichkeit des Sofortvollzugs: ⇨ Maßnahmen gegen Personen nach §§ 4–6 PolG NRW nicht oder nicht rechtzeitig möglich ⇨ oder versprechen keinen Erfolg – Handeln „innerhalb ihrer Befugnisse": Der fiktiv erlassene bzw. hypothetisch bei entsprechend verfügbarer Zeit mögliche VA müsste formell und materiell rechtmäßig gewesen sein – Verweis auf vorausgegangene Prüfung!	§ 57 PolG NRW – Befugnis der Polizei zur Anwendung UZw: ⇨ Die StPO enthält grundsätzlich keine Regelung zur zwangsweisen Durchsetzung von Maßnahmen. Es ist jedoch anerkannt, dass die Maßnahme, die formell und materiell rechtmäßig ist, auch mit Zwang durchgeführt werden darf! Verweis auf vorausgegangene Prüfung der Grundmaßnahme ⇨ Die Art und Weise der Zwangsanwendung richtet sich nach §§ 57–66 PolG NRW – vgl. Nr. 57.0 VV PolG NRW

Zugelassene Zwangsmittel		

§ 51 PolG NRW
– Ersatzvornahme
  (§ 52 PolG NRW)
– Zwangsgeld
  (§ 53 PolG NRW)
– Unmittelbarer Zwang
  (§ 55 PolG NRW)
	– § 51 PolG NRW
	– Ersatzvornahme
	  (§ 52 PolG NRW)
	– Zwangsgeld
	  (§ 53 PolG NRW)
	– Unmittelbarer Zwang
	  (§ 55 PolG NRW)
		Nur:
		Unmittelbarer Zwang
		(§ 58 Abs. 1 PolG NRW)
		(Ersatzvornahme und Zwangsgeld scheiden aus, vgl. „Nemo-tenetur-Grundsatz" als Prozessmaxime der StPO)

Tatbestandsvoraussetzungen der Fesselung: § 62 PolG NRW Tatbestandsvoraussetzungen des Schusswaffengebrauches: §§ 63, 64 PolG NRW		
Art und Weise der Zwangsanwendung		
Vorzeigepflicht Dienstausweis § 55 Abs. 3 PolG NRW – Ausnahme bei Beeinträchtigung des Zweckes der Maßnahme – vgl.: Nr. 2.5.2 – Polizeidienstausweise, Kriminaldienstmarken und Visitenkarten, RdErl. IM vom 12.04.2010 (MBl. NRW. 2010, S. 578)		
Androhung		
§§ 51, 56 PolG NRW		
bei unmittelbarem Zwang: § 61 PolG NRW		
Hilfeleistungspflicht		
§ 60 PolG NRW		
Ermessen und Verhältnismäßigkeit		
§§ 2, 3 PolG NRW i.V.m. 57 Abs. 1 Satz 1 PolG NRW („Geltung der übrigen Vorschriften des Gesetzes")		
Doppelte Prüfung der Verhältnismäßigkeit: 1. Schritt: Verhältnismäßigkeit der zwangsweisen Durchsetzung einer Maßnahme schlechthin 2. Schritt: Verhältnismäßigkeit des tatsächlich gewählten Zwangsmittels (z.B. innerhalb der einfachen körperlichen Einwirkung durch unmittelbaren Zwang der Armdrehbeugehebel, der Gebrauch des EMS usw.)		
Ergebnis		

Anlage 1
Gewalt in Partnerschaftsbeziehungen – Opfer-Tatverdächtigen-Beziehung: Partnerschaft und Tatverdächtigen-Opfer-Beziehung: Partnerschaft, Baden-Württemberg, PKS 2013[289]

Gewalt in Partnerschaftsbeziehungen	Opfer (ab 16 Jahre)			Opfer-Tatverdächtigen-Beziehung: Partnerschaft									Opfer - Partnerschaftsgewalt		
				Ehepartner		eingetragene Lebenspartner		nicht-eheliche bzw. nicht eingetragene Lebensgefährten		ehemalige Ehe- und Lebenspartner bzw. Lebensgefährten		unbekannt			
PKS - 2013 / Opferdelikte	insges.	männlich	weiblich	männlich	weiblich	männlich	weiblich	männlich	weiblich	männlich	weiblich		insgesamt	weiblich	männlich
Vollendeter Mord und Totschlag (§§ 211, 212 StGB) (TSH: 892500)	82	43	39	0	13	0	0	1	3	1	3	22	21	19	2
Versuchter Mord und Totschlag (§§ 211, 212 StGB)	268	198	70	8	11	0	0	4	2	1	11	18	37	24	13
(vors. leichte) Körperverletzung (§ 223 StGB) (TSH: 2240)	36.261	22.038	14.223	462	2.414	8	14	320	1.368	444	1.884	1.412	6.914	5.680	1.234
gefährliche Körperverletzung (§§ 224 StGB) (TSH: 22201)	7.353	5.091	2.262	140	400	0	14	77	254	86	292	346	1.256	953	303
schwere Körperverletzung (§ 226 StGB)	32	20	12	0	2	0	0	0	2	1	2	1	8	7	1
Körperverletzung mit Todesfolge (§ 227 StGB) (TSH: 2210)	4	3	1	1	0	0	0	0	0	0	1	0	2	1	1
Freiheitsberaubung (§ 239 StGB) (TSH: 2321)	342	114	228	2	38	0	0	5	24	4	42	5	115	104	11
Nötigung (§ 240 StGB) (TSH: 2322)	4.682	3.046	1.636	9	28	0	0	3	32	14	143	295	229	203	26
tätliche Beleidigung, üble Nachrede, Verleumdung (§§ 185, 187, 188 StGB)							kein Opferdelikt						0	0	0
Bedrohung (§ 241 StGB) (TSH: 2323)	7.701	4.267	3.434	36	376	2	16	121	68	731	327		1.350	1.230	120
Nachstellung (§ 238 StGB) (TSH: 2324)	1.427	234	1.193	4	37	0	0	26	40	512	41		619	575	44
Vergewaltigung und sex. Nötigung (§ 177 StGB) (TSH: 1110)	610	16	594	1	81	0	0	0	49	1	75	13	207	205	2
davon: Vergewaltigung und sex. Nötigung mit Todesfolge (§ 178 StGB)	1	0	1	0	0	0	0	0	0	0	0	0	0	0	0
sexueller Missbrauch widerstandsunfähiger Personen (§ 179 StGB) (TSH: 1340)	131	13	118	0	0	0	0	0	0	0	3	0	9	9	0
Zwangsheirat (§ 237 StGB) (TSH: 2325)	7	1	6	0	2	0	0	0	4	0	3	1	1	1	0
Menschenhandel (§ 232 StGB) (TSH: 2360)	30	1	29	0	0	0	0	0	0	0	4	1	5	5	0
Erpresserischer Menschenraub (§ 239a StGB) (TSH: 2330)	12	4	8	0	0	0	0	0	4	0	0	0	0	0	0
Geiselnahme (§ 239b StGB) (TSH: 2340)	10	4	6	0	0	0	0	0	0	0	3	0	4	4	0
Raub, schwerer Raub, Raub mit Todesfolge, räuberischer Diebstahl (§ 249-252 StGB) (TSH: 2100)	1.568	1.037	531	3	3	0	0	0	15	7	29	139	57	47	10
Erpressung (§ 253 StGB), räuberische Erpressung (§ 255 StGB)	338	234	104	0	4	0	0	0	1	5	6	22	16	11	5
Exhibitionistische Handlungen/Err. öff. Ärgernisses (§ 183 StGB) (TSH: 1320)	622	90	532	0	1	0	0	0	0	0	0	26	1	1	0
Opfer insgesamt	**61.481**	**36.454**	**25.027**	**666**	**3.410**	**8**	**24**	**426**	**1.906**	**672**	**3.739**	**2.671**	**10.851**	**9.079**	**1.772**

Grau hinterlegt entspricht der Definition von häuslichen Gewalt in der Polizeilichen Kriminalstatistik Baden-Württemberg

Anteil weibliche Opfer von Partnerschaftsgewalt 83,7 %
Anteil männliche Opfer von Partnerschaftsgewalt 16,3 %

Anteil Partnerschaftsgewalt bei weiblichen Gewaltopfern 36,3 %
Anteil Partnerschaftsgewalt bei männlichen Gewaltopfern 4,9 %
Anteil Partnerschaftsgewalt bei Gewaltopfern insgesamt 17,6 %

---

289) https://sozialministerium.baden-wuerttemberg.de/fileadmin/redaktion/m-sm/intern/downloads/Downloads_Gegen_Gewalt_an_Frauen/LAP-BW_Anlage-1_Statistik-zum-LAP-gegen-Gewalt-an-Frauen.pdf (Zugriff am 29.04.2016).

Anlage 1 • Gewalt in Partnerschaftsbeziehungen

Anlage 1

Gewalt in Partnerschaftsbeziehungen

PKS - 2013

Tatverdächtige	Tatverdächtige (ab 16 Jahre)			Tatverdächtigen-Opfer-Beziehung: Partnerschaft									Tatverdächtige Partnerschaftsgewalt		
				Ehe		eingetragene Lebenspartner		nicht-eheliche bzw. nicht eingetragene Lebensgefährten		ehemalige Ehe- und Lebenspartner bzw. Lebensgefährten		unbekannt			
	insges.	männlich	weiblich	männlich	weiblich	männlich	weiblich	männlich	weiblich	männlich	weiblich		insgesamt	weiblich	männlich
Vollendeter Mord und Totschlag (§§ 211, 212 StGB) (TSH: 892500)	91	85	6	13	0	0	0	3	1	4	1	38	22	2	20
Versuchter Mord und Totschlag (§§ 211, 212 StGB)	271	238	33	11	8	0	0	2	4	11	1	40	37	13	24
(vors.leichte) Körperverletzung (§ 223 StGB) (TSH: 2240)	29.552	24.415	5.137	2.262	421	0	15	1.247	272	1.754	433	1.373	6.411	1.133	5.278
gefährliche Körperverletzung, (§§ 224 StGB) (TSH: 22201)	7.608	6.497	1.111	384	139	6	1	239	70	289	84	423	1.212	294	918
schwere Körperverletzung mit Todesfolge (§ 226 StGB)	33	31	2	2	0	1	0	2	0	2	1	1	8	1	7
Körperverletzung mit Todesfolge (§ 227 StGB) (TSH: 2210)	5	3	2	0	2	0	0	0	0	1	0	0	3	2	1
Freiheitsberaubung (§ 239 StGB) (TSH: 2321)	335	265	70	40	3	0	0	25	4	41	5	5	118	12	106
Nötigung (§ 240 StGB) (TSH: 2322)	4.484	3.982	502	27	9	0	0	27	2	139	13	302	217	24	193
tätliche Beleidigung, üble Nachrede, Verleumdung (§§ 185, 187, 188 StGB)						kein Opferdelikt							0	0	0
Bedrohung (§ 241 StGB) (TSH: 2323)	6.420	5.683	737	360	35	2	0	125	11	695	67	321	1.295	113	1.182
Nachstellung (StGB § 238) (TSH: 2324)	1.274	1.038	236	36	3	0	0	25	1	473	34	37	572	38	534
Vergewaltigung und sex. Nötigung (§ 177 StGB) (TSH: 1110)	595	590	5	76	0	0	0	45	0	74	0	16	195	0	195
davon: Vergewaltigung und sex. Nötigung mit Todesfolge (§ 178 StGB) (TSH: 1115)	1	1	0	0	0	0	0	0	0	0	0	0	0	0	0
sexueller Missbrauch widerstandsunfähiger Personen (§ 179 StGB) (TSH: 1340)	127	127	0	0	0	0	0	0	0	3	0	3	9	0	9
Zwangsheirat (§ 237 StGB) (TSH: 2325)	9	7	2	0	0	0	0	4	0	1	0	0	1	0	1
Menschenhandel (§ 232 StGB) (TSH: 2360)	36	27	9	0	0	0	0	4	0	1	0	2	5	0	5
Erpresserischer Menschenraub (§ 239a StGB) (TSH: 2330)	21	19	2	0	0	0	0	0	0	0	0	0	0	0	0
Geiselnahme (§ 239b StGB) (TSH: 2340)	14	14	0	0	0	0	0	1	0	4	0	0	5	0	5
Raub, schwerer Raub, Raub mit Todesfolge, räuberischer Diebstahl (§§ 249-252 StGB) (TSH: 2100)	1.820	1.640	180	3	3	0	0	15	0	32	4	180	57	7	50
Erpressung (§ 253 StGB), räuberische Erpressung (§ 255 StGB)	430	381	49	4	0	0	0	1	0	9	4	36	18	4	14
Exhibitionistische Handlungen/Err. off. Ärgernisses (§ 183 StGB) (TSH: 1320)	401	393	8	1	0	0	0	0	0	0	0	25	1	0	1
Tatverdächtige insgesamt	**53.527**	**45.436**	**8.091**	**3.221**	**623**	**8**	**24**	**1.765**	**365**	**3.533**	**647**	**2.802**	**10.186**	**1.643**	**8.543**

Grau hinterlegt entspricht der Definition von häuslicher Gewalt in der Polizeilichen Kriminalstatistik Baden-Württemberg

Anteil weibliche Tatverdächtige bei Partnerschaftsgewalt: 16%   Anteil männliche Tatverdächtige bei Partnerschaftsgewalt 84%

Seite 2

Anlage 2
Zahlenreihe „Häusliche Gewalt" in Nordrhein-Westfalen, Stand: 01.02.2016

www.lka.polizei.nrw.de

POLIZEI
Nordrhein-Westfalen
Landeskriminalamt

bürgerorientiert • professionell • rechtsstaatlich

„Häusliche Gewalt" in NRW
Zahlenreihe mit Stand 1. Februar 2016

Die Polizei erfasst Daten zur häuslichen Gewalt im Führungs- und Informationssystem der Polizei (FISPOL). Die nachfolgenden Tabellen geben daraus einen Überblick über die Entwicklung der registrierten häuslichen Gewalt und die polizeilichen Maßnahmen in diesem Zusammenhang.

Entwicklung der Strafanzeigen und der polizeilichen Maßnahmen

	2006	2007	2008	2009	2010	2011	2012	2013	2014	2015
Strafanzeigen (seit 2007 inkl. Nachstellungen § 238 StGB)	19 348	20 410	22 638	22 565	22 978	25 073	27 380	27 284	27 137	26 464
Entwicklung Strafanzeigen in Prozent		8	5	11	0	2	9	9	0	-1	-2
Vermittlungen der Opfer an Beratungsstellen		7 440	6 977	7 368	7 203	7 552	7 941	8 883	9 156	9 757	9 895
Wohnungsverweisungen und Rückkehrverbote		8 383	9 664	10 774	10 199	10 925	12 087	13 294	13 617	13 398	13 402

Entwicklung der Strafanzeigen nach Straftatbeständen*)

StGB	2006	2007	2008	2009	2010	2011	2012	2013	2014	2015
Hausfriedensbruch § 123	258	258	346	344	289	356	387	415	432	498
Sex. Missbrauch Schutzbefohlener § 174	66	53	84	74	33	8	18	3	12	12
Sex. Missbrauch von Kindern § 176	121	102	117	74	93	82	70	58	50	42
Sex. Nötigung und Vergewaltigung § 177	266	215	219	206	244	221	234	180	206	192
Tötungsdelikte §§ 211 ff.	65	46	28	19	25	27	21	24	22	20
Körperverletzung § 223	12 309	12 886	14 495	14 195	14 555	15 606	17 296	17 509	17 400	17 653
Gef. Körperverletzung § 224	3 431	3 420	3 745	3 650	3 486	3 341	3 383	3 665	3 729	3 660
Misshandlung Schutzbefohlener § 225	256	207	289	172	184	158	201	197	272	205
Schw. Körperverletzung § 226	46	27	20	20	22	15	22	28	62	19
Kindesentziehung § 235	44	31	34	33	22	36	27	32	58	52
Nachstellung § 238	0	347	564	587	475	523	555	480	521	418
Freiheitsberaubung § 239	290	272	308	347	306	330	338	343	374	369
Nötigung § 240	357	426	573	674	600	638	655	561	539	533
Bedrohung § 241	2 795	2 838	3 415	3 461	3 247	3 542	3 706	3 462	3 629	3 353
Erpressung § 253	25	36	45	28	32	42	64	54	55	55
Sachbeschädigung § 303-305	989	1 047	1 286	1 550	1 453	1 512	1 441	1 244	1 254	1 285
Straftaten zum Schutz der Ehre gemäß §§ 185 ff. StGB	575	636	984	1 077	1 182	1 199	1 343	1 103	1 146	1 208

*) mehrere Straftatbestände in einer Strafanzeige sind möglich

Quelle: Landeskriminalamt Nordrhein-Westfalen

---

290) https://www.polizei.nrw.de/media/Dokumente/Behoerden/LKA/2016-02-03_Zahlen_HG_2006-2015.pdf, (Zugriff am 29.04.2016).

Anlage 3
Übersicht der Befugnisnormen in den Polizeigesetzen der Länder zu Wohnungsverweisung und Rückkehrverbot

Baden-Württemberg

Polizeigesetz (PolG)
in der Fassung vom 13. Januar 1992 (GBl. S. 1, ber. S. 596, 1993 S. 155), zuletzt geändert durch Gesetz vom 29. Juli 2014 (GBl. S. 378)

§ 27a Platzverweis, Aufenthaltsverbot, Wohnungsverweis, Rückkehrverbot, Annäherungsverbot

(1) Die Polizei kann zur Abwehr einer Gefahr oder zur Beseitigung einer Störung eine Person vorübergehend von einem Ort verweisen oder ihr vorübergehend das Betreten eines Ortes verbieten (Platzverweis).

(2) Die Polizei kann einer Person verbieten, einen bestimmten Ort, ein bestimmtes Gebiet innerhalb einer Gemeinde oder ein Gemeindegebiet zu betreten oder sich dort aufzuhalten, wenn Tatsachen die Annahme rechtfertigen, dass diese Person dort eine Straftat begehen oder zu ihrer Begehung beitragen wird (Aufenthaltsverbot). Das Aufenthaltsverbot ist zeitlich und örtlich auf den zur Verhütung der Straftat erforderlichen Umfang zu beschränken und darf räumlich nicht den Zugang zur Wohnung der betroffenen Person umfassen. Es darf die Dauer von drei Monaten nicht überschreiten.

(3) Die Polizei kann eine Person aus ihrer Wohnung und dem unmittelbar angrenzenden Bereich verweisen, wenn dies zum Schutz einer anderen Bewohnerin oder eines anderen Bewohners dieser Wohnung (verletzte oder bedrohte Person) vor einer unmittelbar bevorstehenden erheblichen Gefahr erforderlich ist (Wohnungsverweis). Rechtfertigen Tatsachen die Annahme, dass die erhebliche Gefahr nach Verlassen der Wohnung fortbesteht, kann die Polizei der der Wohnung verwiesenen Person verbieten, in die Wohnung oder den unmittelbar angrenzenden Bereich zurückzukehren (Rückkehrverbot) und sich der verletzten oder bedrohten Person anzunähern (Annäherungsverbot).

(4) Maßnahmen nach Absatz 3 sind bei Anordnung durch den Polizeivollzugsdienst auf höchstens vier Werktage und bei Anordnung durch die Polizeibehörde auf höchstens zwei Wochen zu befristen. Beantragt die verletzte oder bedrohte Person vor Ablauf der Frist Schutzmaßnahmen nach dem Gewaltschutzgesetz, kann die Polizeibehörde die Frist um höchstens zwei Wochen verlängern, wenn die Voraussetzungen des Absatzes 3 Satz 2 weiter vorliegen und dies unter Berücksichtigung der schutzwürdigen Interessen der der Wohnung verwiesenen Person erforderlich erscheint. Die Maßnahmen enden mit dem Tag der wirksamen gerichtlichen Entscheidung, eines gerichtlichen Vergleiches oder einer einstweiligen Anordnung.

(5) Anträge nach dem Gewaltschutzgesetz sowie hierauf erfolgte Entscheidungen, gerichtliche Vergleiche oder einstweilige Anordnungen, insbesondere die angeordneten Maßnahmen, die Dauer der Maßnahmen sowie Verstöße gegen die Auflagen, teilt das Gericht der zuständigen Polizeibehörde und der zuständigen Polizeidienststelle unverzüglich mit.

Gesetz über die Aufgaben und Befugnisse der Bayerischen Staatlichen Polizei (Polizeiaufgabengesetz – PAG)

in der Fassung der Bekanntmachung vom 14. September 1990 (GVBl. S. 397), zuletzt geändert durch Gesetz vom 23. November 2015 (GVBl. S. 410)

Art. 16 Platzverweisung

Die Polizei kann zur Abwehr einer Gefahr eine Person vorübergehend von einem Ort verweisen oder ihr vorübergehend das Betreten eines Orts verbieten. Die Platzverweisung kann ferner gegen Personen angeordnet werden, die den Einsatz der Feuerwehr oder von Hilfs- oder Rettungsdiensten behindern.

Art. 17 Gewahrsam

(1) Die Polizei kann eine Person in Gewahrsam nehmen, wenn

1. das zum Schutz der Person gegen eine Gefahr für Leib oder Leben erforderlich ist, insbesondere weil die Person sich erkennbar in einem die freie Willensbestimmung ausschließenden Zustand oder sonst in hilfloser Lage befindet oder
2. das unerläßlich ist, um die unmittelbar bevorstehende Begehung oder Fortsetzung einer Straftat oder einer Ordnungswidrigkeit von erheblicher Bedeutung für die Allgemeinheit zu verhindern; die Annahme, daß eine Person eine solche Tat begehen oder zu ihrer Begehung beitragen wird, kann sich insbesondere darauf stützen, daß
   a) sie die Begehung der Tat angekündigt oder dazu aufgefordert hat oder Transparente oder sonstige Gegenstände mit einer solchen Aufforderung mit sich führt; dies gilt auch für Flugblätter solchen Inhalts, soweit sie in einer Menge mitgeführt werden, die zur Verteilung geeignet ist, oder
   b) bei ihr Waffen, Werkzeuge oder sonstige Gegenstände aufgefunden werden, die ersichtlich zur Tatbegehung bestimmt sind oder erfahrungsgemäß bei derartigen Taten verwendet werden, oder ihre Begleitperson solche Gegenstände mit sich führt und sie den Umständen nach hiervon Kenntnis haben mußte, oder
   c) sie bereits in der Vergangenheit mehrfach aus vergleichbarem Anlaß bei der Begehung von Straftaten oder Ordnungswidrigkeiten von erheblicher Bedeutung für die Allgemeinheit als Störer betroffen worden ist und nach den Umständen eine Wiederholung dieser Verhaltensweise zu erwarten ist;

oder

3. das unerläßlich ist, um eine Platzverweisung nach Art. 16 durchzusetzen.

(2) Die Polizei kann Minderjährige, die sich der Obhut der Sorgeberechtigten entzogen haben oder sich an Orten aufhalten, an denen ihnen eine sittliche Gefahr oder Verwahrlosung droht, in Gewahrsam nehmen, um sie den Sorgeberechtigten oder dem Jugendamt zuzuführen.

(3) Die Polizei kann eine Person, die aus dem Vollzug von Untersuchungshaft, Freiheitsstrafen oder freiheitsentziehenden Maßregeln der Besserung und Sicherung entwichen ist oder sich sonst ohne Erlaubnis außerhalb der Vollzugsanstalt aufhält, in Gewahrsam nehmen und in die Anstalt zurückbringen.

Allgemeines Gesetz zum Schutz der öffentlichen Sicherheit und Ordnung in Berlin (Allgemeines Sicherheits- und Ordnungsgesetz – ASOG Bln)

in der Fassung vom 11. Oktober 2006 (GVBl. S. 930),
zuletzt geändert durch Gesetz vom 7. Juli 2016 (GVBl. S. 430)

§ 29a Wegweisung und Betretungsverbot zum Schutz bei Gewalttaten und Nachstellungen

(1) Die Polizei kann eine Person aus ihrer Wohnung und dem unmittelbar angrenzenden Bereich verweisen, wenn Tatsachen, insbesondere ein von ihr begangener tätlicher Angriff, die Annahme rechtfertigen, dass diese Maßnahme zur Abwehr einer von der wegzuweisenden Person ausgehenden Gefahr für Körper, Gesundheit oder Freiheit von Bewohnerinnen und Bewohnern derselben Wohnung erforderlich ist. Unter den gleichen Voraussetzungen kann die Polizei ein Betretungsverbot für diese Wohnung, die Wohnung, in der die verletzte oder gefährdete Person wohnt, den jeweils unmittelbar angrenzenden Bereich, die Arbeitsstätte oder die Ausbildungsstätte, die Schule oder bestimmte andere Orte, an denen sich die verletzte oder gefährdete Person regelmäßig aufhalten muss, anordnen. Ergänzend können Maßnahmen zur Durchsetzung der Wegweisung oder des Betretungsverbots verfügt werden.

(2) Die Polizei hat die von einem Betretungsverbot betroffene Person aufzufordern, eine Anschrift oder eine zustellungsbevollmächtigte Person zum Zwecke von Zustellungen behördlicher oder gerichtlicher Entscheidungen, die zur Abwehr einer Gefahr im Sinne des Absatzes 1 ergehen, zu benennen. Die Polizei hat der verletzten Person die Angaben zu übermitteln.

(3) Das Betretungsverbot endet spätestens 14 Tage nach seiner Anordnung, in jedem Fall jedoch bereits mit einer ablehnenden Entscheidung über einen zivilrechtlichen Antrag auf Erlass einer einstweiligen Anordnung auf Überlassung der gemeinsam genutzten Wohnung zur alleinigen Benutzung. Das Zivilgericht unterrichtet die Polizei unverzüglich von seiner Entscheidung.

Gesetz über die Aufgaben, Befugnisse, Organisation und Zuständigkeit der Polizei im Land Brandenburg (Brandenburgisches Polizeigesetz – BbgPolG)

vom 19. März 1996 (GVBl. I S. 74),
zuletzt geändert durch Gesetz vom 25. Januar 2016 (GVBl. I Nr. 5)

§ 16a Wohnungsverweisung und Rückkehrverbot zum Schutz vor häuslicher Gewalt

(1) Die Polizei kann eine Person (betroffene Person) zur Abwehr einer von ihr ausgehenden gegenwärtigen Gefahr für Leib, Leben oder Freiheit einer anderen Person aus einer Wohnung (§ 23 Abs. 1 Satz 2), in der die gefährdete Person wohnt, sowie aus deren unmittelbarer Umgebung verweisen und ihr die Rückkehr in diesen Bereich untersagen. Die Maßnahmen nach Satz 1 können auch auf Wohn- und Nebenräume beschränkt werden. Die Möglichkeit ergänzender Maßnahmen, insbesondere nach § 16, bleibt unberührt.

(2) Der betroffenen Person ist Gelegenheit zu geben, dringend benötigte Gegenstände des persönlichen Bedarfs mitzunehmen.

(3) Die betroffene Person ist verpflichtet, der Polizei zum Zwecke der Zustellung unverzüglich eine Anschrift oder eine zustellungsbevollmächtigte Person zu benennen. Die Polizei übermittelt diese Angaben an die gefährdete Person.

(4) Die Polizei hat die gefährdete Person auf die Möglichkeit der Beantragung zivilrechtlichen Schutzes und auf die Möglichkeit der Unterstützung durch geeignete Beratungsstellen hinzuweisen.

(5) Wohnungsverweisung, Rückkehrverbot und ergänzende Maßnahmen nach § 16 enden außer in den Fällen des Satzes 2 mit Ablauf des zehnten Tages nach ihrer Anordnung, soweit nicht die Polizei im Einzelfall eine kürzere Geltungsdauer festlegt. Stellt die gefährdete Person während der in Satz 1 bestimmten Dauer der Maßnahmen nach Absatz 1 einen Antrag auf zivilrechtlichen Schutz vor Gewalt oder Nachstellungen mit dem Ziel des Erlasses einer einstweiligen Anordnung, enden die Maßnahmen mit dem Tag der gerichtlichen Entscheidung, spätestens jedoch mit Ablauf des zehnten Tages nach dem Ende der nach Satz 1 bestimmten Dauer. Die §§ 48 und 49 des Verwaltungsverfahrensgesetzes für das Land Brandenburg bleiben unberührt.

(6) Das Gericht hat der Polizei die Beantragung zivilrechtlichen Schutzes sowie die gerichtliche Entscheidung unverzüglich mitzuteilen; die §§ 18 bis 22 des Einführungsgesetzes zum Gerichtsverfassungsgesetz bleiben unberührt. Die Polizei hat die gefährdete und die betroffene Person unverzüglich über die Dauer der Maßnahmen nach Absatz 1 in Kenntnis zu setzen.

Bremisches Polizeigesetz (BremPolG)
in der Fassung der Bekanntmachung vom 6. Dezember 2001
(Brem. GBl. S. 441; Ber. 2002 S. 47),
zuletzt geändert durch Gesetz vom 21. Juni 2016 (Brem. GBl. S. 322)

§ 14a Wohnungsverweisung und Rückkehrverbot zum Schutz vor häuslicher Gewalt

(1) Der Polizeivollzugsdienst darf eine Person (betroffene Person) zur Abwehr einer von ihr ausgehenden gegenwärtigen Gefahr für Leib, Leben oder Freiheit einer anderen Person aus einer Wohnung, in der die gefährdete Person wohnt, sowie aus deren unmittelbarer Umgebung verweisen und ihr die Rückkehr in diesen Bereich untersagen. Die Maßnahmen nach Satz 1 können auf Wohn- und Nebenräume beschränkt werden. Der räumliche Bereich, auf den sich Wohnungsverweisung und Rückkehrverbot beziehen, ist nach dem Erfordernis eines wirkungsvollen Schutzes der gefährdeten Person zu bestimmen und genau zu bezeichnen. Die Möglichkeit ergänzender Maßnahmen, insbesondere nach § 14, bleibt unberührt.

(2) Der betroffenen Person ist Gelegenheit zu geben, dringend benötigte Gegenstände des persönlichen Bedarfs mitzunehmen.

(3) Die betroffene Person ist verpflichtet, dem Polizeivollzugsdienst unverzüglich eine Anschrift oder eine zustellungsbevollmächtigte Person zu benennen.

(4) Wohnungsverweisung, Rückkehrverbot und ergänzende Maßnahmen nach § 14 enden außer in den Fällen des Satzes 2 mit Ablauf des zehnten Tages nach ihrer Anordnung, soweit nicht der Polizeivollzugsdienst im Einzelfall eine kürzere Geltungsdauer festlegt. Stellt die gefährdete Person während der in Satz 1 bestimmten Dauer der Maßnahmen nach Absatz 1 einen Antrag auf zivilrechtlichen Schutz vor Gewalt oder Nachstellungen mit dem Ziel des Erlasses einer einstweiligen Anord-

nung, enden die Maßnahmen mit dem Tag der gerichtlichen Entscheidung, spätestens jedoch mit Ablauf des zehnten Tages nach dem Ende der nach Satz 1 bestimmten Dauer.

(5) Das Gericht teilt dem Polizeivollzugsdienst auf Anfrage mit, ob und zu welchem Zeitpunkt ein Antrag nach Absatz 4 Satz 2 gestellt worden ist.

Hamburg

Gesetz zum Schutz der öffentlichen Sicherheit und Ordnung (SOG)

vom 14. März 1966 (HmbGVBl. S. 77),
zuletzt geändert durch Gesetz vom 2. Oktober 2015 (HmbGVBl. S. 245)

§ 12b Betretungsverbot, Aufenthaltsverbot, Kontakt- und Näherungsverbot

(1) Eine Person darf aus ihrer Wohnung und dem unmittelbar angrenzenden Bereich verwiesen werden, wenn dies erforderlich ist, um eine Gefahr für Leib, Leben oder Freiheit von Bewohnern derselben Wohnung abzuwehren; unter den gleichen Voraussetzungen kann ein Betretungsverbot angeordnet werden. Das Betretungsverbot endet spätestens zehn Tage nach seiner Anordnung. Im Falle eines zivilrechtlichen Antrags auf Erlass einer einstweiligen Anordnung auf Überlassung einer gemeinsam genutzten Wohnung zur alleinigen Benutzung endet es mit dem Tag der Wirksamkeit der gerichtlichen Entscheidung, spätestens 20 Tage nach Anordnung der Maßnahme. Das Zivilgericht hat die Polizei über die Beantragung von Schutzanordnungen nach §§ 1 und 2 des Gewaltschutzgesetzes und die in diesen Verfahren ergangenen Entscheidungen unverzüglich in Kenntnis zu setzen.

(2) Zur Verhütung von Straftaten kann einer Person die Anwesenheit an bestimmten Orten oder in bestimmten Gebieten der Freien und Hansestadt Hamburg für längstens sechs Monate untersagt werden, wenn Tatsachen die Annahme rechtfertigen, dass diese Person dort eine Straftat begehen wird (Aufenthaltsverbot). Das Aufenthaltsverbot ist zeitlich und örtlich auf den zur Verhütung von Straftaten erforderlichen Umfang zu beschränken und darf räumlich nicht den Zugang zur Wohnung der betroffenen Person umfassen. Soweit im Einzelfall ein besonderes Bedürfnis geltend gemacht wird, kann eine Ausnahme von dem Verbot zugelassen werden.

(3) Einer Person kann untersagt werden,

1. Verbindung zu einer anderen Person, auch unter Verwendung von Fernkommunikationsmitteln, aufzunehmen,

2. Zusammentreffen mit einer anderen Person herbeizuführen,

wenn dies zur Abwehr einer Gefahr für Leib, Leben oder Freiheit dieser Person insbesondere in engen sozialen Beziehungen erforderlich ist und der Wahrnehmung berechtigter Interessen nicht entgegensteht (Kontakt- und Näherungsverbot). Die Anordnung ist in Fällen enger sozialer Beziehungen auf höchstens zehn Tage zu befristen. Im Falle eines zivilrechtlichen Antrags auf Erlass einer einstweiligen Anordnung auf Unterlassung endet sie mit dem Tag der Wirksamkeit der gerichtlichen Entscheidung, spätestens 20 Tage nach ihrem Erlass. Absatz 1 Satz 4 gilt entsprechend.

Hessisches Gesetz über die öffentliche Sicherheit und Ordnung (HSOG)

in der Fassung der Bekanntmachung vom 14. Januar 2005 (GVBl. I S. 14), zuletzt geändert durch Gesetz vom 28. September 2015 (GVBl. S. 346)

§ 31 Platzverweisung

(1) Die Gefahrenabwehr- und die Polizeibehörden können zur Abwehr einer Gefahr eine Person vorübergehend von einem Ort verweisen oder ihr vorübergehend das Betreten eines Ortes verbieten. Die Platzverweisung kann ferner gegen eine Person angeordnet werden, die den Einsatz der Feuerwehr oder andere Hilfs- oder Rettungsmaßnahmen behindert.

(2) Die Gefahrenabwehr- und die Polizeibehörden können eine Person bis zu einer richterlichen Entscheidung über zivilrechtliche Schutzmöglichkeiten ihrer Wohnung und des unmittelbar angrenzenden Bereichs verweisen, wenn dies erforderlich ist, um eine von ihr ausgehende gegenwärtige Gefahr für Leib, Leben oder Freiheit von Bewohnern derselben Wohnung abzuwehren. Unter den gleichen Voraussetzungen kann ein Betretungsverbot angeordnet werden. Eine solche Maßnahme darf die Dauer von vierzehn Tagen nicht überschreiten. Die Maßnahme kann um weitere vierzehn Tage verlängert werden, wenn bis zu diesem Zeitpunkt eine wirksame richterliche Entscheidung über den zivilrechtlichen Schutz nicht getroffen worden ist. Das Gericht hat der zuständigen Gefahrenabwehrbehörde oder der Polizeibehörde die Beantragung des zivilrechtlichen Schutzes sowie den Tag und den Inhalt der gerichtlichen Entscheidung unverzüglich mitzuteilen.

(3) Rechtfertigen Tatsachen die Annahme, dass eine Person in einem bestimmten örtlichen Bereich innerhalb einer Gemeinde eine Straftat begehen wird, so können die Gefahrenabwehr- und die Polizeibehörde ihr für eine bestimmte Zeit verbieten, diesen Bereich zu betreten oder sich dort aufzuhalten, es sei denn, sie hat dort ihre Wohnung oder sie ist aus einem vergleichbar wichtigen Grund auf das Betreten des Bereichs angewiesen (Aufenthaltsverbot). Das Aufenthaltsverbot ist zeitlich und örtlich auf den zur Verhütung der Straftat erforderlichen Umfang zu beschränken. Das Verbot darf die Dauer von drei Monaten nicht überschreiten. Die Vorschriften des Versammlungsrechts bleiben unberührt.

Gesetz über die öffentliche Sicherheit und Ordnung in Mecklenburg-Vorpommern (Sicherheits- und Ordnungsgesetz – SOG M-V)

in der Fassung der Bekanntmachung vom 9. Mai 2011 (GVOBl. M-V S. 246), geändert durch Gesetz vom 2. Juli 2013 (GVOBl. M-V S. 434)

§ 52 Platzverweisung

(1) Zur Abwehr einer im einzelnen Falle bevorstehenden Gefahr ist es zulässig, eine Person vorübergehend von einem Ort zu verweisen oder ihr vorübergehend das Betreten eines Ortes zu verbieten. Die Platzverweisung kann auch gegen Personen angeordnet werden, die den Einsatz der Feuerwehr oder von Hilfs- oder Rettungsdiensten behindern.

(2) Die Polizei kann eine Person ihrer Wohnung und des unmittelbar angrenzenden Bereichs verweisen, wenn dies erforderlich ist, um eine gegenwärtige Gefahr für

Leib, Leben oder Freiheit von Bewohnern derselben Wohnung abzuwenden. Unter den gleichen Voraussetzungen kann ein Betretungsverbot angeordnet werden. Eine solche Maßnahme darf die Dauer von 14 Tagen nicht überschreiten. Ergänzend können Maßnahmen zur Durchsetzung der Wegweisung oder des Betretungsverbotes verfügt werden. Im Falle eines Antrags auf zivilrechtlichen Schutz nach dem Gewaltschutzgesetz vom 11. Dezember 2001 (BGBl. I S. 3513) mit dem Ziel des Erlasses einer einstweiligen Anordnung endet die nach Satz 1 oder 2 verfügte polizeiliche Maßnahme bereits mit dem Tag der Wirksamkeit der gerichtlichen Entscheidung. Das Gericht informiert die Polizei über seine Entscheidung.

(3) Rechtfertigen Tatsachen die Annahme, dass eine Person in einem bestimmten örtlichen Bereich eine Straftat begehen wird, so kann ihr bis zu einer Dauer von zehn Wochen untersagt werden, diesen Bereich zu betreten oder sich dort aufzuhalten. Örtlicher Bereich im Sinne des Satzes 1 ist ein Ort oder ein Gebiet innerhalb einer Gemeinde oder auch ein gesamtes Gemeindegebiet. Das Gebot ist zeitlich und örtlich auf den zur Verhütung der Straftat erforderlichen Umfang zu beschränken und darf räumlich nicht den Zugang zur Wohnung der betroffenen Person umfassen. Die Vorschriften des Versammlungsrechts bleiben unberührt.

Niedersächsisches Gesetz über die öffentliche Sicherheit und Ordnung (Nds. SOG)

in der Fassung der Bekanntmachung vom 19. Januar 2005 (Nds. GVBl. S. 9), zuletzt geändert durch Gesetz vom 12. November 2015 (Nds. GVBl. S. 307)

§ 17 Platzverweisung, Aufenthaltsverbot

(1) Die Verwaltungsbehörden und die Polizei können zur Abwehr einer Gefahr jede Person vorübergehend von einem Ort verweisen oder ihr vorübergehend das Betreten eines Ortes verbieten. Die Platzverweisung kann gegen eine Person angeordnet werden, die den Einsatz der Feuerwehr oder von Hilfs- und Rettungsdiensten behindert.

(2) Betrifft eine Maßnahme nach Absatz 1 eine Wohnung, so ist sie gegen den erkennbaren oder mutmaßlichen Willen der berechtigten Person nur zur Abwehr einer gegenwärtigen erheblichen Gefahr zulässig. Die Polizei kann eine Person aus ihrer Wohnung verweisen und ihr das Betreten der Wohnung und deren unmittelbarer Umgebung für die Dauer von höchstens 14 Tagen verbieten, wenn dies erforderlich ist, um eine von dieser Person ausgehende gegenwärtige Gefahr für Leib, Leben, Freiheit oder die sexuelle Selbstbestimmung von in derselben Wohnung wohnenden Personen abzuwehren. Der von einer Maßnahme nach Satz 2 betroffenen Person ist Gelegenheit zu geben, dringend benötigte Gegenstände des persönlichen Bedarfs mitzunehmen. Die Polizei unterrichtet die gefährdete Person unverzüglich über die Dauer der Maßnahme nach Satz 2.

(3) Stellt die gefährdete Person einen Antrag auf Erlass einer einstweiligen Anordnung von Schutzmaßnahmen nach dem Gewaltschutzgesetz, so wird eine Anordnung nach Absatz 2 Satz 2 mit dem Zeitpunkt der gerichtlichen Entscheidung unwirksam. Das Gericht hat die Polizei über die in Verfahren nach dem Gewaltschutzgesetz ergangenen Entscheidungen unverzüglich in Kenntnis zu setzen.

(4) Rechtfertigen Tatsachen die Annahme, dass eine Person in einem bestimmten örtlichen Bereich eine Straftat begehen wird, so kann ihr für eine bestimmte Zeit verboten werden, diesen Bereich zu betreten oder sich dort aufzuhalten, es sei denn,

sie hat dort ihre Wohnung. Örtlicher Bereich im Sinne des Satzes 1 ist ein Ort oder ein Gebiet innerhalb einer Gemeinde oder auch ein gesamtes Gemeindegebiet. Die Platzverweisung nach Satz 1 ist zeitlich und örtlich auf den zur Verhütung der Straftat erforderlichen Umfang zu beschränken. Die Vorschriften des Versammlungsrechts bleiben unberührt.

Polizeigesetz des Landes Nordrhein-Westfalen (PolG NRW)

in der Fassung der Bekanntmachung vom 25. Juli 2003 (GV. NRW. S. 441), zuletzt geändert durch Gesetz vom 2. Oktober 2014 (GV. NRW. S. 622)

§ 34a Wohnungsverweisung und Rückkehrverbot zum Schutz vor häuslicher Gewalt

(1) Die Polizei kann eine Person zur Abwehr einer von ihr ausgehenden gegenwärtigen Gefahr für Leib, Leben oder Freiheit einer anderen Person aus einer Wohnung, in der die gefährdete Person wohnt, sowie aus deren unmittelbaren Umgebung verweisen und ihr die Rückkehr in diesen Bereich untersagen. Der räumliche Bereich, auf den sich Wohnungsverweisung und Rückkehrverbot beziehen, ist nach dem Erfordernis eines wirkungsvollen Schutzes der gefährdeten Person zu bestimmen und genau zu bezeichnen. In besonders begründeten Einzelfällen können die Maßnahmen nach Satz 1 auf Wohn- und Nebenräume beschränkt werden.

(2) Der Person, die die Gefahr verursacht und gegen die sich die polizeilichen Maßnahmen nach Absatz 1 richten (betroffene Person), ist Gelegenheit zu geben, dringend benötigte Gegenstände des persönlichen Bedarfs mitzunehmen.

(3) Die Polizei hat die betroffene Person aufzufordern, eine Anschrift oder eine zustellungsbevollmächtigte Person zum Zweck von Zustellungen behördlicher oder gerichtlicher Entscheidungen, die zur Abwehr einer Gefahr im Sinne des Absatzes 1 ergehen, zu benennen.

(4) Die Polizei hat die gefährdete Person auf die Möglichkeit der Beantragung zivilrechtlichen Schutzes hinzuweisen, sie über Beratungsangebote zu informieren, ihr eine Inanspruchnahme geeigneter, für diese Aufgabe qualifizierter Beratungseinrichtungen nahezulegen und anzubieten, durch Weitergabe ihres Namens, ihrer Anschrift und ihrer Telefonnummer einen Kontakt durch die in der polizeilichen Einsatzdokumentation näher bezeichneten Beratungseinrichtung zu ermöglichen.

(5) Wohnungsverweisung und Rückkehrverbot enden außer in den Fällen des Satzes 2 mit Ablauf des zehnten Tages nach ihrer Anordnung, soweit nicht die Polizei im Einzelfall ausnahmsweise eine kürzere Geltungsdauer festlegt. Stellt die gefährdete Person während der Dauer der gemäß Satz 1 verfügten Maßnahmen einen Antrag auf zivilrechtlichen Schutz mit dem Ziel des Erlasses einer einstweiligen Anordnung, enden die Maßnahmen nach Absatz 1 mit dem Tag der gerichtlichen Entscheidung, spätestens jedoch mit Ablauf des zehnten Tages nach Ende der gemäß Satz 1 verfügten Maßnahmen. Die §§ 48, 49 des Verwaltungsverfahrensgesetzes bleiben unberührt.

(6) Das Gericht hat der Polizei die Beantragung zivilrechtlichen Schutzes sowie den Tag der gerichtlichen Entscheidung unverzüglich mitzuteilen; die §§ 18 bis 22 des Einführungsgesetzes zum Gerichtsverfassungsgesetz bleiben unberührt. Die Polizei hat die gefährdete und die betroffene Person unverzüglich über die Dauer der Maßnahmen nach Absatz 1 in Kenntnis zu setzen.

(7) Die Einhaltung eines Rückkehrverbotes ist mindestens einmal während seiner Geltung zu überprüfen.

Rheinland-Pfalz
Polizei- und Ordnungsbehördengesetz (POG)

in der Fassung der Bekanntmachung vom 10. November 1993 (GVBl. S. 595), zuletzt geändert durch Gesetz vom 19. Dezember 2014 (GVBl. S. 332)

§ 13 Platzverweisung, Aufenthaltsverbot

(1) Die allgemeinen Ordnungsbehörden und die Polizei können zur Abwehr einer Gefahr eine Person zeitlich befristet von einem Ort verweisen oder ihr zeitlich befristet das Betreten eines Ortes verbieten (Platzverweisung). Die Maßnahme kann insbesondere gegen Personen angeordnet werden, die den Einsatz der Polizei, der Feuerwehr oder von Hilfs- und Rettungsdiensten behindern.

(2) Die allgemeinen Ordnungsbehörden und die Polizei können zur Abwehr einer gegenwärtigen Gefahr für Leib, Leben oder Freiheit einer Person oder für bedeutende Sach- oder Vermögenswerte eine Person zeitlich befristet aus ihrer Wohnung verweisen oder ihr zeitlich befristet das Betreten ihrer Wohnung verbieten.

(3) Die Polizei kann einer Person verbieten, einen bestimmten Ort, ein bestimmtes Gebiet innerhalb einer Gemeinde oder ein Gemeindegebiet zu betreten oder sich dort aufzuhalten, soweit Tatsachen die Annahme rechtfertigen, dass diese Person dort eine Straftat begehen wird (Aufenthaltsverbot). Das Aufenthaltsverbot ist zeitlich und örtlich auf den zur Verhütung der Straftat erforderlichen Umfang zu beschränken und darf räumlich nicht den Zugang zur Wohnung der betroffenen Person umfassen.

(4) Die Polizei kann insbesondere in Fällen der Gewalt in engen sozialen Beziehungen zur Abwehr einer dringenden Gefahr anordnen, dass der Verantwortliche es unterlässt,
1. sich in einem bestimmten Umkreis der Wohnung der betroffenen Person aufzuhalten,
2. Verbindung zur betroffenen Person, auch unter Verwendung von Fernkommunikationsmitteln aufzunehmen,
3. Zusammentreffen mit der betroffenen Person herbeizuführen,

soweit dies nicht zur Wahrnehmung berechtigter Interessen erforderlich ist. Die Anordnungen sind zu befristen; die Frist kann verlängert werden. Absätze 1 bis 3 bleiben unberührt.

Saarländisches Polizeigesetz (SPolG)

in der Fassung der Bekanntmachung vom 26. März 2001 (Amtsbl. S. 1074), zuletzt geändert durch Gesetz vom 18. Mai 2016 (Amtsbl. I S. 440)

§ 12 Platzverweisung, Wohnungsverweisung, Aufenthaltsverbot

(1) Die Polizei kann zur Abwehr einer Gefahr eine Person vorübergehend von einem Ort verweisen oder ihr vorübergehend das Betreten eines Ortes verbieten. Die Platzverweisung kann insbesondere gegen Personen angeordnet werden, die den Einsatz der Feuerwehr oder der Hilfs- und Rettungsdienste behindern.

(2) Zur Abwehr einer Gefahr für Leib, Leben oder Freiheit einer Mitbewohnerin oder eines Mitbewohners kann die Vollzugspolizei die Person, von der die Gefahr ausgeht, aus der Wohnung und dem unmittelbar angrenzenden Bereich verweisen (Wohnungsverweisung) und ihr die Rückkehr untersagen (Rückkehrverbot). In be-

sonders begründeten Fällen können die Maßnahmen auf Wohn- und Nebenräume beschränkt werden. Die Person, gegen die sich die Maßnahme richtet, hat nach Aufforderung eine Zustelladresse anzugeben. Wohnungsverweisung und Rückkehrverbot enden mit Ablauf des zehnten Tages nach ihrer Anordnung, wenn nicht im Einzelfall ein kürzerer Zeitraum festgesetzt wird. Wird ein Antrag auf zivilrechtlichen Schutz gestellt, kann die Maßnahme um zehn Tage verlängert werden. Wohnungsverweisung und Rückkehrverbot enden in jedem Fall mit dem Tag der gerichtlichen Entscheidung, die der Polizeivollzugsbehörde ebenso wie die Beantragung des zivilrechtlichen Schutzes unverzüglich durch das Gericht mitzuteilen sind.

(3) Die Polizei kann einer Person verbieten, einen bestimmten Ort, ein bestimmtes Gebiet innerhalb einer Gemeinde oder ein Gemeindegebiet zu betreten oder sich dort aufzuhalten, soweit Tatsachen die Annahme rechtfertigen, dass diese Person dort Straftaten begehen wird (Aufenthaltsverbot). Das Verbot ist zeitlich und örtlich auf den zur Verhütung der Straftat erforderlichen Umfang zu beschränken. Es darf räumlich nicht den Zugang zur Wohnung der betroffenen Person umfassen. In begründeten Fällen können Ausnahmen von dem Aufenthaltsverbot zugelassen werden.

Polizeigesetz des Freistaates Sachsen (SächsPolG)

in der Fassung der Bekanntmachung vom 13. August 1999 (SächsGVBl. S. 466), zuletzt geändert durch Gesetz vom 17. Dezember 2013 (SächsGVBl. S. 890)

§ 21 Platzverweis, Aufenthaltsverbot, Wohnungsverweisung

(1) Die Polizei kann zur Abwehr einer Gefahr für die öffentliche Sicherheit oder Ordnung oder zur Beseitigung einer Störung eine Person vorübergehend von einem Ort verweisen oder ihr vorübergehend das Betreten eines Ortes verbieten. Dies gilt insbesondere für Personen, die den Einsatz der Feuerwehr oder der Hilfs- und Rettungsdienste behindern.

(2) Die Polizei kann einer Person für höchstens drei Monate den Aufenthalt in einem Gemeindegebiet oder -gebietsteil untersagen, wenn Tatsachen die Annahme rechtfertigen, dass die Person dort eine Straftat begehen oder zu ihrer Begehung beitragen wird. Das Verbot ist zeitlich und örtlich auf den zur Verhütung der Straftat erforderlichen Umfang zu beschränken und darf räumlich nicht den Zugang zur Wohnung der betroffenen Person umfassen. Die Vorschriften des Versammlungsrechts sowie die Wahrnehmung berechtigter Interessen durch die betroffene Person bleiben unberührt.

(3) Die Polizei kann eine Person für bis zu zwei Wochen aus einer Wohnung und dem unmittelbar angrenzenden Bereich verweisen und ihr die Rückkehr in diesen Bereich untersagen, wenn dies zur Abwehr einer von dieser Person ausgehenden gegenwärtigen Gefahr für Leib, Leben oder Freiheit von Bewohnern derselben Wohnung erforderlich ist.

Gesetz über die öffentliche Sicherheit und Ordnung des Landes Sachsen-Anhalt (SOG LSA)

in der Fassung der Bekanntmachung vom 20. Mai 2014
(GVBl. LSA S. 182, Ber. S. 380),
zuletzt geändert durch Gesetz vom 18. Dezember 2015 (GVBl. LSA S. 666)

§ 36 Platzverweisung

(1) Die Sicherheitsbehörden und die Polizei können zur Abwehr einer Gefahr eine Person vorübergehend von einem Ort verweisen oder ihr vorübergehend das Betreten eines Ortes verbieten. Die Platzverweisung kann ferner gegen eine Person angeordnet werden, die den Einsatz der Feuerwehr oder andere Hilfs- oder Rettungsmaßnahmen behindert.

(2) Rechtfertigen Tatsachen die Annahme, dass eine Person in einem bestimmten örtlichen Bereich eine Straftat begehen wird, so kann ihr von den Sicherheitsbehörden oder der Polizei für die zur Verhütung der Straftat erforderliche Zeit verboten werden, diesen Bereich zu betreten oder sich dort aufzuhalten, es sei denn, sie hat dort ihre Wohnung. Die Platzverweisung nach Satz 1 darf nicht mehr als zwölf Monate betragen. Örtlicher Bereich im Sinne des Satzes 1 ist ein Ort oder ein Gebiet innerhalb einer Gemeinde oder auch ein gesamtes Gemeindegebiet. Absatz 3 sowie die Vorschriften des Versammlungsrechts bleiben unberührt.

(3) Die Sicherheitsbehörden und die Polizei können eine Person bis zu einer richterlichen Entscheidung über zivilrechtliche Schutzmöglichkeiten ihrer Wohnung und des unmittelbar angrenzenden Bereichs verweisen, wenn dies erforderlich ist, um eine von ihr ausgehende gegenwärtige Gefahr für Leib, Leben oder Freiheit von Bewohnern derselben Wohnung abzuwehren. Unter den gleichen Voraussetzungen kann ein Betretungsverbot angeordnet werden. Eine Maßnahme nach Satz 1 oder 2 darf die Dauer von 14 Tagen nicht überschreiten.

Allgemeines Verwaltungsgesetz für das Land Schleswig-Holstein (Landesverwaltungsgesetz – LVwG –)

in der Fassung der Bekanntmachung vom 2. Juni 1992
(GVOBl. Schl.-H. S. 243; Ber. S. 534),
zuletzt geändert durch Gesetz vom 1. September. 2015 (GVOBl. Schl.-H. S. 322)

§ 201a Wohnungsverweisung sowie Rückkehr- und Betretungsverbot zum Schutz vor häuslicher Gewalt

(1) Die Polizei kann bis zu maximal vierzehn Tagen eine Person aus ihrer Wohnung und dem unmittelbar angrenzenden Bereich verweisen und ihr die Rückkehr dorthin untersagen, wenn Tatsachen, insbesondere ein von ihr begangener tätlicher Angriff, die Annahme rechtfertigen, dass diese Maßnahme zur Abwehr einer von ihr ausgehenden gegenwärtigen Gefahr für Leib, Leben oder Freiheit einer Bewohnerin oder eines Bewohners derselben Wohnung (gefährdete Person) erforderlich ist. Unter den gleichen Voraussetzungen kann die Polizei für die Dauer der nach Satz 1 verfügten Maßnahme ein Betretungsverbot für Orte, an denen sich die gefährdete Person unausweichlich aufhalten muss, anordnen. Der räumliche Bereich einer Maßnahme nach Satz 1 und 2 ist nach dem Erfordernis eines wirkungsvollen Schutzes der gefährdeten Person zu bestimmen und zu bezeichnen.

(2) Der Lauf der Frist einer Maßnahme nach Absatz 1 beginnt mit der Bekanntgabe und endet mit Ablauf des bezeichneten Tages, § 89 findet keine Anwendung. Stellt die gefährdete Person während der Dauer der nach Absatz 1 verfügten Maßnahme einen Antrag auf zivilrechtlichen Schutz beim zuständigen Amtsgericht mit dem Ziel des Erlasses einer einstweiligen Anordnung, endet die von der Polizei verfügte Maßnahme mit dem Zeitpunkt des Erlasses der gerichtlichen Entscheidung.

(3) Unter den Voraussetzungen des Absatzes 1 sind die für eine Kontaktaufnahme erforderlichen personenbezogenen Daten der gefährdeten Person an eine geeignete Beratungsstelle zu übermitteln. Diese darf die Daten ausschließlich und einmalig dazu nutzen, der gefährdeten Person unverzüglich Beratung zum Schutz vor häuslicher Gewalt anzubieten. Lehnt die gefährdete Person die Beratung ab, hat die Beratungsstelle die übermittelten Daten zu löschen.

Thüringer Gesetz über die Aufgaben und Befugnisse der Polizei (Polizeiaufgabengesetz – PAG –)

Vom 4. Juni 1992 (GVBl. S. 199),
zuletzt geändert durch Gesetz vom 8. August 2014 (GVBl. S. 529)

§ 18 Platzverweisung, Wohnungsverweisung, Aufenthaltsverbot

(1) Die Polizei kann zur Abwehr einer Gefahr eine Person vorübergehend von einem Ort verweisen oder ihr vorübergehend das Betreten eines Ortes verbieten. Die Platzverweisung kann ferner gegen Personen angeordnet werden, die den Einsatz der Feuerwehr oder von Hilfs- oder Rettungsdiensten behindern.

(2) Die Polizei kann eine Person ihrer Wohnung einschließlich deren unmittelbarer Umgebung verweisen (Wohnungsverweisung) und ihr die Rückkehr in diesen Bereich untersagen (Rückkehrverbot), wenn dies erforderlich ist, um eine von der Person ausgehende gegenwärtige Gefahr für Leben, Gesundheit, Freiheit oder die sexuelle Selbstbestimmung von einer in derselben Wohnung lebenden Person abzuwehren. Wohnungsverweisung und Rückkehrverbot enden mit Ablauf des zehnten Tages nach ihrer Anordnung, wenn nicht im Einzelfall ein kürzerer Zeitraum festgesetzt wird. Die Maßnahme ist in ihrem örtlichen Umfang auf das erforderliche Maß zu beschränken. Der betroffenen Person soll Gelegenheit gegeben werden, dringend benötigte Gegenstände des persönlichen und beruflichen Bedarfs mitzunehmen. Die Polizei hat die gefährdete Person über den örtlichen Umfang und über die Dauer der Maßnahme nach Satz 1 zu informieren. Die Polizei übermittelt, soweit die gefährdete Person zustimmt, deren personenbezogene Daten an eine geeignete Beratungsstelle.

(3) Rechtfertigen Tatsachen die Annahme, dass eine Person in einem bestimmten örtlichen Bereich eine Straftat begehen wird, so kann ihr für eine bestimmte Zeit verboten werden, diesen Bereich zu betreten oder sich dort aufzuhalten. Örtlicher Bereich im Sinne des Satzes 1 ist das Gemeindegebiet oder ein Gebietsteil innerhalb einer Gemeinde. Die Maßnahme ist zeitlich und örtlich auf den zur Verhütung der Straftat erforderlichen Umfang zu beschränken. Sie darf die Dauer von drei Monaten nicht überschreiten. Die Maßnahme darf den Zugang zur Wohnung des Betroffenen oder die Wahrnehmung seiner berechtigten Interessen im bestimmten örtlichen Bereich nicht beschränken. Absatz 1 und die Vorschriften des Versammlungsrechts bleiben unberührt.

Anlage 4
Dokumentation des Einsatzes „Häusliche Gewalt"

Dienststelle

Aktenzeichen

Sammelaktenzeichen | Fallnummer

Sachbearbeitung durch (Name, Amtsbezeichnung)

Sachbearbeitung Telefon | Nebenstelle | Fax

Dokumentation über den polizeilichen Einsatz bei häuslicher Gewalt

☒ Zutreffendes bitte ankreuzen

Tatort

Tatzeit

1 Angaben zur gefährdeten Person

☐ Dolmetscherin/Dolmetscher notwendig ☐ Dolmetscherin/Dolmetscher hinzugezogen (Einzelheiten im Vorgang vermerken)

Sprache:

Name | Akademische Grade/Titel

Geburtsname | Vorname(n)

Geschlecht | Geburtsdatum | Geburtsort/-kreis/-staat

Erreichbarkeit über/Kontaktaufnahme unter

Kurzbeschreibung zu sichtbaren Verletzungen; Angaben über Schmerzen

☐ ärztliches Attest beigefügt ☐ ärztliches Attest wird nachgereicht

2 Angaben zur betroffenen Person

☐ Dolmetscherin/Dolmetscher notwendig ☐ Dolmetscherin/Dolmetscher hinzugezogen (Einzelheiten im Vorgang vermerken)

Sprache:

Name | Akademische Grade/Titel

Geburtsname | Vorname(n)

Geschlecht | Geburtsdatum | Geburtsort/-kreis/-staat

Erreichbarkeit über/Kontaktaufnahme unter

evt. neue Anschrift/Angaben zum Zustellungsbevollmächtigten

3 Angaben zur Beziehung der beteiligten Personen

☐ Eheleute   ☐ Partnerschaft   ☐ gleichgeschlechtlich   ☐ Wohngemeinschaft
☐ bestehend zur Zeit der Tat   ☐ in Auflösung befindlich   ☐ aufgelöst   seit:
☐ Sonstiges z. B. Vater/Sohn   ☐ Wechselseitige

4 Angaben zu Kindern/Minderjährigen in der Wohnung (ggf. auf Beiblatt fortsetzen)

Name, Vorname, Alter

1

Anlage 4 • Dokumentation des Einsatzes „Häusliche Gewalt"

2 Name, Vorname, Alter

3 Name, Vorname, Alter

5 Zusammenfassende Darstellung des Sachverhaltes

6 Gefahrenprognose

7 Angaben zu getroffenen Maßnahmen

- ☐ Strafanzeige gefertigt wegen
- ☐ Festnahme
- ☐ Ingewahrsamnahme
- ☐ Strafantrag eingeholt
- ☐ Wohnungsverweisung mit Rückkehrverbot
- ☐ Rückkehrverbot bis zum _____ (Ende des Tages)

Der räumliche Bereich, auf den sich Wohnungsverweisung/Rückkehrverbot beziehen, umfasst

Genaue Bezeichnung des räumlichen Bereiches

Begründung bei Kürzung der 10-Tage-Frist und bei Nichtverhängung

Anhörung nach § 28 VwVfG NRW

- ☐ Eine Anhörung wurde am _____ durchgeführt.
- ☐ Die/Der Betroffene konnte vor der Maßnahme nicht angehört werden.

Wesentlicher Inhalt der Aussage bzw. Begründung des Absehens von der Anhörung

- ☐ Androhung von Zwangsgeld in Höhe von _____ Euro
- ☐ Sicherstellung von Wohnungsschlüsseln
- ☐ Durchsuchung/Sicherstellung/Beschlagnahme (vergl. Durchsuchungs-/Sicherstellungsprotokoll)

Fotografische Sicherung
- ☐ von Verletzungen
- ☐ vom Zustand der Wohnung
- ☐ Tonbandaufzeichnung des Notrufes vorhanden
- ☐ Unterbringung der gefährdeten Person an einem anderen Ort
- ☐ Hinzuziehung/Verständigung anderer Stellen

welche?

- ☐ Hinweis auf Hilfeangebote

welche?

- ☐ Nahelegen einer Inanspruchnahme
- ☐ Aushändigung einer schriftlichen Opferinformation
- ☐ Verständigung einer Beratungsstelle

welche?

Anlage 4 • Dokumentation des Einsatzes „Häusliche Gewalt"

☐ Die gefährdete Person ist mit der Übermittlung personenbezogener Daten an eine geeignete Beratungsstelle **einverstanden.**
☐ Formular „Dokumentation über den polizeilichen Einsatz bei häuslicher Gewalt" an die gefährdete Person ausgehändigt.
☐ Hinweis auf Zivilgerichtsweg
☐ Schriftliche Bestätigung der mündlichen Polizeiverfügung gegenüber der betroffenen Person nach § 34a PolG NRW wurde
☐ ausgehändigt am ☐ übersandt am
☐ Schriftliche Polizeiverfügung wurde zugestellt am

sonstige Maßnahmen

gefertigt:

_____
(Name, Amtsbezeichnung, Unterschrift)

8 Verteiler

1. Original an die für den Tatort zuständige Polizeidienststelle
2. Durchschrift an die betroffene Person
3. Durchschrift zum Ermittlungsverfahren

9 Überwachung/Anträge/Entscheidungen

	Datum	Uhrzeit	Namenszeichen

Überwachung des Rückkehrverbots
1. _____ _____ _____
2. _____ _____ _____
3. _____ _____ _____

Beantragung zivilrechtlichen Schutzes durch die gefährdete Person _____ _____
Verwaltungsgerichtliche Entscheidungen _____ _____

10 Verlängerung des Rückkehrverbots

Verlängerung des Rückkehrverbots bis
zum _____ _____ _____ _____

Information der gefährdeten Person über die Verlängerung des
Rückkehrverbots _____ _____ _____

Information der betroffenen Person über die Verlängerung des
Rückkehrverbots _____ _____ _____

Anlage 5
Schriftliche Bestätigung der Wohnungsverweisung mit Rückkehrverbot

Anrede

Datum
Seite 1 von 4
Aktenzeichen
(bei Antwort bitte angeben)

Bearbeitung:
Telefon:
Telefax:
@polizei.nrw.de

Schriftliche Bestätigung der mündlichen Polizeiverfügung gegenüber der/dem Betroffenen nach § 34a PolG NRW zum Schutz vor häuslicher Gewalt

Datum und Uhrzeit des polizeilichen Einsatzes:

Datum und Uhrzeit der polizeilichen Verfügung:

☐ Wohnungsverweisung mit Rückkehrverbot ☐ Rückkehrverbot *

☐ Androhung von Zwangsgeld

gegen

Name, Vorname, Geb.-Datum

Sehr geehrte Frau/geehrter Herr ,

gem. § 37 Abs. 2 S. 2 Verwaltungsverfahrensgesetz Nordrhein-Westfalen (VwVfG NRW) bestätige ich den mündlich erlassenen Verwaltungsakt in schriftlicher Form.
Auf Grund der §§ 1, 2, 3, 4, 7, 34a des Polizeigesetzes des Landes Nordrhein-Westfalen (PolG NRW) wurde Ihnen gegenüber zum oben genannten Zeitpunkt

☐ eine Wohnungsverweisung und ein Rückkehrverbot
☐ ein Rückkehrverbot *

angeordnet.

*Ein Rückkehrverbot wird nur dann alleine angeordnet, wenn sich die betroffene Person zum Zeitpunkt dieser Anordnung bereits nicht mehr in der Wohnung befindet.

Erreichbarkeiten
E-Mail:
Internet:
Telefonzentrale:
Telefax:

Öffentliche Verkehrsmittel

Bankverbindung
Zahlungen an:
Kto-Nr • BLZ •
IBAN:
BIC:

Anlage 5 • Schriftliche Bestätigung der Wohnunsverweisung mit Rückkehrverbot

Aktenzeichen

Der räumliche Bereich, auf den sich Wohnungsverweisung/Rückkehrverbot beziehen, umfasst:

Genaue Bezeichnung des räumlichen Bereiches

Die Wohnungsverweisung und das Rückkehrverbot dienen zur Abwehr einer von Ihnen ausgehenden gegenwärtigen Gefahr für Leib, Leben oder Freiheit einer anderen Person.

Begründung (Gefahrenprognose)

Dauer der Maßnahme
Wohnungsverweisung und Rückkehrverbot enden mit Ablauf des zehnten Tages nach ihrer Anordnung, soweit nicht die Polizei im Einzelfall ausnahmsweise eine kürzere Geltungsdauer festlegt.
In Ihrem Fall wurde mündlich angeordnet, dass Sie unter Berücksichtigung der Regelung des § 31 Abs. 3 Satz 2 VwVfG NRW bis zum Ende des Tages des

Datum

nicht in den genannten Bereich zurückkehren dürfen.

Stellt die gefährdete Person während der Dauer der polizeilich verfügten Maßnahmen einen Antrag auf zivilrechtlichen Schutz mit dem Ziel des Erlasses einer einstweiligen Anordnung, enden die Maßnahmen mit dem Tag der gerichtlichen Entscheidung, spätestens jedoch mit Ablauf des zehnten Tages nach Ende der verfügten Maßnahme.
Die Polizei wird Sie unverzüglich über eine eventuell eingetretene Verkürzung oder Verlängerung der Wohnungsverweisung bzw. des Rückkehrverbotes unterrichten. Die §§ 48, 49 VwVfG NRW (Rücknahme oder Widerruf eines Verwaltungsaktes) bleiben unberührt.

Anhörung nach § 28 VwVfG NRW

☐ Eine Anhörung wurde am   durchgeführt.

Inhalt der Anhörung

Anlage 5 • Schriftliche Bestätigung der Wohnunsverweisung mit Rückkehrverbot

Aktenzeichen

☐ Sie konnten vor der Maßnahme nicht angehört werden. Von einer Anhörung konnte aber im vorliegenden Fall nach § 28 Abs. 2 Nr. 1 VwVfG NRW abgesehen werden, weil eine sofortige Entscheidung wegen Gefahr im Verzug oder im öffentlichen Interesse notwendig war.

Begründung des Absehens von der Anhörung

☐ Androhung von Zwangsgeld

Entsprechend der Vorschriften der §§ 50, 51, 53, 56 PolG NRW wurde Ihnen für jeden Fall der Zuwiderhandlung gegen die verfügte Maßnahme ein Zwangsgeld in Höhe von _____ Euro angedroht.

Ich weise Sie darauf hin, dass gemäß § 54 PolG NRW das Verwaltungsgericht auf Antrag der Polizei Ersatzzwangshaft anordnen kann, sofern ein festgesetztes Zwangsgeld uneinbringlich ist.

Allgemeine Hinweise

Gegenstände des persönlichen Bedarfs
Ihnen wurde bereits Gelegenheit gegeben, dringend benötigte Gegenstände des persönlichen Bedarfs mitzunehmen. Falls Sie nach der Wohnungsverweisung glaubhaft darlegen, weitere noch in der Wohnung befindliche Gegenstände des persönlichen Bedarfs dringend zu benötigen, dürfen Sie die Wohnung zu diesem Zweck nur in Begleitung der Polizei aufsuchen. Die gefährdete Person wird von der Polizei zuvor benachrichtigt.

Überprüfung der Einhaltung
Die Einhaltung des Rückkehrverbotes wird während seiner Geltung durch die Polizei überprüft. Die Geltung der angeordneten Maßnahme und die Androhung von Zwangsgeld (soweit erfolgt) wird nicht dadurch aufgehoben, dass Sie mit dem Einverständnis der gefährdeten Person den o.a. räumlichen Bereich betreten.

Gewahrsam
Ich weise darauf hin, dass gemäß § 35 Abs. 1 Nr. 4 PolG NRW die Polizei eine Person in Gewahrsam nehmen kann, wenn das unerlässlich ist, um eine Wohnungsverweisung oder ein Rückkehrverbot nach § 34a PolG NRW durchzusetzen.

Benennung einer Anschrift oder einer zustellungsberechtigten Person
Um Ihnen behördliche oder gerichtliche Entscheidungen während der Dauer der Wohnungsverweisung bzw. des Rückkehrverbotes zustellen zu können, wurden Sie aufgefordert, den einschreitenden Polizeibeamten bzw. Polizeibeamtinnen eine entsprechende Anschrift oder einen Zustellungsbevollmächtigten zu benennen.

Anlage 5 • Schriftliche Bestätigung der Wohnungsverweisung mit Rückkehrverbot

Aktenzeichen

Adresse bzw. zustellungsberechtigte Person:

Rechtsbehelfsbelehrung
Gegen die verfügten Maßnahmen kann gemäß der §§ 68 ff. Verwaltungsgerichtsordnung (VwGO) i. V. m. § 110 Justizgesetz NRW innerhalb eines Monats nach Zustellung dieses Schreibens Klage erhoben werden. Wird Klage erhoben, so ist diese gegen das Land Nordrhein-Westfalen, vertreten durch die anordnende Polizeibehörde , zu richten. Die Klage ist beim Verwaltungsgericht Ort, Anschrift schriftlich einzureichen oder mündlich zur Niederschrift des Urkundsbeamten der Geschäftsstelle zu erklären. Sie kann auch in elektronischer Form nach Maßgabe der Verordnung über den elektronischen Rechtsverkehr bei den Verwaltungsgerichten und den Finanzgerichten im Lande Nordrhein-Westfalen – ERVVO VG/FG – vom 7. November 2012 (GV. NRW. S. 548) eingereicht werden. Das elektronische Dokument muss mit einer qualifizierten elektronischen Signatur nach § 2 Nummer 3 des Signaturgesetzes vom 16. Mai 2001 (BGBl. I S. 876) in der jeweilig geltenden Fassung versehen sein und an die elektronische Poststelle des Gerichts übermittelt werden. Falls die Frist durch das Verschulden eines von Ihnen Bevollmächtigten versäumt werden sollte, würde dieses Verschulden Ihnen zugerechnet werden.

Hinweis:
Bei der Verwendung der elektronischen Form sind besondere technische Rahmenbedingungen zu beachten. Die besonderen technischen Voraussetzungen sind unter www.egvp.de aufgeführt.

Hinweis:
Gemäß § 80 Abs. 2 Satz 1 Nr. 2 VwGO entfällt die aufschiebende Wirkung der Klage bei unaufschiebbaren Anordnungen und Maßnahmen von Polizeivollzugsbeamten.

Auf Antrag kann das Verwaltungsgericht (Name, Anschrift des zuständigen Verwaltungsgerichts) gemäß § 80 Abs. 5 VwGO die aufschiebende Wirkung der Klage ganz oder teilweise anordnen. Die Vollziehung kann auf Antrag gemäß § 80 Abs. 4 Satz 1 VwGO auch von der anordnenden Behörde ausgesetzt werden.

Mit freundlichen Grüßen
Im Auftrag

Das Original der vorstehenden
Verfügung wurde mir ausgehändigt.

Ort, Datum

Amtsbezeichnung

Unterschrift der/des Betroffenen

Anlage 6
Merkblatt der Landesärztekammer Baden-Württemberg zur ärztlichen Schweigepflicht in Fällen häuslicher Gewalt [291]

**LANDESÄRZTEKAMMER BADEN-WÜRTTEMBERG
MIT DEN BEZIRKSÄRZTEKAMMERN**

**Merkblatt
zur ärztlichen Schweigepflicht in Fällen von häuslicher Gewalt
Stand: März 2006**

I. Ausgangslage

Wenn Ärztinnen und Ärzte Kenntnis von häuslicher Gewalt erlangen, stehen sie häufig vor einer schwierigen Abwägung zwischen der ärztlichen Schweigepflicht und dem Wunsch oder sogar der Pflicht zur Offenbarung ihrer Kenntnisse. Zu den allgemeinen Grundsätzen der Schweigepflicht verweisen wir auf unser „Merkblatt zur ärztlichen Schweigepflicht" der Landesärztekammer Baden-Württemberg.

In diesem Merkblatt wird die spezielle Situation bei Fällen häuslicher Gewalt dargestellt.

II. Aussagen gegenüber der Polizei und der Staatsanwaltschaft

Anfragen der Polizei oder der Staatsanwaltschaft zur Behandlung eines Patienten darf der Arzt nur beantworten, wenn
1. der Patient ihn von der Schweigepflicht entbunden hat oder
2. ein Fall des sog. rechtfertigenden Notstandes gemäß § 34 StGB vorliegt.

Die ärztliche Schweigepflicht umfasst auch die Identität der Patientin/des Patienten und insbesondere die Tatsache ihrer/seiner ärztlichen Behandlung.

1. Entbindung von der Schweigepflicht

In Fällen häuslicher Gewalt kann es für den Arzt mitunter schwierig sein, am Ende eines vertrauensvollen Arzt-Patienten-Gespräches seinen Patienten noch um die Abgabe einer schriftlichen Erklärung zur Entbindung von der Schweigepflicht zu bitten. Der Arzt sollte die Patientin/den Patienten jedoch darauf hinweisen, dass er sie/ihn in einem eventuell stattfindenden polizeilichen oder gerichtlichen Verfahren nur dann wirksam unterstützen kann, wenn er Angaben zu den von ihm diagnostizierten Körperverletzungen machen darf.

Sind Kinder bis zum vollendeten 14. Lebensjahr Opfer der häuslichen Gewalt, so obliegt es grundsätzlich den Sorgeberechtigten, den Arzt von der Schweigepflicht zu entbinden. Das Sorgerecht wird in der Regel von den Eltern gemeinsam ausgeübt (§§ 1626, 1616a BGB).

Bei geschiedenen oder getrennt lebenden Eltern kommt es darauf an, wem das Familiengericht das Sorgerecht übertragen hat (§ 1671 BGB). Wird die häusliche Gewalt gegen Kinder von einer nicht sorgeberechtigten Person ausgeübt, so hat die Entbindung von der Schweigepflicht durch die Eltern oder die allein sorgeberechtigte Person zu erfolgen.

---

[291] https://www.aerztekammer-bw.de/10aerzte/40merkblaetter/10merkblaetter/schweigepflicht-gewalt.pdf (Zugriff am 12.08.2016).

Problematisch ist es, wenn die häusliche Gewalt von einem sorgeberechtigten Elternteil ausgeübt wird. Solange die elterliche Sorge beiden Eltern gemeinsam zusteht, kann der gewaltlose Elternteil allein den Arzt nicht von der Schweigepflicht entbinden. In dieser Situation muss entweder eine – auch kurzfristig mögliche – Anordnung des Familiengerichts eingeholt werden (§ 1666 Abs. 3 BGB), die die Einwilligungserklärung des gewalttätigen Elternteils ersetzt, oder aber eine Offenbarungsbefugnis nach den Grundsätzen des rechtfertigenden Notstandes geprüft werden (siehe unten 2.).

Bei Jugendlichen ist zu beachten, dass es für die Entbindung von der Schweigepflicht nicht auf die Geschäftsfähigkeit ab dem 18. Lebensjahr, sondern auf die Einsichtsfähigkeit in die Tragweite einer ärztlichen Heilbehandlung und eine etwaige damit verbundene Entbindung von der ärztlichen Schweigepflicht ankommt. Diese Einsichtsfähigkeit setzt bei Mädchen in der Regel früher ein als bei Jungen. In der Regel hat ein Mädchen ab dem vollendeten 15. Lebensjahr und ein Junge ab dem vollendeten 16. Lebensjahr die Einsicht in die Tragweite einer Entbindungserklärung von der ärztlichen Schweigepflicht. In diesem Fall kommt es auf die Entscheidung der/des sorgeberechtigten Eltern(teils) nicht an.

2. Rechtfertigender Notstand (§ 34 StGB)

Die Befugnis des Arztes, ein Patientengeheimnis zu offenbaren, besteht auch dann, wenn die Offenbarung dem Schutz von rechtlich geschützten Interessen dient, die höher zu bewerten sind als das Interesse, das dem Straftatbestand der ärztlichen Schweigepflicht zu Grunde liegt. Abzuwägen ist daher das allgemeine Vertrauen der Bevölkerung in die Verschwiegenheit von Ärzten und das individuelle Vertrauen des einzelnen Patienten in die Verschwiegenheit seines Arztes mit den im Einzelfall widerstreitenden anderen rechtlich geschützten Interessen. Nur wenn die anderen rechtlich geschützten Interessen das genannte Vertrauen überwiegen, darf der Arzt Patientengeheimnisse offenbaren. Verpflichtet ist er dazu jedoch nicht.

Wann in den Fällen häuslicher Gewalt ein höherwertiges Interesse den Bruch der Schweigepflicht rechtfertigt, kann nur auf Grund der konkreten Umstände des Einzelfalles entschieden werden, da hier eine Güterabwägung vorzunehmen ist zwischen dem Schutz des Patientengeheimnisses und Leib oder Leben.

Das staatliche Strafverfolgungsinteresse allein rechtfertigt den Bruch der ärztlichen Schweigepflicht in der Regel nur dann, wenn es sich um schwerste Taten gegen Leib, Leben und Freiheit handelt und Wiederholungsgefahr besteht.

Bei der erforderlichen Güterabwägung muss zwischen erwachsenen und minderjährigen Patienten unterschieden werden. Hat ein Arzt bei den diagnostizierten Verletzungen den Verdacht, dass ein Erwachsener häuslicher, körperlicher Gewaltanwendung ausgesetzt war, so rechtfertigt diese Vermutung nicht ohne Weiteres den Bruch der Schweigepflicht. Denn gibt der Patient zu erkennen, dass er eine Offenbarung nicht wünscht, so hat der Arzt diesen Wunsch nach Schutz der Privatsphäre grundsätzlich zu respektieren.

Andererseits hat der Arzt bei schweren körperlichen Misshandlungen mit dem Verdacht auf Wiederholung ein Recht, dies öffentlichen Stellen mitzuteilen. Erlangt der Arzt hingegen anlässlich der Behandlung eines Kindes Kenntnis von Verletzungen, die auf eine Kindesmisshandlung hindeuten, so darf er im Interesse des Kindes und zum Schutz vor weiteren körperlichen und seelischen Schäden immer die Polizei oder das Jugendamt benachrichtigen. Denn hier überwiegt der Schutz des Kindes das Interesse der Eltern am Unentdecktbleiben der Tat.

3. Offenbarungspflichten

Da der Arzt grundsätzlich schweigen muss und nur im Ausnahmefall das Recht hat, Patientengeheimnisse zu offenbaren, gibt es eine Pflicht zur Offenbarung von Krankendaten nur als Ausnahme von der soeben genannten Ausnahme. Der Arzt hat die Pflicht, die staatlichen Behörden einzuschalten und Anzeige zu erstatten, nur, wenn er von einer geplanten schweren Straftat, wie z.B. Mord oder Totschlag, Kenntnis erlangt, denn deren Nichtanzeige wird gemäß § 138 StGB bestraft.

Ausnahmsweise kann eine Offenbarungspflicht als Nebenpflicht aus dem Behandlungsvertrag folgen, wenn der Patient selbst auf Grund seines gesundheitlichen Zustandes nicht (mehr) in der Lage ist, die Einwilligung zu erteilen, der Arzt aber von einer mutmaßlichen Einwilligung ausgehen kann.

Auch bei der körperlichen Misshandlung von minderjährigen Kindern kann sich das Recht des Arztes, die (Polizei-)Behörden zu verständigen, zu einer Handlungspflicht verdichten.

III. Aussagen in Gerichtsverfahren

Die Befugnis eines Arztes, in einem Gerichtsverfahren als sachverständiger Zeuge auszusagen, richtet sich nach den gleichen Grundsätzen wie die ärztliche Aussagebefugnis gegenüber der Polizei und der Staatsanwaltschaft (vgl. oben II.).

Vor Gericht hat der Arzt das Recht, die Aussage zu verweigern (§ 53 Abs. 1 Nr. 3 StGB; § 383 Abs. 1 Nr. 6 ZPO). Aus dem Zeugnisverweigerungsrecht wird eine Pflicht, die Aussage zu verweigern, wenn der Patient nicht eingewilligt hat (vgl. oben II. 1.) und kein Fall des rechtfertigenden Notstandes vorliegt (vgl. oben II. 2.).

IV. Gesetzliche Offenbarungspflicht für Vertragsärzte und -psychotherapeuten sowie ermächtigte Krankenhausärzte

Durch das Gesundheitsmodernisierungsgesetz hat der Gesetzgeber in § 294a SGB V jeden Arzt und Diplompsychologen, der als zugelassener Vertragsarzt oder Vertragspsychotherapeut oder ermächtigter Krankenhausarzt an der vertragsärztlichen Versorgung teilnimmt, sowie ärztlich geleitete Einrichtungen und zugelassene Krankenhäuser verpflichtet, den Krankenkassen Hinweise auf drittverursachte Gesundheitsschäden, einschließlich der Angaben der Ursachen und dem möglichen Verursacher, mitzuteilen.

Hintergrund für diese neue Rechtsvorschrift ist die Tatsache, dass alle Schadensersatzansprüche von gesetzlich Krankenversicherten, die diese gegenüber einem den Schaden verursachenden Dritten haben, gemäß § 116 SGB X kraft Gesetzes auf die gesetzliche Krankenkasse übergehen.

Diese kann dann aus eigenem Recht den Schaden gegenüber dem Drittschadensverursacher geltend machen. Der neue Gesetzesparagraph enthält keinerlei Begrenzung und verpflichtet u. a. jeden an der vertragsärztlichen Versorgung teilnehmenden Arzt, in Fällen häuslicher Gewalt den Krankenkassen den Verursacher mitzuteilen.

Dies ist, auch wenn man berücksichtigt, dass gesetzlich Krankenversicherte gemäß §§ 60 ff. SGB I eine Mitwirkungspflicht haben, verfassungsrechtlich bedenklich. Denn so wie § 65 SGB I für den einzelnen gesetzlich Versicherten Grenzen der Mitwirkung aufzeigt und er nicht mitwirken muss, wenn ihm das aus einem wichtigen Grund nicht zugemutet werden kann, ist es aufgrund des oben unter II. Gesagten erforderlich, § 294a SGB V verfassungskonform auszulegen.

Die Offenbarung von Hinweisen auf drittverursachte Gesundheitsschäden stellt einen erheblichen Eingriff in das gemäß Art. 2 Abs. 1 GG geschützte Persönlichkeitsrecht und ggf. in den durch Art. 6 GG garantierten Schutz von Ehe und Familie dar. Die Offenbarungspflicht bei Hinweisen auf drittverursachte Gesundheitsschäden gilt daher nicht grenzenlos. Vielmehr muss der an der vertragsärztlichen Versorgung teilnehmende Arzt auch hier unter Bezug auf den Rechtsgedanken des rechtfertigenden Notstandes gemäß § 34 StGB eine Güterabwägung treffen. Der Vertragsarzt oder der ermächtigte Krankenhausarzt dürfen der ihnen gesetzlich auferlegten Hinweispflicht auf drittverursachte Gesundheitsschäden daher nur nachkommen, wenn das Schutzgut, das hinter § 294a SGB V steht, nämlich die Geltendmachung von Schadensersatzansprüchen gegen Drittschädiger, höherwertiger oder zumindest gleichwertig gegenüber den Interessen des gesetzlich Krankenversicherten ist. Hierbei sind dann die Abwägungskriterien heranzuziehen, die oben unter II. bereits dargestellt wurden.

V. Zivilverfahren nach dem Gewaltschutzgesetz

Im Zivilverfahren nach dem sog. Gewaltschutzgesetz vom 11.12.2001 (BGBl. I S. 3513) kann der Verletzte, der Opfer einer rechtswidrigen Körperverletzung geworden ist, auf seinen Antrag hin über die Gerichte u. a. die Anordnung erreichen, dass der Täter die Wohnung des Verletzten nicht mehr betritt oder sich nicht mehr in einem bestimmten Umkreis um die Wohnung aufhält. Das gilt auch bei einem gemeinsamen Haushalt. Voraussetzung für eine derartige Anordnung ist aber, dass die von der Gewalt betroffene Person den Nachweis erbringt, Opfer einer Körperverletzung geworden zu sein.

Hierbei kann die ärztliche Dokumentation dem Betroffenen helfen. Die ärztliche Dokumentation darf einem Patienten nicht im Original übergeben werden, da der Arzt gemäß § 10 Abs. 3 der Berufsordnung der Landesärztekammer Baden-Württemberg verpflichtet ist, die Krankenunterlagen 10 Jahre aufzubewahren.

Der Arzt kann der Patientin/dem Patienten gegen Kostenerstattung Fotokopien aushändigen, damit sie/er selbst entscheiden kann, ob und wann sie/er die Dokumentation im Verfahren einsetzt.

Bittet die Patientin/der Patient um Übersendung der Dokumentation an das Gericht, kann hierin eine konkludente Entbindung von der Schweigepflicht zu sehen sein.

Wünscht die Patientin/der Patient anstelle der Herausgabe der Unterlagen einen ärztlichen Bericht, so muss der Arzt diesen in Erfüllung der vertraglichen Nebenpflicht aus dem Behandlungsvertrag erstellen. Die Abrechnung hat über die GOÄ (Nrn. 75, 80 oder 85) zu erfolgen.

VI. Schweigepflicht und Kooperation mit Runden Tischen und kommunalen Netzwerken

Runde Tische und kommunale Netzwerke befassen sich in der Regel nicht mit Einzelfällen, sondern erarbeiten grundlegende Kooperationsvereinbarungen (Beispiel: Idealer Interventionsverlauf bei häuslicher Gewalt – Welche Einrichtung, Institution kann was an welcher Stelle machen? Wo sind die Grenzen?).

Alle Teilnehmer derartiger Netzwerke haben ein Interesse daran, Informationen, die sie über einzelne misshandelte Personen im Rahmen ihrer Tätigkeit erlangt haben, zu schützen. Nur mit einer ausdrücklichen Zustimmung der Betroffenen dürfen daher im Netzwerk Gespräche über Einzelfälle und Individuallösungen durchgeführt und bearbeitet werden.

VII. Rechtsvorschriften[292]

§ 34 StGB
Rechtfertigender Notstand

„Wer in einer gegenwärtigen, nicht anders abwendbaren Gefahr für Leben, Leib, Freiheit, Ehre, Eigentum oder ein anderes Rechtsgut eine Tat begeht, um die Gefahr von sich oder einem anderen abzuwenden, handelt nicht rechtswidrig, wenn bei Abwägung der widerstreitenden Interessen, namentlich der betroffenen Rechtsgüter und des Grades der ihnen drohenden Gefahren, das geschützte Interesse das beeinträchtigte wesentlich überwiegt. Dies gilt jedoch nur, soweit die Tat ein angemessenes Mittel ist, die Gefahr abzuwenden.

§ 138 StGB
Nichtanzeige geplanter Straftaten

(1) Wer von dem Vorhaben oder der Ausführung

[...]

5. eines Mordes (§ 211) oder Totschlags (§ 212) oder eines Völkermordes

[...]

zu einer Zeit, zu der die Ausführung oder der Erfolg noch abgewendet werden kann, glaubhaft erfährt und es unterläßt, der Behörde oder dem Bedrohten rechtzeitig Anzeige zu machen, wird mit Freiheitsstrafe bis zu fünf Jahren oder mit Geldstrafe bestraft.

(2) [...]

(3) Wer die Anzeige leichtfertig unterläßt, obwohl er von dem Vorhaben oder der Ausführung der rechtswidrigen Tat glaubhaft erfahren hat, wird mit Freiheitsstrafe bis zu einem Jahr oder mit Geldstrafe bestraft.

§ 294a SGB V
Mitteilung von Krankheitsursachen und drittverursachten Gesundheitsschäden

(1) Liegen Anhaltspunkte dafür vor, dass eine Krankheit eine Berufskrankheit im Sinne der gesetzlichen Unfallversicherung oder deren Spätfolgen oder die Folge oder Spätfolge eines Arbeitsunfalls, eines sonstigen Unfalls, einer Körperverletzung, einer Schädigung im Sinne des Bundesversorgungsgesetzes oder eines Impfschadens im Sinne des Infektionsschutzgesetzes ist oder liegen Hinweise auf drittverursachte Gesundheitsschäden vor, sind die an der vertragsärztlichen Versorgung teilnehmenden Ärzte und Einrichtungen sowie die Krankenhäuser nach § 108 verpflichtet, die erforderlichen Daten, einschließlich der Angaben über Ursachen und den möglichen Verursacher, den Krankenkassen mitzuteilen. [...]

(2) [...]

§ 1 Gerichtliche Maßnahmen zum Schutz vor Gewalt und Nachstellungen

(1) Hat eine Person vorsätzlich den Körper, die Gesundheit oder die Freiheit einer anderen Person widerrechtlich verletzt, hat das Gericht auf Antrag der verletzten

---

[292] Die nachfolgenden Vorschriften wurden reaktionell aktualisiert.

Person die zur Abwendung weiterer Verletzungen erforderlichen Maßnahmen zu treffen. Die Anordnungen sollen befristet werden; die Frist kann verlängert werden. Das Gericht kann insbesondere anordnen, dass der Täter es unterlässt,

1. die Wohnung der verletzten Person zu betreten,
2. sich in einem bestimmten Umkreis der Wohnung der verletzten Person aufzuhalten,
3. zu bestimmende andere Orte aufzusuchen, an denen sich die verletzte Person regelmäßig aufhält,
4. Verbindung zur verletzten Person, auch unter Verwendung von Fernkommunikationsmitteln, aufzunehmen,
5. Zusammentreffen mit der verletzten Person herbeizuführen,

soweit dies nicht zur Wahrnehmung berechtigter Interessen erforderlich ist.

(2) – (3) [...]

Anlage 7
Formblatt zur Entbindung von der ärztlichen Schweigepflicht [293]

Schweigepflichtentbindungserklärung

Hiermit entbinde ich folgende Ärzte

1. _____

2. _____

3. _____

4. _____

5. _____

von ihrer Schweigepflicht gegenüber .... und erkläre mich damit einverstanden, dass diese die von .... im Rahmen ihrer/seiner Aufgaben benötigten Auskünfte erteilen.

Name: _____

Vorname: _____

Geburtsdatum: _____

Anschrift: _____

_____   _____
(Ort, Datum)   (Unterschrift des Patienten
bzw. des Betreuers)

Schweigepflichtentbindungserklärung

---

[293] http://www.mit-sicherheit-gut-behandelt.de/muster.html (Zugriff am 27.09.2016).

Zu den Autoren

Wolfgang Gatzke, Direktor des Landeskriminalamtes NRW a.D.

Eintritt in die Polizei NRW 1970, seit 1976 kriminalpolizeiliche Sachbearbeitung von Eigentums-, Gewalt- und Rauschgiftdelikten, Todesermittlungsverfahren

Ab 1984 Verwendungen in Führungsfunktionen des höheren Dienstes, u.a. als
- Kriminalgruppenleiter und Leiter Führungsstelle der Abteilung – K – in einem Polizeipräsidium, Leiter einer Verhandlungsgruppe
- Leiter der Beratergruppe für Fälle schwerster Gewaltkriminalität des LKA NRW
- Abteilungsleiter Einsatz- und Ermittlungsunterstützung des LKA NRW
- Referent im Referat für Strafverfolgung des Innenministeriums NRW
- ab 1997 Ständiger Vertreter, von 2004 bis 2013 Direktor des LKA NRW

Im Rahmen der Verwendungen bis 2013
- Mitglied des Forschungsbeirates des Bundeskriminalamtes
- Mitglied des Wissenschaftlichen Beirates „Forschung und Transfer" der Fachhochschule für öffentliche Verwaltung NRW

Seit 2014 Mitglied im „Fachbeirat Kriminalprävention" des WEISSEN RING e.V.

Detlef Averdiek-Gröner, Polizeidirektor

Dozent an der Fachhochschule für öffentliche Verwaltung NRW, Verbundabteilung Münster, für Einsatzlehre, Eingriffsrecht und Führungslehre

Seit 1978 Polizeivollzugsbeamter in langjährigen Verwendungen der drei Laufbahnabschnitte in Polizeipräsidien, Landratsbehörden, einer Landesoberbehörde und der Bezirksregierung:
- Posten- und Streifendienste, Sachbearbeitungen
- Dienstgruppenleitungen, Leitungen von Dienststellen
- Leitungen von Unterabteilungen, Abteilungsstab/-stabsdienststellen
- Dezernatsleitung und

seit 2008 hauptamtlicher Dozent für Einsatzlehre, Eingriffsrecht und Führungslehre an der FHöV NRW, Verbundabteilung Münster.

Literaturverzeichnis

Ackermann, R., Clages, H., Roll, H.: Handbuch der Kriminalistik, 4. Auflage, Stuttgart, 2011

Agentur der Europäischen Union für Grundrechte: Gewalt gegen Frauen: eine EU-weite Erhebung, Ergebnisse auf einen Blick, Luxemburg, 2014

Averdiek-Gröner, D., Frings, C.: Standardmaßnahmen im Ermittlungsverfahren, Hilden, 2014

Bayerischer Landtag: Antwort der Staatsregierung vom 09.05.2014 auf die Schriftliche Anfrage der Abgeordneten Verena Osgyan BÜNDNIS 90/DIE GRÜNEN vom 03.02.2014, Zahlen zu den Opfern sexueller Gewalt in Bayern, https://www.bayern.landtag.de/www/ElanTextAblage_WP17/Drucksachen/Schriftliche%20Anfragen/17_0001216.pdf (Zugriff am 29.04.2016)

Berliner Polizeipräsidium: Polizeiliches Handeln in Fällen häuslicher Gewalt, Leitlinien, Dezember 2012; in:
http://www.big-berlin.info/sites/default/files/medien/polizeiliche_leitlinien.pdf (Zugriff am 29.04.2016)

Bliesener, T., Jager, J., Klatt, T.: Gewalt gegen Polizeibeamtinnen und Polizeibeamte, NRW-Studie, Abschlussbericht, Christian-Albrechts-Universität, Institut für Psychologie, Kiel, 2013,
https://www.polizei.nrw.de/media/Dokumente/131202_NRW_Studie_Gewalt_gegen_PVB_Abschlussbericht.pdf (Zugriff am 16.06.2015)

Bundeskriminalamt (Hrsg.): Polizeiliche Kriminalstatistik, Bundesrepublik Deutschland, Jahrbuch 2014,
https://www.bka.de/DE/AktuelleInformationen/StatistikenLagebilder/PolizeilicheKriminalstatistik/PKS2014/pks2014_node.html (Zugriff am 20.08.2016)

Bundeskriminalamt (Hrsg.): Polizeiliche Kriminalstatistik, Bundesrepublik Deutschland, IMK-Bericht 2015,
https://www.bka.de/DE/AktuelleInformationen/StatistikenLagebilder/PolizeilicheKriminalstatistik/PKS2015/pks2015_node.html (Zugriff am 20.08.2016)

Bundesministerium der Justiz und für Verbraucherschutz (BMJV): Strafrechtspflege in Deutschland von Jörg-Martin Jehle, 6. Auflage 2015,
http://www.bmjv.de/SharedDocs/Publikationen/DE/Strafrechtspflege_Deutschland.pdf?__blob=publicationFile&v=9 (Zugriff am 19.08.2016)

Bundesministerium für Familie, Senioren, Frauen und Jugend (BMFSFJ): Aktionsplan I der Bundesregierung zur Bekämpfung von Gewalt gegen Frauen, Dezember 1999,
http://www.bmfsfj.de/BMFSFJ/Service/publikationen,did=67514.html (Zugriff am 29.04.2016)

Bundesministerium für Familie, Senioren, Frauen und Jugend (BMFSFJ): Gewalt gegen Ältere im sozialen Nahraum, wissenschaftliche Begleitung und Evaluation eines Modellprojekts, Band 217, 2002,
https://www.bmfsfj.de/RedaktionBMFSFJ/Broschuerenstelle/Pdf-Anlagen/Kriminalit_C3_A4ts-und-Gewalterfahrungen-_C3_84lterer,property=pdf,bereich=bmfsfj,sprache=de,rwb=true.pdf (Zugriff am 29.04.2016)

Bundesministerium für Familie, Senioren, Frauen und Jugend (BMFSFJ) (Hrsg.): Rahmenbedingungen für polizeiliche/gerichtliche Schutzmaßnahmen bei häuslicher Gewalt, Bericht einer Bund-Länder-Arbeitsgruppe, Berlin, 18. Juni 2002,
http://www.bmfsfj.de/RedaktionBMFSFJ/Broschuerenstelle/Pdf-Anlagen/PRM-21792-Materialie-Gleichstellungspoli,property=pdf.pdf (Zugriff am 29.04.2016)

Bundesministerium für Familie, Senioren, Frauen und Jugend (BMFSFJ) (Hrsg.): Lebenssituation, Sicherheit und Gesundheit von Frauen in Deutschland, Eine repräsentative Untersuchung zu Gewalt gegen Frauen in Deutschland, Zusammenfassung zentraler Studienergebnisse, 2004a

Bundesministerium für Familie, Senioren, Frauen und Jugend (BMFSFJ) (Hrsg.): Gemeinsam gegen häusliche Gewalt. Kooperation, Intervention, Begleitforschung – Forschungsergebnisse der Wissenschaftlichen Begleitung der Interventionsprojekte gegen häusliche Gewalt (WiBIG), 2004b
http://www.bmfsfj.de/RedaktionBMFSFJ/Abteilung4/Pdf-Anlagen/langfassung-studie-wibig,property%3Dpdf,bereich%3Dbmfsfj,sprache%3Dde,rwb%3Dtrue.pdf (Zugriff am 29.08.2016)

Bundesministerium für Familie, Senioren, Frauen und Jugend (BMFSFJ) (Hrsg.): Aktionsplan II der Bundesregierung zur Bekämpfung von Gewalt gegen Frauen, 2007,
http://www.bmfsfj.de/BMFSFJ/Service/publikationen,did=100962.html (Zugriff am 29.04.2016)

Bundesministerium für Familie, Senioren, Frauen und Jugend (BMFSFJ) (Hrsg.): Lebenssituation und Belastungen von Frauen mit Beeinträchtigungen und Behinderungen in Deutschland, Kurzfassung, Artikelnummer 4 BR87, 2. Auflage, Stand: April 2013a

Bundesministerium für Familie, Senioren, Frauen und Jugend (BMFSFJ) (Hrsg.): Aktionsprogramm „Sicher leben im Alter" (SiliA), 2013b,
http://www.bmfsfj.de/BMFSFJ/aeltere-menschen,did=140394.html (Zugriff am 29.04.2016)

Bundesministerium für Familie, Senioren, Frauen und Jugend (BMFSFJ) (Hrsg.): Gewalt gegen Frauen in Paarbeziehungen, Eine sekundäranalytische Auswertung zur Differenzierung von Schweregraden, Mustern, Risikofaktoren und Unterstützung nach erlebter Gewalt, Kurzfassung, 2008, Artikelnummer 4BR41, 5. Auflage, Stand: Juni 2014

Bundesministerium für Justiz und Verbraucherschutz (Hrsg.): Strafrechtspflege in Deutschland, 6. Auflage, 2015, https://www.bundesjustizamt.de/DE/SharedDocs/Publikationen/Justizstatistik/Strafrechtspflege_Deutschland.pdf?__blob=publicationFile&v=5 (Zugriff am 29.04.2016)

Deutscher Bundestag: Antwort der Bundesregierung auf die Große Anfrage der Abgeordneten Cornelia Möhring, Diana Golze, Matthias W. Birkwald, weiterer Abgeordneter und der Fraktion DIE LINKE, Hilfe und Unterstützung für alle Opfer von häuslicher Gewalt nach dem Gewaltschutzgesetz, Drucksache 17/6685 vom 21.07.2011

Europäische Union: Richtlinie 2012/29/EU des Europäischen Parlaments und des Rates vom 25. Oktober 2012 über Mindeststandards für die Rechte, die Unterstützung und den Schutz von Opfern von Straftaten sowie zur Ersetzung des Rahmenbeschlusses 2001/220/JI, http://eur-lex.europa.eu/legal-content/DE/TXT/PDF/?uri=CELEX:32012L0029&from=PL (Zugriff am 29.04.2016)

Europarat: Empfehlung Rec(2002)5 des MinisterInnenkomitees an die Mitgliedstaaten über den Schutz von Frauen vor Gewalt (verabschiedet vom MinisterInnenkomitee am 30. April 2002 auf dem 794. Treffen der MinisterInnenstellvertreterInnen)

Europarat: Übereinkommen des Europarats zur Verhütung und Bekämpfung von Gewalt gegen Frauen und häuslicher Gewalt, 2011, http://www.coe.int/de/web/istanbul-convention/home (Zugriff am 29.04.2016)

Europäische Kommission: Machbarkeitsstudie zur Bewertung der Möglichkeiten, Aussichten und des bestehenden Bedarfs für die Vereinheitlichung der einzelstaatlichen Rechtsvorschriften auf den Gebieten Gewalt gegen Frauen, Gewalt gegen Kinder und Gewalt wegen sexueller Orientierung, Luxemburg, 2011

Ellrich, K., Baier, D.: Gewalt gegen niedersächsische Beamtinnen und Beamte aus dem Einsatz- und Streifendienst, Zum Einfluss von personen-, arbeits- und situationsbezogenen Merkmalen auf das Gewaltopferrisiko, KFN-Forschungsbericht Nr. 123, Kriminologisches Forschungsinstitut Hannover, 2014

Faußner, M.: Wohnungsverweisung und Rückkehrverbot über Art. 16 Satz 1 BayPAG, Universität Augsburg, Dissertation, 2009; in: http://d-nb.info/1006550631/34 (Zugriff am 22.06.2015)

Fröhlich, C.: Und wo bleiben wir? Über die Wahrnehmung von Kindern bei polizeilichen Einsätzen und die Anforderungen an die Polizei in Situationen häuslicher Gewalt, Holzkirchen/Obb., 2012

Görgen, T.: Kriminologisches Institut Niedersachsen e.V. (KNF), Kriminalitäts- und Gewaltgefährdungen im höheren Lebensalter und in der häuslichen Pflege – Zwischenergebnisse der Studie „Kriminalitäts- und Gewalterfahrungen im Leben älterer Menschen", 2006, https://www.bmfsfj.de/RedaktionBMFSFJ/Broschuerenstelle/Pdf-Anlagen/Kriminalit_C3_A4ts-und-Gewalterfahrungen-_C3_84lterer,property=pdf,bereich=bmfsfj,sprache=de,rwb=true.pdf (Zugriff am 20.08.2016)

Görgen, T.: Sicher leben im Alter. Prävention von Misshandlung und Vernachlässigung älterer Pflegebedürftiger im familiären Umfeld; in: Averdiek-Gröner, D. (Hrsg.): Häusliche Gewalt; in: Polizei & Wissenschaft, 4/2012, S. 50–59

Greuel, L.: Evaluation von Maßnahmen zur Verhinderung von Gewalteskalationen in Paarbeziehungen bis hin zu Tötungsdelikten und vergleichbaren Bedrohungsdelikten, Kurzfassung, Institut für Polizei und Sicherheitsforschung (IPoS), März 2010

Greuel, L.: Forschungsprojekt „Gewalteskalation in Paarbeziehungen", Kurzfassung und Manual für die polizeiliche Praxis (IPoS), August 2009

Gusy, C.: Polizei- und Ordnungsrecht. 9. Auflage, Tübingen, 2014

Hagemann-White, C.: Strategien gegen Gewalt in Paarbeziehungen. Erkenntnisse der Forschung und Entwicklung europäischer Standards; in: Averdiek-Gröner, D. (Hrsg.): Häusliche Gewalt; in: Polizei & Wissenschaft, 4/2012, S. 114–122

Hagemann-White, C., Kavemann, B.: Staatliche Intervention bei häuslicher Gewalt. Entwicklung der Praxis von Polizei und Staatsanwaltschaft im Kontext von Interventionsprojekten gegen häusliche Gewalt, Wissenschaftliche Begleitung der Interventionsprojekte gegen häusliche Gewalt (WiBIG) Band II, Universität Osnabrück, Abschlussbericht 2004

Herrmann, J.: Die Entwicklung des Opferschutzes im deutschen Strafrecht und Strafprozessrecht – Eine unendliche Geschichte; in: Zeitschrift für Internationale Strafrechtsdogmatik (ZIS), 3/2010, S. 236–245, http://www.zis-online.com/dat/artikel/2010_3_430.pdf (Zugriff am 12.08.2016)

Hermanutz, M., Spöcker, W., Cal, Y., Maloney, J.: Kommunikation bei polizeilichen Routinetätigkeiten; in: Polizei & Wissenschaft, 3/2005, S. 19–39

Hermanutz, M., Spöcker, W.: Erfolgreiche Kommunikationsstrategien gegenüber Bürgern bei polizeilichen Standardmaßnahmen; in: BKA, Forum KI 2008, https://www.bka.de/SharedDocs/Downloads/DE/Publikationen/ForumKI/Forum-KI2008/kiforum2008SpoeckerHermanutzLangfassung.html?nn=54756 (Zugriff am 12.08.2016)

Hessisches Landeskriminalamt, Zentralstelle für Kriminal- und Verkehrsprävention (Hrsg.): Jahresberichte Polizeiliche Kriminal- und Verkehrsprävention in Hessen 2013, 2014, https://www.polizei.hessen.de/Praevention/binarywriterservlet?imgUid=0af70a64-e8e4-1f41-2c72-98160ef798e7&uBasVariant=11111111-1111-1111-1111-111111111111 (Zugriff am 29.04.2016)

Heubrock, D., Faesel, P., Busch, J.: Geiselnahmen im psychosozialen Nahraum – Merkmale von Tätern, Opfern und Täter-Opfer-Beziehungen bei besonderen Konflikt- und Bedrohungslagen; in: Polizei & Wissenschaft, 2/2005, S. 32–43, http://www.rechtspsychologie.uni-bremen.de/downloads/dokumente/geiselnahmenimpsychosozialennahraum.pdf (Zugriff am 12.08.2016)

Innenministerium des Landes Nordrhein-Westfalen (Hrsg.): Vereinfachtes Verfahren zur Bearbeitung ausgewählter Delikte, RdErl. d. Innenministeriums v. 4.3.1994 – IV D 1/C 2 – 6533/2706

Innenministerium des Landes Nordrhein-Westfalen (Hrsg.): Häusliche Gewalt und polizeiliches Handeln, Information für die Polizei und andere Beteiligte, 2007, http://www.mgepa.nrw.de/mediapool/pdf/emanzipation/frauen/hausliche_Gewalt_IM_NRW.pdf (Zugriff am 29.04.2016)

Innenministerkonferenz: Verhinderung von Gewalteskalationen in Paarbeziehungen bis hin zu Tötungsdelikten, 26.06.2005, Anlage 1 zu Nummer 20, http://www.innenministerkonferenz.de/IMK/DE/termine/to-beschluesse/20050624.html;jsessionid=7F7B90D78B5A554EE4B918AB7B7E5118.2_cid374?nn=4812206 (Zugriff am 19.08.2016)

Innenministerkonferenz: Management von Hochrisikofällen häuslicher Gewalt und von Stalking, 03./04.12.2015, TOP 8, http://www.bundesrat.de/IMK/DE/termine/to-beschluesse/2015-12-03_04/beschluesse.pdf?__blob=publicationFile&v=2 (Zugriff am 29.04.2016)

Innenministerkonferenz: Management von Hochrisikofällen häuslicher Gewalt und Stalking, Bericht der länderoffenen Arbeitsgruppe des AK II unter Beteiligung des UA FEK, des UA RV und der AG Kripo, Anlage zu TOP 8 der 203. Sitzung der IMK vom 03./04.12.2015 , http://www.bundesrat.de/IMK/DE/termine/to-beschluesse/2015-12-03_04/anlage8.pdf;jsessionid=D109FBE5A2EEABAC5E1FCBBA76DF55A7.2_cid339?__blob=publicationFile&v=2 (Zugriff am 29.04.2016)

Karadag, M., Winkler, D. (Berliner Polizeipräsidium): Schriften zur Fortbildung: Häusliche Gewalt – Begriffe, Maßnahmen der polizeilichen Erstintervention, Sachbearbeitung, Zivilrechtliche Schutzmöglichkeiten, 2012

Kavemann, B.: Das Unterstützungssystem bei Gewalt gegen Frauen in Deutschland – eine Übersicht; in: Averdiek-Gröner, D. (Hrsg.): Häusliche Gewalt; in: Polizei & Wissenschaft, 4/2012, S. 99–114

Kay, W.: Wohnungsverweisung – Rückkehrverbot zum Schutz vor häuslicher Gewalt, in: Neue Zeitschrift für Verwaltungsrecht (NVwZ), Beck, 2003, S. 521–525

Kniesel, M., Vahle, J.: VE ME PolG. Musterentwurf eines einheitlichen Polizeigesetzes in der Fassung des Vorentwurfs zur Änderung des PolG. Heidelberg, 1990

Landeskriminalamt Niedersachsen (Hrsg.): Bericht zu Gewalterfahrungen in Paarbeziehungen in Niedersachsen im Jahr 2012, Hannover, 21. Mai 2014, http://www.opferschutz-niedersachsen.de/daten/module/media/LKA-Nds-Bericht-Gewalterfahrungen-in-Paarbeziehungen-2012-XbH8.pdf (Zugriff am 19.08.2016)

Landeskriminalamt Nordrhein-Westfalen (Hrsg.): „Häusliche Gewalt" in NRW, Zahlenreihe mit Stand 1. Februar 2016, https://www.polizei.nrw.de/media/Dokumente/Behoerden/LKA/2016-02-03_Zahlen_HG_2006-2015.pdf (Zugriff am 29.04.2016)

Landtag Nordrhein-Westfalen: Gesetz zur Änderung des Polizeigesetzes und des Ordnungsbehördengesetzes, Gesetzentwurf LRg Drucksache 13/1525 vom 04.09.2001, GV.NRW.2001, S. 870 f. https://www.landtag.nrw.de/portal/WWW/dokumentenarchiv/Dokument?Id=MMD13%2F1525|1|0 (Zugriff am 29.04.2016)

Lasner-Tietze, C.: Gewalt gegen Kinder; in Averdiek-Gröner, D. (Hrsg.): Häusliche Gewalt; in: Polizei & Wissenschaft, 4/2012, S. 39–49

Lisken, H., Denninger, E.: Handbuch des Polizeirechts, 5. Auflage, München, 2012

Lütgert, H.: Vom „Einsatz ohne Bericht nach Familienstreitigkeit" zu den „polizeilichen Maßnahmen zur Gefahrenabwehr und Strafverfolgung bei häuslicher Gewalt"; in: Averdiek-Gröner, D. (Hrsg.): Häusliche Gewalt; in: Polizei & Wissenschaft, 4/2012, S. 86–98

Mentzel, T., Schmitt-Falckenberg, I., Wischnewski, K.: Eigensicherung und Recht, Eine Untersuchung einschlägiger Rechtsgrundlagen der Eigensicherung unter Berücksichtigung der Situation in anderen europäischen Staaten, Bundeskriminalamt, Schriftenreihe Polizei + Forschung Band 19, Wiesbaden, 2003

Meyer-Goßner, L., Schmitt, B.: Strafprozessordnung, 58. Auflage, München, 2015

Ministerium für Arbeit und Sozialordnung, Familie, Frauen und Senioren Baden-Württemberg (Hrsg.): Landesaktionsplan Baden-Württemberg gegen Gewalt an Frauen vom 24. November 2014, https://sozialministerium.baden-wuerttemberg.de/fileadmin/redaktion/m-sm/intern/downloads/Anhang_PM/Landesaktionsplan_Gegen_Gewalt_an_Frauen_2014.pdf (Zugriff am 29.04.2016)

Mitsch, W.: Der neue Stalking-Tatbestand im Strafgesetzbuch; in: NJW 2007, S. 1237–1242

Niedersächsischer Landtag: Antwort der Landesregierung vom 09.09.2014 auf die Kleine schriftliche Anfrage der Abgeordneten Sylvia Bruns u.a., eingegangen am 25.06.2014, Häusliche Gewalt – Immer mehr Männer betroffen? Drucksache 17/1951, http://www.landtag-niedersachsen.de/drucksachen_wp_17/1501_bis_2000/ (Zugriff am 29.04.2016)

Niedersächsisches Ministerium für Soziales, Frauen, Familie, Gesundheit und Integration (Hrsg.): Aktionsplan III zur Bekämpfung häuslicher Gewalt in Paarbeziehungen, Stand: 16.10.2012, https://noa.gwlb.de/receive/mir_mods_00000167 (Zugriff am 29.04.2016)

Niedersächsisches Ministerium für Soziales, Gesundheit und Gleichstellung (Hrsg.): Ohne Gewalt leben – Sie haben ein Recht darauf, Rechtsratgeber für von häuslicher Gewalt betroffene Frauen, 10. Auflage, 2014, http://www.ms.niedersachsen.de/portal/live.php?navigation_id=5023&article_id=14101&_psmand=17 (Zugriff am 29.04.2016)

Panke-Kochinke, B.: Gewalt gegen Pflegekräfte. Problematische Situationen erkennen und lösen, 2. Auflage, Frankfurt/Main, 2013

Pfeiffer, C., Wetzels, P., Enzmann, D.: Innerfamiliäre Gewalt gegen Kinder und Jugendliche und ihre Auswirkungen, KFN-Forschungsberichte Nr. 80, Hannover, 1999,
http://kfn.de/publikationen/kfn-forschungsberichte/ (Zugriff am 12.08.2016)

Polizei Hessen (Hrsg.): Polizeiliche Handlungsleitlinien zur Bekämpfung häuslicher Gewalt, 2009,
https://www.polizei.hessen.de/File/2009-02-Handlungsleitlinien-haeusl-Gewalt-Internet.pdf (Zugriff am 29.04.2016)

Puchert, R., Scambor, C.: Gewalt gegen Männer – Erkenntnisse aus der Gewaltforschung und Hinweise für die Praxis; in: Averdiek-Gröner, D. (Hrsg.): Häusliche Gewalt; in: Polizei & Wissenschaft, 4/2012, S. 25–38

Schenke, W.-R.: Polizei- und Ordnungsrecht, 9. Auflage, Heidelberg, 2011

Schoch, F.: Störermehrheit im Polizei- und Ordnungsrecht; in: Juristische Ausbildung JURA, 2012, S. 685–691

Schröttle, M.: Ausmaß, Schweregrad, Muster und Risikofaktoren von häuslicher Gewalt gegen Frauen (und Männer); in: Averdiek-Gröner, D. (Hrsg.): Häusliche Gewalt; in: Polizei & Wissenschaft, 4/2012, S. 5–24

Senatsverwaltung für Arbeit, Integration und Frauen Berlin (Hrsg.): Bekämpfung von häuslicher Gewalt in Berlin, Fortschreibung Datenerhebung und Statistik 2013, 2014,
https://www.berlin.de/sen/frauen/keine-gewalt/haeusliche-gewalt/artikel.20187.php (Zugriff am 29.04.2016)

Tegtmeyer, H., Vahle, J.: Polizeigesetz Nordrhein-Westfalen – PolG NRW –, 11. Auflage, Stuttgart, 2014

Tetsch, L., Baldarelli, M.: Polizeigesetz des Landes Nordrhein-Westfalen, Hilden, 2013

Thüringer Innenministerium (Hrsg.): Polizeiliche Maßnahmen in Fällen häuslicher Gewalt, Leitlinien der Thüringer Polizei, 01.01.2014,
http://www.thueringen.de/mam/th3/polizei/lpd/dokumente/leitlinien_hausliche_gewalt.pdf (Zugriff am 29.04.2016)

Trierweiler, T.: Wohnungsverweisung und Rückkehrverbot zum Schutz vor häuslicher Gewalt. Eine Untersuchung am Beispiel von § 34a PolG NRW, Baden-Baden, 2006

Stichwortverzeichnis

A

Agentur der EU für Grundrechte 21
Aktionsplan 12, 13
Alkohol 48, 58, 83
Alkoholeinfluss 45
Alkoholkonsum 30
Anklagequote 38
Annäherungsverbot 69
Antragsdelikt 13, 37, 47, 78
Ärztliche Schweigepflicht 52, 80
Auswertungsangriff 40, 41, 44

B

Bedrohung 26, 51
Befragung 42, 45, 46, 54
Begriffsbestimmung 66
Belehrung 46, 52, 54
Belehrungspflicht 42, 43, 80
Beratung 71
Beratungsstelle 63, 71, 81
Besonderes öffentliches Interesse 14, 37, 47, 79
Beweissicherung 13, 39, 46, 79

D

Deeskalationshaft 53, 80
Definition häuslicher Gewalt 16
DNA-Spur 44, 45
Dokumentation 46, 47, 72, 74, 75
Doppelfunktionalität 49, 51
Dunkelfeld 22
Dunkelfeldforschung 20
Durchsuchung 44

E

Eigensicherung 39, 42, 47, 48, 51
Eingriffsmaßnahme 49
Einsatzgrundsatz 48
Einstellungsquote 38
Ergänzungspfleger 52

Ergänzungspflegschaft 55
Ersten Angriff 40, 46
EU-Opferschutzrichtlinie 11
Europarat 10

F

Festnahme 43, 45, 52, 53, 80
Fingerspur 44, 45
Frauenhaus 11, 40

G

Gefährderansprache 14, 36, 42, 49, 57, 81, 82
Gefährdungsanalyse 14, 36, 40, 83
Gefahrenabwehr 42
Gefahrenprognose 47, 49, 58, 59, 60
Gegenwärtige Gefahr 67
Gemengelage 41
Gewahrsamnahme 42, 52, 53, 69, 80
Gewaltbelastung 22
Gewaltbeziehung 13, 15, 29, 40, 59, 68
Gewalterlebnis 35
Gewalteskalation 36
Gewalt gegen Frauen 21, 22
Gewalt gegen Polizeibeamte 49
Gewaltprävalenzstudie 20
Gewaltschutzgesetz 12, 16, 42, 60, 62, 69
Grundrechtseingriff 65

H

Häusliche Gewalt 17, 28, 37, 39, 60, 66
Hochrisikosituation 32
Hochrisikofall 15, 36, 37, 82, 85

I

Informatorische Befragung 43, 54
Istanbul-Konvention 9, 16, 17

J
Jugendamt 40, 42, 73, 81

K
Kinder 32, 35, 39, 42, 55, 81
Kinder als Opfer 73
Kommunikationsmittel 44, 51, 80
Kontaktverbot 62, 69
Körperliche Untersuchung 45, 51, 79
Körperverletzung 26
Kriminalakte 48, 58, 81

L
Lagebild 27
Leitsatz 39

M
Menschen mit Behinderung 33
Migrantin 33
Migrationshintergrund 33
Mindeststandard 11
Muster schwerwiegender Gewalt 30

N
Näherungsverbot 62

O
Objektiver Tatbefund 44
Öffentliches Interesse 14, 47, 79
Opfer 24, 35, 39, 40, 81
Opferrechtsreformgesetz 12
Opfer-Tatverdächtigen-Beziehung 24, 27

P
Polizeiliche Kriminalstatistik (PKS) 20, 24, 27
Prävalenzstudie 22, 35
Privatklagedelikt 13, 37, 47, 78

R
Richtlinien für das Strafverfahren und das Bußgeldverfahren (RiStBV) 14, 37

Risikofakt 83
Risikofaktor 29, 30, 31, 40, 82
Rückkehrverbot 14, 27, 53, 60, 61, 63, 72

S
Scheidung 32, 83
Schutz des Opfers 39, 40
Schutzmaßnahme 42
Schweregrade von Gewalt 29
Sexualstraftat 25
Sicherung des Tatortes 43
Sicherungsangriff 40, 41, 44
Sofortlage 47
Sofortmaßnahme 41
Soziale Situation 31, 33
Staatsanwaltschaft 37
Stalking 26, 28, 37, 51
Strafantrag 14, 46, 47, 79
Straftatbestand 19, 27
Strafverfolgung 42, 43, 78
Strafverfolgungsstatistik 37
Subjektiver Tatbefund 45

T
Tatbefundbericht 57
Tatortbefundbericht 46
Tatverdächtiger 26
Tatwerkzeug 44
Tötung 25
Tötungsdelikt 24, 25, 31, 32, 33, 43, 82, 85
Trennung 32, 83

U
UN-Weltfrauenkonferenz 9

V
Verbrechensbekämpfungsgesetz 12
Vereinte Nationen 9
Vergewaltigung 12, 25
Vernehmung 54, 56, 80
Verurteilungsquote 38
Verwaltungsakt 73

Viktimisierungsstudie 20

W
Wohnungsbegriff 68
Wohnungsdurchsuchung 50
Wohnungsverweisung 14, 27, 53, 60, 61, 68
Wohnungsverweisung und ein Rückkehrverbot 42

Z
Zeugenschutzgesetz 12
Zeugnisverweigerungsrecht 45, 52, 54, 55, 80
Ziele 40
Zustellungsbevollmächtigte Person 70
Zwang 53
Zwangsgeld 76